UTB
FÜR WISSEN
SCHAFT

Eine Arbeitsgemeinschaft der Verlage

Wilhelm Fink Verlag München
Gustav Fischer Verlag Jena und Stuttgart
A. Francke Verlag Tübingen und Basel
Paul Haupt Verlag Bern · Stuttgart · Wien
Hüthig Fachverlage Heidelberg
Leske Verlag + Budrich GmbH Opladen
Lucius & Lucius Verlagsgesellschaft Stuttgart
Mohr Siebeck Tübingen
Quelle & Meyer Verlag · Wiesbaden
Ernst Reinhardt Verlag München und Basel
Schäffer-Poeschel Verlag · Stuttgart
Ferdinand Schöningh Verlag Paderborn · München · Wien · Zürich
Eugen Ulmer Verlag Stuttgart
Vandenhoeck & Ruprecht in Göttingen und Zürich

Walter Straßmeier

Didaktik für den Unterricht mit geistigbehinderten Schülern

Ernst Reinhardt Verlag München Basel

Prof. Dr. Walter Straßmeier
Lehrstuhl Sonderpädagogik III der Universität
Wittelsbacherplatz 1, 97074 Würzburg

Die Deutsche Bibliothek – CIP-Einheitsaufnahme

Straßmeier, Walter:
Didaktik für den Unterricht mit geistigbehinderten Schülern / Walter
Straßmeier – München ; Basel : Reinhardt, 1997
   (UTB für Wissenschaft : Grosse Reihe)
   ISBN 3-8252-8132-9 (UTB)
   ISBN 3-497-01426-5 (Reinhardt)

Einbandgestaltung: Alfred Krugmann, Freiberg/Neckar

Printed in Germany

ISBN 3-8252-8132-9 (UTB-Bestellnummer)

Inhalt

Abbildungen

Arbeitsaufgaben

Unterrichtsbeispiele

Übersichten

1. Grundbegriffe

1.1 Der schillernde Begriff der Didaktik

Der Begriff "Didaktik" stammt von dem griechischen Verb "didaskein" ab, das "lehren, unterrichten" bedeutet. Didaktik beschäftigt sich also mit Unterricht, möchte man meinen, mit dem Vermitteln von Wissen und Kenntnissen. Das ist in der Fachwissenschaft aber umstritten. Daher sollen zu Beginn einige Definitionen zu diesem Begriff zusammengetragen werden, um die Bedeutungsvielfalt aufzuzeigen.

Arbeitsaufgabe 1:
Stellen Sie Gemeinsamkeiten und Unterschiede bei den Definitionen fest.

"Dann meint Didaktik also die Theorie der Bildungsaufgaben und Bildungsinhalte bzw. der Bildungskategorien; sie fragt nach ihrem Bildungssinn und den Kriterien für ihre Auswahl, nach ihrer Struktur und damit auch ihrer Schichtung, schließlich nach ihrer Ordnung."
(Klafki 1964, 84)

"Gegenstand der Didaktik ist der Unterricht."
(Schulz 1968, 12)

"Didaktik sei darum definiert als die wissenschaftliche Erforschung davon, wie die verschiedenen Größen in den Unterrichtsvorgang eingehen (oder eingehen können)."
(v. Hentig 1969, 252)

Didaktik ist die "Wissenschaft und Lehre vom Lernen und Lehren überhaupt. Sie befaßt sich mit dem Lernen in allen Formen und dem Lehren aller Art auf allen Stufen ohne Besonderung auf den Lehrinhalt".
(Dolch 1965, 45)

Unter Didaktik wird "die Wissenschaft von den prinzipiellen Eingriffsmöglichkeiten und Konstruktionsmöglichkeiten im Bereich individueller und sozialer Lernprozesse des Menschen" verstanden.
(v. Cube 1965, 173)

Didaktik ist die "Theorie unterrichtlichen Handelns, das durch soziale Kontakte, Prozesse (Interaktionen) und Beziehungen bestimmt ist, die in der Auseinandersetzung mit einer Sache (einem Problem) im Schulfeld entstehen".
(Bosch 1981, 88)

Didaktik ist "Theorie und Praxis des Lehrens und Lernens".
(Jank/Meyer 1991, 16)

"Didaktik sei die Wissenschaft von den Vermittlungsprozessen von Kultur in spezifischen Gesellschaften. ... Gegenstandsfeld der Didaktik seien Lehr- und Lernprozesse jedweder Art und an jedwedem Ort."
(Kron 1993, 48)

"Didaktik ist die wissenschaftliche und praktische Beschäftigung mit dem Zusammenhang von Unterrichten und Lernen."
(Wiater 1993, 12)

Wie aus den Definitionen zu ersehen ist, gibt es

- weite Auffassungen darüber, was als Gegenstandsfeld der Didaktik anzusehen ist (Lernen und Lehren überhaupt) und
- enge Auffassungen (Theorie unterrichtlichen Handelns – Theorie der Bildungsinhalte).

Einig sind sich die Autoren allerdings darüber, daß es sich um eine *Theorie* handelt. Theorien sollten in einem Erklärungszusammenhang stehen, rational begründet und überprüfbar sein sowie verallgemeinernden Charakter haben. Wie wir sehen werden, ist das bei didaktischen Ansätzen nicht immer der Fall.

Unser Anliegen ist es jedoch nicht, nur die Phänomene zu erklären, die im Unterricht auftauchen. Vielmehr wollen wir Handlungsmuster aufzeigen für konkreten Unterricht mit Schülern, die als geistigbehindert bezeichnet werden. Für dieses Anliegen soll unsere Definition zugrunde gelegt werden:

Didaktik ist die Theorie und Praxis des unterrichtlichen Handelns

Genügt es nun, für den Unterricht mit Schülern mit einer geistigen Behinderung allgemeine didaktische Theorien zu betrachten, oder gibt es vielmehr eine spezielle Didaktik für den Unterricht mit diesen Schülern? Wir werden uns am Ende der Ausführungen noch einmal mit dieser Fragestellung befassen müssen.

1.2 Unterricht

In diesem Kapitel wollen wir uns näher mit dem Handlungsfeld des Unterrichts befassen. Dazu soll zuerst der Verlauf einer geplanten Unterrichtsstunde dokumentiert werden.

Arbeitsaufgabe 2:

Stellen Sie Variablen (Elemente, Bestimmungsmerkmale) dieses Unterrichts zusammen.

UNTERRICHTSBEISPIEL 1

Elementare Erfahrungen mit Wasser – Gegenstände können schwimmen oder sinken

1. Bedingungsanalyse

Schul- und Klassensituation

Bei der Klasse handelt es sich um eine gemischte Mittel-/Oberstufe an der Sonderschule für Geistigbehinderte in S. Die Klasse umfaßt elf Schüler im Alter von elf bis einundzwanzig Jahren. Betreut wird die Klasse von Frau L., einer Sonderschullehrerin, und Frau H., einer Heilpädagogin. Bis auf zwei wohnen alle Schüler im Heim. Es handelt sich um eine sehr ruhige Klasse, in der wenig Verhaltensauffälligkeiten auftreten. Alle Schüler bis auf einen können sprechen, einige jedoch nur auf eine Aufforderung hin. Insgesamt zeigt die Klasse ein gutes Lernniveau.

Die Schüler

Thorsten, 19 Jahre: Fähig zu selbständigen Arbeiten und Aufnahme abstrakter Inhalte, jedoch leicht ablenkbar. Spielt Rolle des Klassenclowns.

Siegrid, 16 Jahre: Muß ständig beschäftigt werden, um nicht im Unterricht zu stören. Nimmt interessiert am Unterricht teil, arbeitet sehr sorgfältig und selbständig.

Michael, 20 Jahre: Im kognitiven Bereich der Klasse voraus, kann als einziger in der Klasse lesen. Schwierigkeiten im motorischen Bereich, besonders in der Feinmotorik. Bedarf ständiger Motivation von außen.

Andreas, 12 Jahre: Zeichnet sich durch seinen Ideenreichtum aus. Verfolgt den Unterricht mit großem Interesse. Feinmotorisch geschickt.

Doris, 11 Jahre: Schlechte Konzentrationsfähigkeit, sehr unruhig. Ihre Nervosität beeinträchtigt die an sich guten motorischen Fähigkeiten. Bringt eigene Ideen, im kognitiven Bereich relativ gut.

Jürgen, 11 Jahre: Schwierigkeiten beim Aufnehmen von Arbeitsaufträgen. Schlechte Konzentrationsfähigkeit, bedarf häufiger Motivation von außen, um eine Arbeit zu erledigen.

Petra, 18 Jahre: Feinmotorische Schwierigkeiten auf Grund ihrer Körperbehinderung. Im kognitiven Bereich relativ gut. Zeigt großes Interesse und Teilnahme am Unterricht. Versucht ihre Möglichkeiten voll auszuschöpfen.

Michaela, 17 Jahre: Die in der Klasse am schwersten behinderte Schülerin. Nimmt nur zeitweise am Unterricht teil, wird speziell von der Heilpädagogin betreut. Ist in der Lage, Freude oder Widerwillen zu zeigen.

Matthias, 15 Jahre: Zeigt wenig Teilnahme am Unterricht. Reagiert oft nur, wenn er direkt angesprochen wird. Kognitive Fähigkeiten im allgemeinen nicht sehr gut, aber Leistungsstärke im Rechnen. Feinmotorisch nicht ungeschickt, jedoch Hemmungen, bestimmte Dinge zu berühren (Wasser, Ton).

Hilde, 18 Jahre: Aufgrund ihrer Körperbehinderung Schwierigkeiten in der gesamten Motorik und in der visuellen Wahrnehmung. Versucht dies durch intensive Anteilnahme und große Anstrengung auszugleichen. Verständnis für abstrakte Zusammenhänge.

11

Cornelia, 21 Jahre: Nimmt konkrete Inhalte gut auf, hat jedoch Probleme mit abstrakten Zusammenhängen. Zeigt reges Interesse am Unterricht. Gute lebenspraktische Fähigkeiten.

2. Sachanalyse

Die Unterrichtseinheit "Elementare Erfahrungen mit Wasser, Gegenstände können schwimmen oder sinken" läßt sich einerseits dem Lehrplanbereich "Natur", aber auch dem Lernbereich "Technik" zuordnen (Lehrplan und Materialien 1982)

Lernbereich NATUR

"Der Lernbereich Natur soll den Schülern den Zugang zur Natur ermöglichen, Verständnis, Ehrfurcht und Freude an ihr wecken ..." (S. 125). In der Begegnung mit den Erscheinungen der Natur soll der Schüler einerseits Freude empfinden, aber auch auf die Natur in ihrer Vielfalt aufmerksam werden.

Im ersten Abschnitt der Unterrichtseinheit, nämlich im freien Umgang mit dem Medium Wasser, soll dieser Bereich angeschnitten werden. Das freie Handeln soll dem Schüler zunächst einen affektiven Zugang zum Material ermöglichen. Er soll Freude am taktilen Kontakt mit Wasser empfinden, Spaß am freien Umgang damit haben, aber auch zu vielfältigem Handeln mit Wasser angeregt werden.

Im Lernbereich TECHNIK

taucht das Thema "Gegenstände können schwimmen oder sinken" unter Punkt 1: "Technik im täglichen Leben erfahren" direkt auf. Die Schüler sollen hier unter anderem durch Experimentieren herausfinden, was alles schwimmen kann (S. 142).

Der Bereich "Technik" will dem Schüler in erster Linie einen kognitiven Zugang zur technischen Umwelt ermöglichen: "Aufgabe des Lernbereichs Technik ist es, den Schülern die technische Umwelt erfaßbar zu machen, ihnen die technischen Aspekte der erfahrbaren Umwelt zu erschließen ..." (Lehrplan und Materialien S. 141).

In der Unterrichtseinheit "Gegenstände können schwimmen oder sinken" wird auf den technischen Aspekt im zweiten Teil der Stunde eingegangen. Durch eigenständiges Experimentieren sollen die Schüler herausfinden, daß es Gegenstände gibt, die auf der Wasseroberfläche bleiben, also schwimmen, und solche, die auf den Grund des Gefäßes fallen, also sinken.

In der anschließenden Sicherungsphase sollen die Schüler ihre Beobachtungen verbalisieren und die Gegenstände benennen können, die schwimmen bzw. sinken.

Vorausgegangene Lernvorhaben

Die Unterrichtseinheit stellt mehr oder weniger eine Einführung in das Thema Wasser dar. In der vorausgegangenen Stunde wurde lediglich zum Thema Wasser ein Bild angefertigt, nämlich Tiere im Wasser, inspiriert durch einen Besuch im Zoo. Auch kommen die Schüler durch den regelmäßigen Schwimmunterricht in ständigen Kontakt mit dem Medium Wasser. Weitergeführt wird das Thema in vielfältiger Weise, so z. B. in der darauffolgenden Stunde mit dem Thema "Wir basteln ein Schiffchen aus Wäscheklammern".

3. Problemanalyse

Begründung des Lernvorhabens

Die Unterrichtseinheit stellt eine Einführung zum Thema Wasser dar. Die Schüler sollen sich mit dem Medium Wasser bewußt auseinandersetzen, aber auch erkennen, welche besonderen Eigenschaften Wasser besitzt.

Wasser spielt im alltäglichen Leben eines jeden Menschen eine Rolle. Der Schüler soll lernen, das Medium richtig einzuschätzen und in angemessener Weise damit umzugehen. Angesprochen wird nicht nur der kognitive Bereich des Lernens (Wissen, daß es Gegenstände gibt, die im Wasser schwimmen und solche, die darin sinken. Benennen dieser Gegenstände), sondern auch der affektive Bereich, indem die Schüler Spaß am Umgang mit Wasser finden sollen.

Die Motorik der Schüler wird durch die ganze Unterrichtseinheit hindurch beansprucht und geübt, so im freien Umgang mit Wasser, im Experimentieren mit den Gegenständen und schließlich bei der Bearbeitung des Arbeitsblattes.

Begründung des methodischen Vorgehens

Als emotionale Einstimmung der Schüler auf das Thema der Stunde dienen die auf Kassettenrecorder aufgenommenen Wassergeräusche.

Die Unterrichtseinheit wird vor allem durch das eigenständige Handeln der Schüler bestimmt. Sie sollen im handelnden Umgang mit dem Material Erkenntnisse darüber gewinnen. So kann auch die Konzentrationsfähigkeit der Schüler und ihre Motivation mitzuarbeiten länger aufrechterhalten werden.

In der Sicherungsphase des Unterrichts steht der verbale Bereich wieder mehr im Vordergrund. Die gesammelten Ergebnisse werden wiederholt und an der Tafel festgehalten. Die Klasse soll sich wieder sammeln, die Aufmerksamkeit soll sich nun mehr auf den Lehrer richten.

Als Abschluß beschäftigen sich die Schüler mit dem Arbeitsblatt, und zwar jeder Schüler für sich, wenn nötig mit der Hilfe der Lehrerin oder der Heilpädagogin, um feststellen zu können, ob die Ergebnisse der Stunde auch verarbeitet wurden.

4. Spezielle Maßnahmen für einzelne Schüler

Spezielle Maßnahmen sind in dieser Unterrichtseinheit nur für Michaela nötig. Sie wird während des Unterrichts von der Heilpädagogin betreut. Der Einstieg in den Unterricht durch die akustische Wahrnehmung des Elementes Wasser bietet auch für sie eine Möglichkeit der Aufnahme. Auch in der Phase des freien Experimentierens mit Wasser kann Michaela bewußt teilnehmen, die Heilpädagogin soll ihr dabei helfen, indem sie Wasser über ihre Hände träufelt oder sie auf andere Weise in das Experimentieren miteinbezieht.

5. Lernziele

Grobziel

Die Schüler sollen erkennen, daß es Gegenstände gibt, die schwimmen und solche, die sinken.

Feinziele

Die Schüler sollen

1. Spaß am Umgang mit Wasser haben.
2. Erste Erfahrungen mit Wasser sammeln (auditiv, visuell, taktil).
3. Gegenstände erkennen und benennen können.
4. Gegenstände einteilen können in solche, die schwimmen und solche, die sinken.
5. Die Bedeutung der Begriffe "schwimmen" (= auf dem Wasser) und sinken (= im Wasser) erfassen.

Außer den Feinzielen, die speziell für dieses Lernvorhaben von Bedeutung sind, sollte darauf geachtet werden, daß es sinnvoll ist, Übungen für die Feinmotorik und Sprechübungen immer wieder in den Unterricht einzubauen. In beiden Bereichen müssen einige Schüler noch sehr gefördert werden.

6. Medien

– Kassette mit Wassergeräuschen.
– Für jedes Kind eine kleine Plastikschüssel.
– Für jedes Kind eine kleine, undurchsichtige Tüte mit zwei Gegenständen: z. B. Korken, Schlüssel, Münzen, Steine, Schrauben, Tannenzapfen, Gummibälle, Holzstückchen.
– Mit Wasser gefülltes Planschbecken.
– Bildkarten, auf denen die Gegenstände (s. o.) abgebildet sind.
– Arbeitsblätter mit den gleichen Bildern.
– Halbierte Wäscheklammern.
– Vorbereitete "Segel" aus Zahnstocher und buntem Tonpapier.
– Holzkleber.

Begründung der Medien

Die große Anzahl der Medien erscheint uns als notwendig, um die Schüler auf verschiedenste Art und in den verschiedensten Bereichen (Kassette – auditiv, Plastikschüssel zu Wasserspielen – taktil, durchsichtige Gläser – visuell, Arbeitsblatt – kognitiv, selbstgebastelte Schiffchen – emotional …) anzusprechen. So ist eine Wiederholung derselben Lerninhalte möglich, was nötig ist, damit die Schüler ihn erfassen, ohne sie dabei zu langweilen.

7. Planung des Lernvorhabens

Grobplanung

I. Einstieg:

1. Anhören der Wassergeräusche	5 Min.
2. Spielerischer Umgang mit Wasser (möglichst frei)	20 Min.

II. Erarbeitungsphase:

1. Gemeinsames Erarbeiten der Gegenstände	10 Min.
2. Experimentieren mit Gegenständen und Wasser (möglichst frei)	10 Min.
3. Mündliches Zusammentragen der Beobachtungen	10 Min.
4. Gemeinsames Wiederholen der Beobachtungen im Planschbecken	10 Min.

14

III. Sicherung:

    1. Gemeinsames Arbeiten mit den Bildkarten an der Tafel   10 Min.
    2. Einzelarbeit am Arbeitsblatt   30 Min.

IV. Ausklang:

    Basteln und Schwimmenlassen einfacher Schiffchen   15 Min.

Für dieses Lernvorhaben stehen uns ca. zwei Stunden zur Verfügung. Sollte die Zeit dennoch nicht reichen, kann das Basteln des Schiffchens, was hier nur als Ausklang gedacht ist, in einer anderen Stunde nachgeholt und dann breiter angelegt werden.

Eine weitere Überlegung, die bei der Planung zu berücksichtigen ist, ist die abwechselnde Gestaltung des Lernvorhabens durch beide Praktikantinnen (siehe Spalte Lernsequenz L1/L2, S. 16), wobei damit oft nur festgelegt werden soll, wer die Führung hat, während alle anwesenden Erwachsenen eingreifen können, z. B. in Experimentierphasen, beim Basteln ... (Ansatz von team-teaching).

Zusammenfassende Bewertung

Wenn sich Didaktik mit der wissenschaftlichen Erforschung des Unterrichts befaßt, muß sie sich mit **Inhalten** des Unterrichts und den **Methoden** genauso beschäftigen wie mit **Zielen** und den **Medien,** sowie mit den Voraussetzungen bei den Adressaten (den **Schülern**). Eine Prioritätensetzung von Klafki (1964), daß die Didaktik vor allem die "Theorie der Bildungsinhalte bzw. Bildungskategorien" sei, ist zu vereinfachend.

Überwiegend wird als Gegenstandsbereich der Didaktik das "schulische Lehren und Lernen" (Winkel 1987) angesehen und nicht die "Lernprozesse von Adressaten" allgemein bzw. der Versuch, solche zu "initiieren und zu steuern, um vorgegebene Lernziele in optimaler Weise zu erreichen" (von Cube 1965). Schwerpunkte legt man in der heutigen Diskussion auf die Reflexion der Prozesse bei der Vermittlung von Lerninhalten (auf der Lehrerseite) und deren Aneignung auf seiten der Schüler, und zwar in organisiertem Rahmen (hier Unterricht in der Schule). Bei den angesprochenen Prozessen der Vermittlung wird auf der einen Seite mehr der inhaltliche Aspekt betont (Theorien der materialen Bildung), auf der anderen Seite der subjektive Pol (Pädagogik "vom Kinde aus").

Die Didaktik beschreibt (untersucht; kategorisiert) nun, welche Elemente in diese Vermittlungsprozesse zwischen objektivierten Ziel- und Wertvorstellungen einer Gesellschaft (in Lehrplänen materialisiert) und dem Individuum wirksam werden und wie sie zueinander stehen.

Das geschieht auf verschiedenen Ebenen, die bei Adl-Amini (1986) gut nachvollziehbar beschrieben werden. Sie sollen in der weiteren Darstellung als Raster dienen.

Didaktik ist demnach **Zieltheorie, Prozeßtheorie** und **Handlungstheorie.**

Thema: Elementare Erfahrungen mit Wasser. "Gegenstände können schwimmen."

Lern-sequenz mit Lernzielen (LZ)	Lernverlauf mit Lernsituationen und Lerntätigkeiten	Didaktisch-methodischer Kommentar, pädagogische Intentionen, Medien
Lern-sequenz 1/1 LZ 1	L: "Ratet mal, womit wir uns heute beschäftigen." Der Lehrer spielt auf Kassettenrecorder Wassergeräusche vor (Regen, Wasserhahn …). Schüler: "Das ist Wasser." L: "Richtig. Wir werden heute etwas vom Wasser lernen."	Kassette mit Wassergeräuschen. Mit Geräuschen kann man die Schüler gut für eine Sache motivieren. Ansprechen von vielen Sinnen (siehe Begründung der Medien), hier also auditiv. Wenn die Schüler Wassergeräusche nicht sofort erkennen, nochmals vorspielen.
Lern-sequenz 1/2 LZ 1, 2	L: "Jeder von euch darf sich jetzt am Waschbecken Wasser holen!" L verteilt Schüsseln an die Schüler, die sie der Reihe nach mit Wasser füllen. Die Schüler setzen sich wieder auf ihren Platz.	Plastikschüsseln.

Auf- und Zudrehen des Wasserhahns als feinmotorische Übung. |
	Sie sollen selber mit dem Wasser spielen und ausprobieren, was man damit machen kann (Geräusche machen, Wellen machen, regnen, auf Hand tropfen, spritzen, schöpfen …).	Wenn die Schüler nicht selber auf die Idee kommen, dann Lenkung durch L. Taktile Wahrnehmung v. a. für Michaela wichtig.
	Wenn L das Gefühl hat, daß die Schüler genügend Zeit hatten oder das Spielen in eine Wasserschlacht ausartet, fordert er die Schüler auf, die Schüsseln wieder auszuleeren. Gegebenenfalls gemeinsames Aufwischen und Trocknen.	Erfahrungen, die die Schüler mit Wasser gemacht haben, werden in einer folgenden Stunde noch einmal aufgegriffen und aufgearbeitet.
Lern-sequenz 2/1 LZ 3	L: "Ich hab' euch etwas mitgebracht. Jeder darf sich eine Tüte nehmen und vor sich hinlegen."	Tüten mit zwei Gegenständen, von denen einer schwimmt, einer sinkt. "Krabbelsackmethode" zur Erzeugung von Neugier.
	Jeder Schüler nimmt sich eine Tüte, in der sich zwei Gegenstände befinden, aus dem Korb. L: "Christine, zeig' uns, was du in deiner Tüte hast. Kennst du einen Namen dafür?" Weiter, bis alle Gegenstände gezeigt und benannt sind.	Taktiles und visuelles Erfassen der Gegenstände, feinmotorische Übung, Sprechübung.
Lern-sequenz 2/2 LZ (1,2,3) 4	Die Schüler bekommen zu ihren Gegenständen bereits mit Wasser gefüllte Gläser. L: "Was kannst du damit jetzt anfangen?" Dann möglichst freie Experimentierphase.	Durchsichtige Gläser, damit der Vorgang des Sinkens und die Lage der Gegenstände im Wasser besser gesehen werden kann. Wenn nötig, gibt L Hilfen.
Lern-sequenz 2/3 LZ 3, 4, 5	L fordert Schüler auf, zu erzählen, was mit ihren Gegenständen passiert ist. L: "Martin, was macht dein Korken?" Klären der Begriffe "schwimmen" und "sinken".	Zusammentragen der konkreten Gegenstände, Sprechübung.

L: "Der Korken ist auf dem Wasser. Er schwimmt. Die Schraube ist im Wasser, sie sinkt" usw.

Nachdem jeder Schüler berichtet hat, ob seine Gegenstände schwimmen oder sinken, fordert L die Schüler auf, diese wieder aus den Gläsern zu holen und sammelt sie wieder ein.

Feinmotorische Übung. Durch Herausholen Verdeutlichung der Begriffe "Auf dem Wasser" und "Im Wasser".

Lernsequenz 2/4
LZ (1, 2) 3, 4

L: "Glaubt ihr, daß wir das Gleiche auch im großen Planschbecken ausprobieren können?" L nimmt die eingesammelten Gegenstände mit, die Schüler ihre Wassergläser, die sie ins Planschbecken leeren.

Im Nebenzimmer steht ein bereits aufgeblasenes und mit Wasser gefülltes Planschbecken. Lehrer und Schüler setzen sich darum.

L hebt einen Gegenstand hoch.
L: "Was hab' ich in der Hand?"
Schüler: "Einen Tannenzapfen."
L: "Richtig. Glaubst du, ob er schwimmt oder sinkt? Probier' es aus!"
Weiter bis alle Gegenstände erraten und im Planschbecken sind.

Wiederholung als Ratespiel. Erfahrungen werden im Gegensatz zu Phase 2 gemeinsam gemacht.

L: "Petra, hol mir einen Gegenstand aus dem Planschbecken, der schwimmt (sinkt)!"
Schüler und L gehen wieder ins Klassenzimmer.

Einsammeln der Gegenstände als Wiederholung.

Lernsequenz 3/1
LZ 3, 4

L: "Ich habe die gleichen Gegenstände aufgezeichnet." L hebt Bildkarte hoch. "Was siehst du auf dem Bild?"
Schüler: "Einen Stein."

Bildkarten. Umsetzen der konkreten Erfahrung in bildlich-abstrakte.

L: "Richtig. An der Tafel siehst du ein Zeichen für 'schwimmt' und 'geht unter'. Häng' das Bild an die richtige Stelle!"

An der Tafel ist eine Tabelle angefertigt mit zwei Spalten und dem jeweiligen Symbol für "schwimmen" und "sinken".

Lernsequenz 3/2
LZ 3, 4

L teilt Arbeitsblätter aus, auf die die gleichen Bilder gezeichnet sind.

Arbeitsblätter.

L: "Diese Bilder kannst du ausschneiden und sortieren nach 'schwimmt' und 'sinkt'."

Schneiden als feinmotorische Übung, bei einigen Schülern ist Hilfe notwendig oder muß ganz vom L übernommen werden.

Nach dem Ausschneiden und Sortieren kleben Schüler die Bilder auf ein weiteres Arbeitsblatt mit derselben Tabelle wie an der Tafel.

Schüler, die eher fertig sind, können die Bilder noch ausmalen.

Lernsequenz 4
LZ 1

L stellt Wasserschale mit einem kleinen Segelschiff aus Wäscheklammern auf den Tisch.

Halbierte Wäscheklammern, "Segel" Holzkleber.

Zum Abschluß darf jeder Schüler ein Schiff basteln, das dann alle zusammen im Planschbecken schwimmen lassen.

Emotionale Komponente, feinmotorische Übung. Die Segel sind aus Zeitgründen schon vorbereitet worden. (Basteln nicht Thema dieser Stunde, sondern Ausklang!)

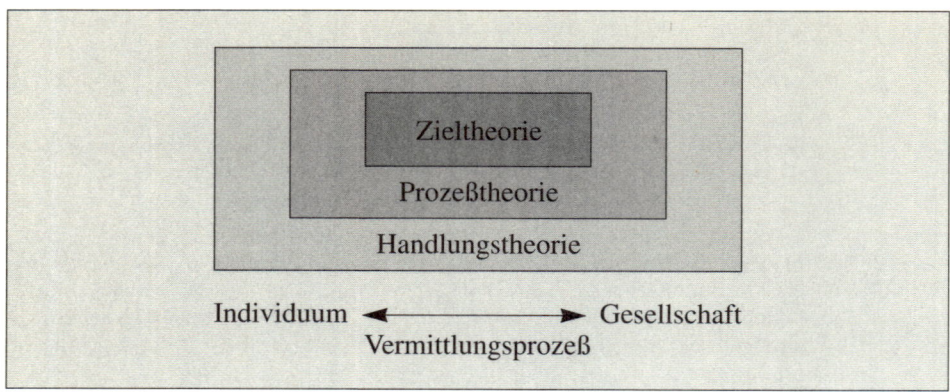

Abb. 1: Ebenen der Didaktik

Mit der Abnahme des Abstraktionsgrades von der Ziel- über die Prozeß- zur Handlungstheorie wird aber die Zahl der Variablen, die in die Betrachtung einbezogen
werden, immer größer. Die Komplexität nimmt zu. Auf diesem Weg werden wir uns
in der weiteren Darstellung bis hin zu konkretem Unterricht annähern und uns vom
"Was" zum "Wie" bewegen.

2. Didaktik als Zieltheorie

Didaktisches Handeln kann nicht losgelöst von "allgemeinen, notwendigen und unhintergehbaren Zielvorstellungen" gesehen werden, in denen "die Einheit und der gemeinsame Sinn aller mannigfaltigen Bildungsaktivitäten gewahrt bleibt" (Adl-Amini 1986, 31). Würde man Didaktik lediglich als Unterrichtslehre betrachten, so verstellte man den Blick auf diese höhere Zielgebung. In Zielen, Inhalten und "in den didaktischen Auffassungen von unterrichtlichem Geschehen überhaupt, ja sogar in den Methoden und Organisationsformen des Unterrichts repräsentieren sich seine gesellschaftlichen, insbesondere ideologischen Auffassungen, Zielsetzungen und Forderungen" (Klingberg 1972, 21).

Häufig werden solche Zielvorstellungen in Verfassungen formuliert, aber auch in Präambeln zu Erziehungs-, Lehr- oder Bildungsplänen. Dort werden sie aber kaum noch beachtet, und ihre normgebende Funktion ist häufig nicht bewußt. Welche Zielvorstellungen sind gemeint? Wir wollen versuchen, solche Aussagen aus Plänen und Richtlinien einander gegenüberzustellen.

Arbeitsaufgabe 3:

Versuchen Sie, die Aussagen 1 – 7 den Quellen A bis G zuzuordnen.

Aussage 1　"Die Bildungsarbeit der Sonderschule zielt … auf die Erreichung der Gemeinschaftsfähigkeit und einer begrenzten Arbeitsfähigkeit ab. Große Bedeutung ist neben der lebenspraktischen Bildung aber auch der Pflege der Gemütskräfte und der Persönlichkeitsentfaltung zuzumessen."

Aussage 2　"Die Schule will einen geistig, seelisch und körperlich gesunden Menschen heranbilden, der selbständig denkt und wertet, der dem tätigen Leben leistungs- und verantwortungsbereit zugewandt ist und seine Aufgaben einsichtsvoll und sachgerecht zu bewältigen sucht. Er wurzelt in der Heimat und im geistigen Erbe des deutschen Volkes und der Menschheit, ist der Gegenwart und Zukunft verpflichtet und nimmt am öffentlichen Leben verstehend und handelnd Anteil. Er lebt mit seinen Mitmenschen in echtem Frieden und wahrer Ordnung, hält seinen naturhaften Genuß- und Geltungstrieb in Schranken und ist bereit, für die Wahrheit und die Verwirklichung des Guten auch Nachteile auf sich zu nehmen."

Aussage 3　"Lebenshilfe ist Inhalt und Ziel des gesamten Unterrichts und aller Erziehung in der Schule für Praktisch Bildbare … Dazu gehören die Anleitung zur Übernahme der verschiedensten Aufgaben und das Hinführen zu einer Tüchtigkeit, die den Schüler weitgehend unabhängig von Pflegepersonen macht … Die Erziehung ist nicht nur gewohnheitsbildendes Training zu einem angepaßten Verhalten, sondern auch das Bewußtmachen der eigenen Möglichkeiten und der Fähigkeit, sich zu entscheiden."

Aussage 4   "Die Schule für geistig Behinderte bemüht sich, ihren Kindern und Jugendlichen Hilfe zur Entfaltung ihrer Persönlichkeit und zur Bewältigung ihres Lebens zu geben. Dabei sollen die Schüler durch gezieltes Lernen zu einem sach- und situationsgerechten Verhalten geführt werden, das ihnen ein Leben in der Arbeitswelt, eine möglichst selbständige Lebensführung, ihre Freizeitgestaltung und die Teilhabe am Leben ihrer Mitmenschen ermöglicht. Voraussetzung dafür ist eine systematische Weckung und planmäßige Aktivierung aller angelegten Fähigkeiten (…) Neben einem solchen Funktionstraining im intellektuellen und manuellen Bereich muß gerade bei geistig Behinderten der Gemütsbildung ein weiter Raum gelassen werden. Dies geschieht nicht allein durch den musischen Unterricht, sondern auch durch eine zu gestaltende Atmosphäre des gesamten Schullebens. Die Schule ist bemüht, die Kinder zu einem sinnerfüllten, glücklichen Leben zu führen."

Aussage 5   "Das Bildungsziel ist der Mensch mit gesichertem Wissen und Können, der aus gesundem Selbstbewußtsein und rechtem Verhältnis zum technischen Zeitalter für das Wahre, Schöne und Gute aufgeschlossen und von Gottesfurcht und Achtung vor der religiösen und politischen Überzeugung durchdrungen ist."

Aussage 6   "Das Leitziel der pädagogischen Bemühungen der Schule für geistig Behinderte deckt sich grundsätzlich mit dem Leitziel jeglicher Erziehung, Selbstverwirklichung und sozialer Eingliederung. Die Schule muß in ihrer Arbeit also sowohl die eigenen Bedürfnisse des behinderten Menschen als auch die Realität der Gesellschaft berücksichtigen. In diesem Spannungsverhältnis finden Erziehung und Unterricht statt; sie dürfen nicht im Sinne einer einseitigen Betonung bloßer Anpassung verstanden werden. Letztlich bemüht sich die Schule, ihren Schülern Hilfen zu geben, zu einem sinnerfüllten und glücklichen Leben zu finden."

Aussage 7   "Die Schule für Geistigbehinderte hat das Ziel und die Aufgabe, die Persönlichkeit des Schülers durch individuell angemessene Hilfen zu entwickeln, Fertigkeiten zu vermitteln, den Schüler zu Selbständigkeit und sozialer Integration zu führen und ihn auf das Arbeitsleben vorzubereiten. Grundprinzip des Unterrichts ist die lebenspraktische Erziehung. Der Schüler soll durch selbständiges Handeln ein angemessenes Verhältnis zu einer sozialen und sachlichen Umwelt aufbauen, um Vertrauen in sein Können zu erwerben. Alle Bildungs- und Erziehungsaufgaben sollen in konkrete Situationen eingebettet sein. Die Ganztagsschule muß gezielt durch Kontakt zur Umwelt geöffnet werden (z. B. Ausflug, Lehrspaziergänge, Kontakte zu anderen Schulen, Klassenreisen). Mehrfachbehinderte Kinder dürfen von solchen Unternehmungen nicht ausgeschlossen werden. Durch Informationen, Veranstaltungen u. a. soll angestrebt werden, daß die Gesellschaft den Behinderten als Persönlichkeit akzeptiert."

Aussage	1	2	3	4	5	6	7
Quelle?							

Quelle A.   Vorläufige Richtlinien für die Arbeit in der Schule für Praktisch Bildbare (Sonderschule) in Hessen, Wiesbaden 1971

Quelle B.   Lehrplan der Schule für geistig Behinderte in Bayern, München 1971

Quelle C.   Rahmenpläne Berlin – Sonderschule I von 1985

Quelle D.   Allgemeine Richtlinien für Erziehung und Unterricht und lernzielorientierter Lehrplan für die Schule für Geistigbehinderte, München 1982

Quelle E.   Hessischer Bildungsplan für die Sonderschule für Lernbehinderte von 1962

Quelle F.   Bildungsplan für die Bayerischen Volksschulen, München 1955

Quelle G.   Richtlinien für Erziehung und Unterricht und Bildungsplan der Sonderschule für bildungsschwache Kinder und Jugendliche in Baden-Württemberg, Stuttgart 1968

Wie zu sehen, werden sehr ähnliche Formulierungen gewählt, lediglich die Aussage 2 fällt besonders auf: dort werden Leistungs- und Verantwortungsbereitschaft besonders betont, das Eingebunden-Sein in das "Erbe des deutschen Volkes und der Menschheit", die Verpflichtung, den "naturhaften Genuß- und Geltungstrieb in Schranken" zu halten – Begriffe, die in der heutigen Zeit sehr seltsam anmuten. Es läßt sich daraus aber ein bestimmter "Zeitgeist" ablesen – was immer das ist. Die anderen Beispiele betonen Zielbereiche der Gemeinschaftsfähigkeit (soziale Integration, Kontakte zur Umwelt), der Selbständigkeit (lebenspraktische Bildung, Lebensbewältigung, sach- und situationsgerechtes Verhalten), die Gemütsbildung und eine Ausrichtung auf ein sinnerfülltes und glückliches Leben. Begrenzte Arbeitsfähigkeit wird angestrebt, bloße Angepaßtheit jedoch abgelehnt. Aus diesen in den Jahren von 1968 bis 1985 entstandenen Plänen läßt sich ein weitgehender Konsens auf der Ebene abstrakter Zielformulierungen feststellen.

Wie lassen sich nun diese allgemeinen Ziele konkreter für Unterricht nutzbar machen? Wie können daraus Handlungsanweisungen werden? Das soll in den nächsten Kapiteln näher untersucht werden.

3. Didaktik als Prozeßtheorie

"Globale Zielvorstellungen lassen sich nicht losgelöst von Inhalten vermitteln …, die Lehrplänen entsprechen … Jeder Lehrplan ist das Resultat der Bemühungen, die geeigneten Inhalte für die globale Zielvorstellung zu identifizieren" (Adl-Amini 1986, 31). Ein Lehrplan, hinter dem die Grundidee der "Funktionstüchtigkeit" und der bestmöglichen "Anpassung an die Normen der Gesellschaft" steht, wird anders aussehen als ein Plan, der "Emanzipation" oder "Kommunikative Kompetenz" ins Zentrum rückt. Ein Plan, dessen Zielvorstellungen "Lebensqualität" für die behinderten Menschen beinhaltet, wird andere Akzente setzen als einer, dessen Schwerpunkt "Lebenspraktik" ist.

Ohne den intentionalen Anspruch, für die globalen Ziele auch die entsprechenden, repräsentativen Inhalte zu finden, wäre der Lehrplan "sinnlos und dysfunktional. Zugleich gibt es keine Garantie für die Kongruenz von Intention und Wirkung" (Adl-Amini 1986, 32).

3.1 Auswahl von Inhalten und Zielen

Um nun zu Zielvorstellungen und entsprechenden Inhalten zu kommen, versucht man bei der Konstruktion von Curricula verschiedene Wege zu gehen.

A. Ausgehend von Zielen

a) Deduktiv von einer globalen Zielvorstellung aus

Dieser Weg wurde bei den "Empfehlungen für den Unterricht in der Schule für Geistigbehinderte", den sog. KMK-Empfehlungen (herausgegeben von der Kultusministerkonferenz), gegangen. Als oberstes Leitziel wurde formuliert: "Es ist pädagogischer Auftrag der Schule, den Geistigbehinderten zur Selbstverwirklichung in sozialer Integration zu führen" (Ständige Konferenz der Kultusminister 1980, 7). Ausgehend von dieser Leitidee wurde gefragt: Wie läßt sich diese globale Intention verwirklichen? Was bedeutet "Selbstverwirklichung" für Menschen mit geistiger Behinderung, was "soziale Integration"? In einem langen Prozeß der Operationalisierung wurde schließlich folgender Konsens erzielt: Selbstverwirklichung in sozialer Integration ermöglicht dem Menschen mit geistiger Behinderung "das Lernen und die soziale Eingliederung in folgenden Lebensbereichen:

– Erfahren der eigenen Person und Ausbau eines Lebenszutrauens
– Selbstversorgen und Beitragen zur eigenen Existenzsicherung

– Zurechtfinden und angemessenes Erleben in der Umwelt
– Orientieren in sozialen Bezügen und Mitwirken bei ihrer Gestaltung
– Erkennen und Gestalten der Sachumwelt".

Zielbereich 1 und 2 können dem ersten Aspekt der Leitidee zugeordnet werden (Selbstverwirklichung), 3 bis 5 dem zweiten (soziale Integration). Jeder Zielbereich ist nun weiter ausdifferenziert (Zielebene II), wovon wieder jedes Unterziel weiter unterteilt ist. Es entsteht eine Zielhierarchie (Abb. 2)

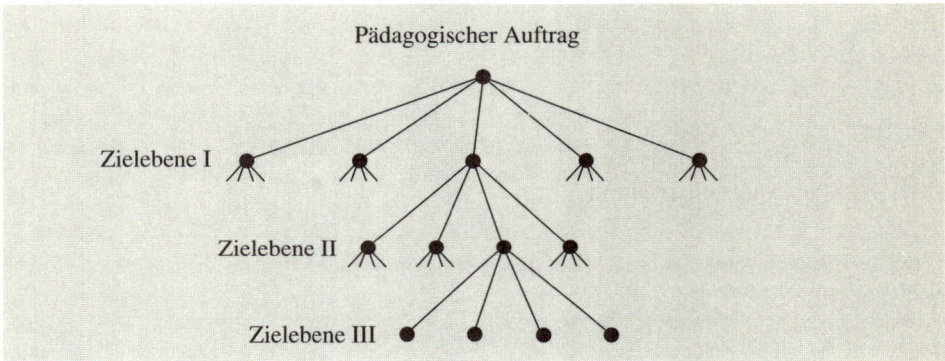

Abb. 2: Deduktive Zielableitung

Die Aufgabe des Lehrers besteht nun darin, aus diesem Katalog von Zielformulierungen solche auszuwählen, die für die Schüler seiner Klasse allgemein, für einzelne Schüler im besonderen von Bedeutung zu sein scheinen. Für die Planung und Gestaltung des Unterrichts müssen diese Ziele aber noch weiter operationalisiert werden; siehe Unterrichtsbeispiel 2.

UNTERRICHTSBEISPIEL 2

"Meine Hände" (aus G. Stuffer 1980)

Dieses Beispiel stammt aus dem Unterricht in einer Oberstufenklasse mit durchschnittlich behinderten Schülern; die Einheit könnte aber auch in der Mittelstufe angeboten werden. Sie setzt Fähigkeiten der Selbst- und Fremdwahrnehmung voraus. Die sich bietenden Anlässe zum Lesen und Schreiben wurden genutzt, sind aber für die eigentliche pädagogische Absicht sekundär. Wir beschäftigten uns eine Woche lang (ca. 5 Stunden) mit dem Thema "Hände".

Benötigtes Material:

Wasser, Seife, Sand,
Gegenstände zum Greifen,
Tücher zum Augen verbinden,
evtl. Röntgenbilder einer Hand

Feinziele, Lernschritte *Pädagogische Intentionen*	Methodische Hinweise, Medien
1. Sich der Hände bewußt werden *Selbstwahrnehmung*	Wir berühren, befühlen, betasten die eigenen Hände und die der anderen: – sich die Hände geben und fest drücken, sich streicheln, – Faust machen, Hand strecken (öfter wiederholen), – Hände schütteln, kreisen, klatschen, reiben, unter fließendes Wasser halten, die Hände waschen, abtrocknen, eincremen, in Handschuhe schlüpfen, Hände verbinden, so daß sie unbeweglich sind.
2. Erkennen der vielfältigen Tätigkeiten, die man mit den Händen ausführen kann: greifen, packen, loslassen, halten, legen, drücken, tragen, schieben, malen, schreiben, arbeiten, liebhaben usw. *Kreativität*	Übungen mit Personen: jemand ergreifen, halten, stützen, schützen, tragen usw. Übungen mit Dingen: etwas ergreifen, drücken, pressen, loslassen usw. – Lehrer macht Tätigkeiten vor, die Schüler ahmen nach – Schüler finden selbst Tätigkeiten und machen sie vor – Reihensätze bilden: Meine Hände können packen … – Fingerspiele
3. Bewußtwerden der Hände als Ausdrucksmittel: Gesten: grüßen, verabschieden, verneinen, sich melden, jemand gernhaben, beten, streicheln, winken, drohen, abweisen usw. *Erleben der eigenen Möglichkeiten Gesten verstehen*	– Vormachen, nachmachen, dazu sprechen – Gesten spielen und erraten – Bilder von ausdrucksstarken Händen betrachten – Reihensätze sprechen (schreiben): "Ich winke mit den Händen" "Ich boxe mit den Händen" – Pantomime

4. Bewußtwerden der Hände als Hilfsmittel: Tasten, Zeichen geben *Selbsterfahrungen* *Einsicht*	Bei Dunkelheit helfen die Hände durch Tasten den Weg oder Gegenstände finden: – Spielen der Situationen, dabei die Augen verbinden – "Blinde Kuh" spielen, "Hänschen piep", "Jakob, wo bist du?" Hinweise: Blinde Menschen brauchen die Hände. Wenn ich nicht sprechen kann, gebe ich mit den Händen Zeichen. – Spielen der Situationen mit verbundenen Augen bzw. mit verbundenem Mund – Taubstummensprache, Lautzeichen deuten
5. Kennenlernen der einzelnen Teile der Hand: Finger, Daumen, Zeigefinger, Mittelfinger, Ringfinger, kleiner Finger, Knöchel, Fingernägel	Übungsmöglichkeiten: – die Hände anschauen und betasten – die Finger spreizen und strecken – Knochen, Gelenke und Fingernägel betasten an sich selbst und an anderen – Betrachten eines Röntgenbildes der Hand – Schattenbilder der Hände betrachten – Fingerspiele – die Finger auf Papier umfahren – jeweils die einzelnen Finger benennen: bei sich, beim Partner, am Bild – Wortkarten (Fingernamen) auf dem Bild zuordnen
6. Bewußtwerden der beiden Hände, links – rechts *Orientierung*	Beide Hände auf Papier zeichnen. Zuerst nur die "rechte" Hand einprägen (rechte Hand markieren), wenn dies sicher ist, dann linke Hand dazulernen und Unterscheidungsübungen durchführen. – Tätigkeiten abwechselnd mit der rechten und linken Hand ausführen, dazu sprechen "rechts" – "links" – Übungen durch Befolgen von Anweisungen des Lehrers (z. B. "Nimm mit der rechten Hand das Messer, mit der linken die Gabel!")
7. Erkennen, daß Hygiene und Pflege der Hände notwendig und schön sind	– Schmutzige Hände betrachten, waschen, abtrocknen, eincremen – Fingernägel ausputzen, schneiden – Lehrer stellt Situationen aus dem Alltag dar: Saubere Hände des Arztes, im Krankenhaus, in der Küche, beim Essen – Hinweisschild anbringen und lernen: Nach dem Klo und vor dem Essen Händewaschen nicht vergessen!

Weiterführende Lernvorhaben

– Selbstversorgung/Pflege der Hände	Waschen, trocknen, cremen, Nägel schneiden und reinigen
– Wir schützen unsere Hände	Bei der Hausarbeit, bei schmutzigen Arbeiten, Schutzhandschuhe des Arbeiters, Schutz vor Kälte durch Handschuhe
– Menschen ohne Hände	Contergan-Geschädigte, einarmige Menschen.

b) Funktionsorientiert

Von psychischen Funktionen ausgehend wird gefragt, aus welchen Elementen diese basalen Fähigkeiten bestehen und durch welche aufeinander aufbauende Vermittlungsschritte sie gefördert oder verbessert werden können. Als Beispiel sei der "Arbeitsplan G" von H. Adam (1978) vorgestellt. Die Lernzielbereiche werden hier nicht in eine Hierarchie gebracht, die von einer globalen Zielvorstellung abgeleitet wird, sondern nach (hier vom Begriff her etwas irreführend) Fachbereichen oder Funktionsbereichen geordnet:

Fachbereich: Selbstbesorgung
Fachbereich: Gebrauchsfähigkeit des Körpers
Fachbereich: Kommunikation usw.

Innerhalb dieser Bereiche wird versucht, die Ziele hierarchisch zu ordnen. Auch hier geht man also von Lernzielen aus: Was soll der Schüler am Ende der Förderangebote für ein Verhalten zeigen?

<u>Übersicht 1: Planungsbeispiel "Kleidung"</u>

Selbstbesorgung

Kleidung – Mantel

GRUNDSTUFE

1. Kann den offenen Mantel mit Unterstützung anziehen.
2. Kann den offenen Mantel ausziehen (mit individueller verbaler Hilfe).
3. Kann den offenen Mantel ohne Hilfe ausziehen.
4. Kann den Mantel teilweise selbst aufknöpfen oder den Reißverschluß aufmachen (mit individueller verbaler Instruktion und praktischer Hilfe).
5. Kann den Mantel teilweise selbst aufknöpfen oder den Reißverschluß aufmachen mit ausschließlich verbaler Unterstützung.
6. Kann den Mantel ohne Hilfe aufknöpfen oder den Reißverschluß öffnen.
7. Kann den Mantel anziehen, wenn dieser gehalten wird und der Schüler verbal angeleitet wird.
8. Kann den Mantel anziehen, wenn ihm geholfen wird, den rechten Arm in den rechten Ärmel zu stecken.

MITTELSTUFE

9. Kann den rechten Arm in den rechten Ärmel stecken (mit individueller verbaler Hilfe) und ohne Hilfe den Mantel fertig anziehen.
10. Entwickelt die Gewohnheit, den rechten Arm in den rechten Ärmel zu stecken (ohne Hilfe).
11. Kann einen Mantel teilweise mit individueller verbaler Instruktion und Hilfe zuknöpfen oder den Reißverschluß schließen.
12. Kann den Mantel teilweise zuknöpfen oder den Reißverschluß schließen (mit individueller verbaler Hilfe).
13. Kann den Mantel ohne Hilfe zuknöpfen oder den Reißverschluß schließen.

HAUPT- und WERKSTUFE

14. Kann den Mantel selbständig in der Schule, zu Hause und in der Öffentlichkeit an- und ausziehen.

Kleidung – Knöpfe

GRUNDSTUFE

1. Bemerkt Knöpfe und Knopflöcher an den Kleidungsstücken.
2. Kann Knöpfe und Knopflöcher mit den Fingern fassen.
3. Kann zwei Seiten eines Kleidungsstückes mit je einer Hand halten und mit Hilfe zusammenziehen.
4. Kann zwei Seiten eines Kleidungsstückes mit je einer Hand halten und ohne Hilfe zusammenziehen.
5. Kann Knöpfe und Knopflöcher mit Hilfe zusammenbringen.
6. Kann Knöpfe und Knopflöcher zusammenbringen (mit individueller verbaler Instruktion).
7. Kann Knöpfe und Knopflöcher ohne Hilfe zusammenbringen.
8. Kann den Knopf mit Hilfe in das Knopfloch stecken.
9. Kann den Knopf durch ein Knopfloch stecken (mit verbaler Hilfe).
10. Kann den Knopf durch ein Knopfloch stecken (ohne Hilfe).
11. Kann etwas zuknöpfen, nachdem der Lehrer den obersten Knopf geschlossen hat.

MITTELSTUFE

12. Kann den Knopf durch das Knopfloch stecken, ohne das Kleidungsstück aufzureißen (mit Hilfe).
13. Kann den Knopf durch das Knopfloch stecken, ohne das Kleidungsstück aufzureißen (mit individueller verbaler Hilfe).
14. Kann den Knopf durch das Knopfloch stecken, ohne das Kleidungsstück aufzureißen (ohne Hilfe).
15. Kann an sich selbst mit Hilfe aufknöpfen.
16. Kann z. B. seinen eigenen Mantel aufknöpfen (mit individueller Hilfe).
17. Kann z. B. seinen eigenen Mantel an sich selbst ohne Hilfe aufknöpfen.

HAUPT- und WERKSTUFE

18. Kann steife Kleidungsstücke auf- und zuknöpfen (z. B. steife Manschetten oder Kragen).
19. Kann Kleidungsstücke in normalen Situationen als tägliche Routine selbständig auf- und zuknöpfen.

(Aus Adam 1978, 38 – 43)

Kommunikation

Sprachliche Aktivität – Geräusche der Umgebung identifizieren

GRUNDSTUFE

1. Reagiert auf Geräusche.
2. Reagiert auf sprachliche Laute.
3. Imitiert Laute der Sprache.
4. Imitiert Tierlaute.
5. Identifiziert Tierlaute.
6. Nimmt Geräusche der Umgebung wahr.
7. Imitiert Geräusche der Umgebung.
8. Identifiziert wenigstens fünf Geräusche der Umgebung (z. B. Auto, Staubsauger, Sprechen der Mutter, Radio, Klingel).

MITTELSTUFE

9. Unterscheidet zwischen lauten und leisen Geräuschen.
10. Unterscheidet zwischen hohen und tiefen Tönen.
11. Kann unterschiedliche Entfernungen bei Geräuschen bemerken.
12. Unterscheidet bei Melodien Tempounterschiede.
13. Kann feststellen, aus welcher Richtung ein Ton kommt.
14. Unterscheidet acht Geräusche seiner Umgebung.
15. Unterscheidet zehn Geräusche seiner Umbegung.

HAUPT- und WERKSTUFE

16. Kann Rhythmusinstrumente am Ton erkennen.
17. Kann mehr als zehn Geräusche seiner Umgebung unterscheiden.
18. Kann Geräusche seiner Umgebung unterscheiden, zum Zweck der Freizeitbeschäftigung wie um Gefahren des täglichen Lebens rechtzeitig zu erkennen.

Sprachliche Aktivität – Objekte und Bilder zuordnen

GRUNDSTUFE

1. Bemerkt visuelle Stimuli, die sich in seinem Gesichtsfeld befinden.
2. Kann einem Objekt mit den Augen folgen.
3. Kann ein Objekt von den es umgebenden Stimuli unterscheiden.
4. Identifiziert bekannte Objekte.
5. Kann bekannte Objekte auch dann erkennen, wenn sie stark verkleinert sind (z. B. eine Puppentasse als Tasse erkennen).
6. Kann einfache farbige Bilder bekannter Objekte erkennen, wenn sie auf einfarbigem Hintergrund angebracht sind.
7. Kann differenziertere farbige Bilder bekannter Objekte erkennen, wenn sie auf einfarbigem Hintergrund angebracht sind.
8. Kann aus einer Anzahl von Objekten auf einem Bild auf Anweisung ein bestimmtes heraussuchen.
9. Kann Bilder bekannter Objekte klassifizieren.
10. Kann bei farbigen Bildern Vordergrund und Hintergrund unterscheiden.

MITTELSTUFE

11. Kann auch auf schwarz-weißen Bildern den Vordergrund vom Hintergrund unterscheiden.
12. Kann ein stillstehendes Bild interpretieren.
13. Kann auch bei einem sich bewegenden Bild Vordergrund und Hintergrund unterscheiden.
14. Kann einfache Projektionen, Lichtbilder und Filme ansehen und etwas davon verstehen.

HAUPT- und WERKSTUFE

15. Kann drei bis neun Bilder so anordnen, daß sich eine Geschichte ergibt.
16. Kann Filme, Lichtbilder, Bilderbücher und illustrierte Zeitschriften ansehen und verstehen. Kann diese Fertigkeit als Freizeitbeschäftigung einsetzen und um etwas zu lernen. (Auch als Vorbereitung auf eine berufliche Tätigkeit ist das Verstehen und Interpretieren von Bildern wichtig.)

(Aus Adam 1978, 150 – 153)

B. Ausgehend von Situationen

Hier wird ein anderes Vorgehen gewählt: Man sucht Lebens- und Alltagssituationen, in die der Mensch mit geistiger Behinderung geraten kann (gegenwärtig oder zukünftig), listet diese Situationen auf und versucht dann, Lernziele zuzuordnen, die an diesem Gegenstand oder der Situation erreicht werden sollen. Der Situationsansatz in der Curriculumtheorie wurde stark geprägt von S. Robinson (1972), der die Diskussion vor allem in der BRD stark beeinflußte und von Stratemeyer (1952), dessen grundlegende Aussagen weniger bekannt wurden.

Nach Robinson ist Bildung die "Ausstattung für die Bewältigung von Lebenssituationen". Was damit gemeint ist, wird kontrovers diskutiert, je nachdem, was man für eine Vorstellung davon hat, was "Leben" ist, "auf das die Erziehung vorzubereiten habe, welche Situationen dieses Lebens vorrangige Relevanz beanspruchen müßten, welche Qualifikationen zu ihrer Bewältigung erforderlich wären und schließlich, welche Lerninhalte eben jene Qualifikationen verläßlich aufbauen" (Blankertz 1975, 202).

Grundlegende Lebenssituationen, um die es hier in erster Linie geht

- kehren im Leben eines Menschen immer wieder,
- wandeln ihre Bedeutung, während das Individuum älter wird,
- können in einer einzigen augenblicklichen Situation enthalten sein,
- sind in verschiedenen Erfahrungen enthalten,
- sind Teil des gesamten täglichen Lebens des Lernenden,
- machen es notwendig, daß bestimmte Fähigkeiten und Fertigkeiten erlernt werden

  (Stratemeyer, zit. nach Adam 1977, 118 ff).

Als Beispiel für eine Auflistung von lebensbedeutsamen Situationen seien hier (siehe Seite 30) Themen genannt, die Mühl in ein Raster von "Handlungsrichtungen" und "Situationsfeldern" einordnet (1983, 24 f).

29

Vorhaben	Handlungsrichtungen	Situationsfelder
Wir helfen beim Abfall	L	Sch, F
Wir machen eine Ausstellung	V/G, K/U	Sch, Ö
Wir pflegen die Außenanlage der Schule	V/G, L	Sch, W, A
Wir essen eine Woche lang auswärts	L, E/O, K/U	Sp, K, F, V
Wir machen einen Einkaufsbummel	E/O, L	K, V, Fz
Wir gehen ins Theater	E/O, K/U	Ö, Fz, V
Wir besuchen eine Kirche	E/O	Ö
Wir gehen Eis essen	E/O, K/U	Ö, Fz, Sp, K, V
Wir besuchen Sportveranstaltungen	E/O, K/U	Ö, Fz, V
Wir gehen ins Hallenbad	E/O	Ö, Fz, V
Wir orientieren uns in der Stadt	E/O, L	Ö, V
Wir besuchen einen kranken Schüler im Krankenhaus	E/O, K/U, L	Ö, V
Wir besuchen jemanden zu Hause	K/U	Fz, F
Wir gehen auf den Jahrmarkt	K/U, E/O	Fz, Ö, K, V
Wir besuchen den Zoo, den Zirkus	E/O, K/U	Fz, Ö, V
Wir gehen zur Traubenlese	E/O, K/U	A
Wir besuchen ein Altersheim	E/O, K/U	F, W, V, Ö
Wir besuchen einen Kindergarten	E/O, K/U	Ö, V
Wir beobachten einen Polizisten	E/O, L	Ö, A, V
Wir beobachten einen Briefträger	E/O, L	Ö, A, V
Wir lassen uns die Haare schneiden	E/O, L	Ö, A, V
Wir besuchen den Bahnhof	E/O, L	Ö, A, V
Wir besuchen eine Baustelle	E/O	Ö, A, V
Wir besuchen die Feuerwehr	E/O	Ö, A, V
Wir besuchen die Werkstatt für Behinderte	E/O	A, V

Abkürzungen

E/O	Erkundungs-/Orientierungsprojekte	F	Familie	K	Konsum
K/U	Kontakt-/Unterhaltungsprojekte	W	Wohnen	Ö	Öffentlichkeit
V/G	Veränderungs-/Gestaltungsprojekte	Sch	Schule	N	Natur
L	Lebenspraktische Projekte	Sp	Speisen u. Getränke	A	Arbeit/Beruf
		FF	Fest und Feier	Fz	Freizeit/Urlaub
		V	Verkehr	Z	zeitliche Orientierung

C. Ausgehend von Fächern

Hier spielen fachdidaktische Gesichtspunkte und fachwissenschaftliche Vorgehensweisen eine Rolle: man nimmt an, daß in der Kombination von sonderpädagogischem und fachdidaktischem Know-how angemessene Qualifikationen zu erreichen sind. Siehe etwa "Handreichungen für den Unterricht in der Werkstufe der Schule für Geistigbehinderte", Staatsinstitut für Schulpädagogik (Hrsg.): "Arbeit mit Papier und Pappe" (1986), bzw. "Metall" (1983 b).

Es werden dabei wissenschaftliche Grundkenntnisse zu vermitteln versucht, bzw. das Berufsverständnis des (Fach-)Lehrers und seine fachspezifische Qualifikation fließen in den Unterricht ein und prägen Inhalt und (zumindest teilweise) methodisches Vorgehen.

Die Lehrpläne für Religion, musische Fächer oder Sport sind Beispiele für fachdidaktische Ausdifferenzierung des Lehrangebotes.

3.2 Richtlinien – Lehrplan – Curriculum

Wir haben bisher sehr beliebig obenstehende Begriffe verwendet. Werden sie synonym gebraucht oder unterscheiden sie sich? Obwohl nicht häufig unterschieden wird, lassen sich doch gewisse Akzentuierungen herausstellen:

Richtlinien (auch Rahmenplan oder Rahmenrichtlinien) stecken einen großen Rahmen für die Lehrstoffplanung ab und dienen als Basis für die Erstellung von Einzellehrplänen. Sie gestehen den Lehrern "hinsichtlich der Auswahl und Anordnung von Zielen und Inhalten … einen größeren Freiraum" zu (Scholz/Bielefeldt 1982, 37), die Lehrplankompetenz wird bewußt auf die untere Entscheidungsebene verlagert, was vom Lehrer größere Professionalität verlangt.

Als Beispiel aus dem Bereich der Geistigbehindertenpädagogik dürfen hier die "Empfehlungen für den Unterricht in der Schule für Geistigbehinderte" der Kultusministerkonferenz genannt werden (siehe Seite 155).

Lehrpläne bezeichnen "das Ergebnis eines Prozesses, durch den eine Gesellschaft ihren Fortbestand sicherstellen will, indem sie alle ihre Heranwachsenden in sich einführt", d. h., ein "Lehrplan enthält Aussagen über alles Wissen und Können und über alle Einstellungen/Haltungen, die das zugeordnete Bildungssystem an die Heranwachsenden zu vermitteln hat" (Weniger 1965, 21).

Neben diesem "Klassiker" der Lehrplantheorie wird oft auch Dolch (1965, 13) zitiert, der den Lehrplan definiert als "Auswahl und Anordnung von Lehrgütern für einen bestimmten, meist umfassenderen Lehrzweck". In ihm ist das Lehrgut "in seinen einzelnen Lehrstoffen, mitunter herab bis zu Stoffgruppen oder -gebieten und sogar Lehreinheiten" dargestellt.

Lehrpläne sind also meist Lehrstoffkataloge, die der intentionalen und reflektierten Unterweisung Planungsgrundlagen liefern (Auswahl der Lehrinhalte und ihre Verteilung über die Schulzeit bestimmter Schultypen). Sie sind häufig verbindlich durch die Schulbehörden vorgeschrieben, schreiben das Lernpensum für die Schüler und das Aufgabenpensum für die Lehrer vor und dürfen durch die gesellschaftlich vorgegebene Gesamtsituation, in der sie entstanden sind, als "Kulturdokument" bezeichnet werden.

Als Beispiel für die Ausformulierung eines Lehrplanes sei der "Lehrplan + Materialien für den Unterricht in der Schule für Geistigbehinderte" des Staatsinstituts für Schulpädagogik München (Hrsg.) genannt.

Curriculum ist nach der Definition der Bund-Länder-Kommission (Bildungsgesamtplan 1973) ein "System für den Vollzug von Lernvorgängen im Unterricht in bezug auf definierte und operationalisierte Lernziele". Konstitutive Merkmale sind:

– "Lernziele (Qualifikationen, die angestrebt werden sollen),

– Inhalte (Gegenstände, die für das Erreichen der Lernziele Bedeutung haben),

– Methoden (Mittel und Wege, um Lernziele zu erreichen),

– Situationen (Gruppierung von Inhalten und Methoden),

– Strategien (Planung von Situationen),

– Evaluation (Diagnose der Ausgangslage, Messung des Lehr- und Lernerfolges mit objektiven Verfahren)" (zit. nach Köck/Ott 1994, 120).

Arbeitsaufgabe 4:

Tragen Sie in die nachstehende Grafik *Curriculum, Lehrplan* und *Richtlinien* ein.

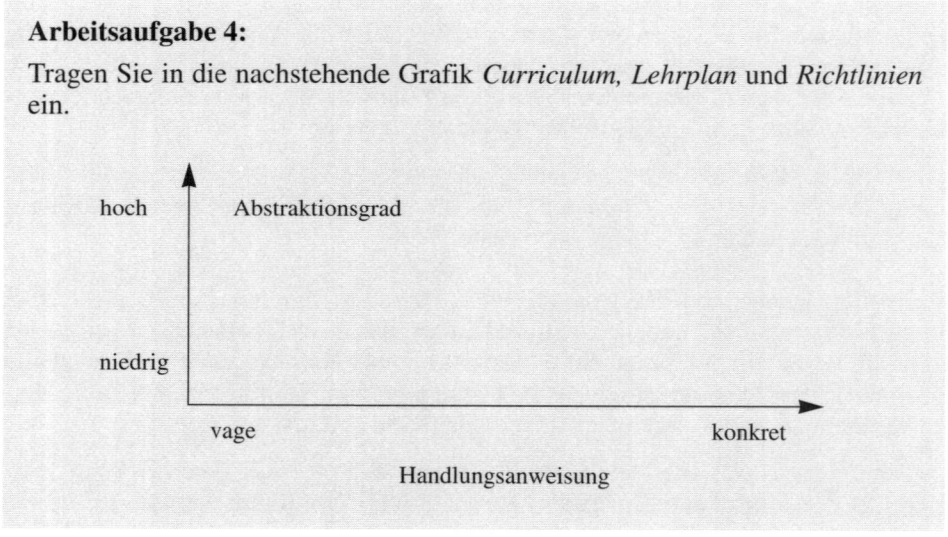

3.3 Offene und geschlossene Curricula

Wie wir gesehen haben, können Pläne (dem üblichen Sprachgebrauch folgend: hier "Curricula") mehr oder weniger konkret sein: den Rahmen abstecken, in dem Lehr-Lernprozesse ablaufen sollen oder genau vorgeben, welche Ziele an welchen Inhalten wie zu erreichen sind. Man spricht von offenen und geschlossenen Curricula. Geschlossene Curricula wurden stark von amerikanischen Vorbildern geprägt (siehe Tawney et al. 1979). Sie fixieren Ziele und Inhalte ebenso wie den methodischen Ablauf und die Kontrolle des Endverhaltens.

"Für geschlossene Curricula ist u. a. charakteristisch:

– Sie werden von zentralen Einrichtungen erstellt und sind entsprechend formalisiert.

– Sie werden von anonymen Expertengruppen – also ohne Mitwirkung der unmittelbar am Lernort Betroffenen – entwickelt.

– Das Entwicklungsverfahren ist produktorientiert, (…)

– Der Lehrer ist unmündiger Vollstrecker zweckrational vorgefertigter Handlungsentwürfe (teacher proof curricula)." (Steindorf 1985, 106)

Als Gegenbewegung gegen solcherart vorstrukturierte, gängelnde Curricula wurden Alternativen entwickelt. Es sollten den Lehrenden wieder mehr Handlungsspielräume eingeräumt werden. In diesem Zusammenhang ist die Empfehlung des Deutschen Bildungsrates "Zur Förderung praxisnaher Curriculum-Entwicklung" (1974, 21 f) zu sehen. Darin wird eindeutig für ein revidiertes Curriculumkonzept plädiert: "Gegenüber dem klassischen Curriculum-Modell enthält dieses Modell des offenen Curriculum ein Mehr an bewußt ausgelegtem Handlungsspielraum für die Lehrenden und Lernenden. Es verzichtet auf Lernziele, die ausschließlich in beobachtbaren Verhaltensäußerungen angegeben sind. Es wendet sich gegen eine Planung, durch die der Ablauf von Lernvorgängen bis ins einzelne festgeschrieben wird."

Merkmale offener Curricula sind u. a.:

– "Sie werden von dezentralisierten, schulnahen Einrichtungen, etwa von 'Regionalen Pädagogischen Zentren' erstellt (…).

– Sie werden in erster Linie von Lehrern unter Partizipation der Eltern und Schüler gestaltet.

– Das Entwicklungsverfahren ist prozeßorientiert.

– Der Schüler ist Subjekt des Lernprozesses.

– Der Lehrer entscheidet in Selbstbestimmung anhand wahlweise angebotener Lernmaterialien und unter Berücksichtigung situativer Gegebenheiten" (Steindorf 1985, 107).

Die Lernziele sind nicht mehr verbindlich vorgegeben, das methodische Vorgehen läßt Handlungsalternativen zu, das offene Curriculum gibt didaktische Anregungen, Hilfen, stellt Materialien zusammen.

Die Nähe zu "offenem Unterricht", Projektunterricht, entdeckendem Lernen oder "schülerzentriertem" Unterricht ist offensichtlich (siehe 4.4. Unterrichtsmethoden). Abbildung 3 soll die verschiedenen Ansätze verdeutlichen (B. Woitsch).

Literaturhinweis zur Auseinandersetzung zum obigen Themenkreis siehe auch:

Adam, H.: Curriculumkonstruktion für Geistigbehinderte. Marburg 1977
Adam, H.: Unterricht mit geistigbehinderten Schülern im Spannungsfeld von geschlossenem und offenem Unterricht. Z. f. Heilpäd. 32 (1981), 482 – 493

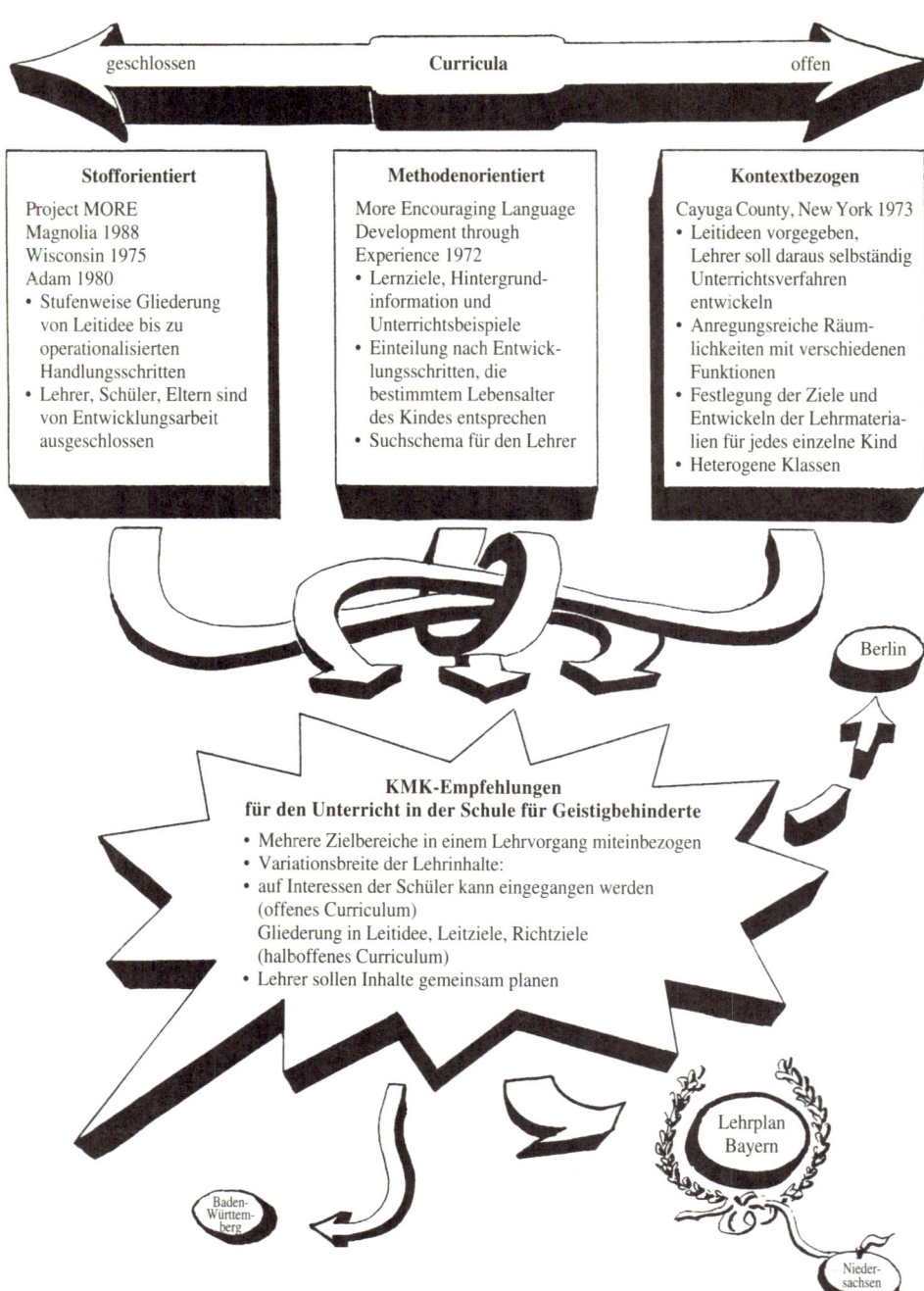

Stofforientiert

Project MORE
Magnolia 1988
Wisconsin 1975
Adam 1980
• Stufenweise Gliederung
  von Leitidee bis zu
  operationalisierten
  Handlungsschritten
• Lehrer, Schüler, Eltern sind
  von Entwicklungsarbeit
  ausgeschlossen

Methodenorientiert

More Encouraging Language
Development through
Experience 1972
• Lernziele, Hintergrund-
  information und
  Unterrichtsbeispiele
• Einteilung nach Entwick-
  lungsschritten, die
  bestimmtem Lebensalter
  des Kindes entsprechen
• Suchschema für den Lehrer

Kontextbezogen

Cayuga County, New York 1973
• Leitideen vorgegeben,
  Lehrer soll daraus selbständig
  Unterrichtsverfahren
  entwickeln
• Anregungsreiche Räum-
  lichkeiten mit verschiedenen
  Funktionen
• Festlegung der Ziele und
  Entwickeln der Lehrmateria-
  lien für jedes einzelne Kind
• Heterogene Klassen

**KMK-Empfehlungen
für den Unterricht in der Schule für Geistigbehinderte**

• Mehrere Zielbereiche in einem Lehrvorgang miteinbezogen
• Variationsbreite der Lehrinhalte:
• auf Interessen der Schüler kann eingegangen werden
  (offenes Curriculum)
  Gliederung in Leitidee, Leitziele, Richtziele
  (halboffenes Curriculum)
• Lehrer sollen Inhalte gemeinsam planen

Abb. 3: Offene und geschlossene Curricula

In der Regel sind Lehrpläne jedoch nicht eindeutig dem einen oder anderen Typ zu-zuordnen. So spricht man z. B. vom Lehrplan der Schule für Geistigbehinderte in Bayern von einem "halboffenen" Curriculum oder einem "curricularen Lehrplan".

Je nach Lernbereich wird das Curriculum mehr strukturiert sein oder mehr offene Situationen zum Gewinnen von Erfahrungen und zur Ausbildung von Handlungs-kompetenz bereitstellen. Gliedert man die Lernbereiche nach Fischer (1981) in *Basis-Bereich, Elementar-Bereich* und *Fach-Bereich,* so lassen sich folgende Be-ziehungen herstellen (Abb. 4)

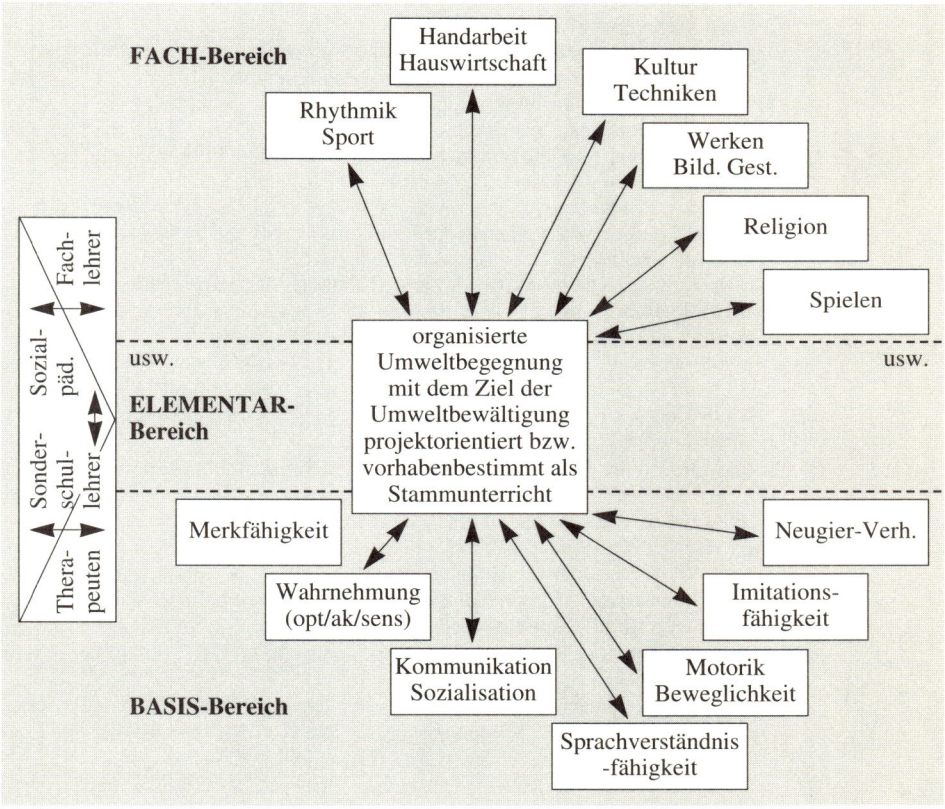

Abb. 4: Lernbereiche (nach Fischer 1981, 45)

Im Bayerischen Lehrplan werden entwicklungsorientierte, handlungsorientierte und fachorientierte Lernbereiche genannt. So bietet sich v. a. für den ersten Teil stärker strukturiertes, lehrgangartiges Vorgehen und für den Fachbereich sonderpädagogisch modifiziertes, fachdidaktisches Vorgehen an. Die drei Arten sollen im folgenden kurz dargestellt werden.

3.4 Entwicklungsorientiertes Vorgehen

Speck (1993) bezeichnet es auch als das "normative Entwicklungsmodell". Im Lehrplan der Schule für Geistigbehinderte in Bayern sind die ersten vier Lernbereiche in Anlehnung an entwicklungsorientierte Hierarchien aufgebaut: Wahrnehmung, Motorik, Sprache, Denken.

Das Entwicklungsmodell geht von folgenden Grundannahmen aus:

"1. Reifung und Änderung des Verhaltens folgen einer Entwicklungshierarchie, z. B. lernen Kinder das Ergreifen eines Gegenstandes eher als das Loslassen. (...)
2. Die Aneignung von Verhalten schreitet vom Erlernen einfacher zum Erlernen mehr komplexer Leistungen fort. (...)
3. Komplexeres Verhalten ist das Resultat der Koordinierung und Modifizierung von Verhaltensweisen mit einfacheren Bestandteilen. (...)
4. Die Entwicklung behinderter, retardierter Kinder verlaufe generell in den gleichen Sequenzen wie die der nichtbehinderten Kinder. Lediglich die Geschwindigkeit und die Gewichtung der einzelnen Funktionsbereiche sei unterschiedlich. (...)
5. Da Entwicklungsnormen um so zuverlässiger erscheinen, je jünger das Kind ist, hält man diese (...) Daten im Falle einer geistigen Behinderung (...) für besonders relevant. (...)
6. Vom methodischen Ansatz gesehen ermögliche das Entwicklungsmodell die im Falle einer Behinderung geforderte und notwendige unmittelbare Verbindung von Diagnostik und Therapie. (...)
7. Die Operationalisierbarkeit der Entwicklungsschritte als erwünschte nächste Ziele der Verhaltensänderung lasse eine unmittelbare Verbindung mit den Methoden des operanten Konditionierens zu. Es wird systematisches (Präzisions)Lehren (...) möglich. (...)
8. Das curriculare Bedürfnis nach klaren, generalisierbaren und überprüfbaren Lehrzielen in einer entwicklungspsychologisch belegbaren Abfolge wird vom normativen Entwicklungsmodell offenbar besonders angesprochen und befriedigt. (...)
9. Schließlich könnte noch pädagogisch geltend gemacht werden, daß dieser Ansatz, der prinzipiell für alle Kinder anwendbar ist, von gleichen Entwicklungssequenzen für alle ausgeht, dem Leitziel der Normalisierung (Integration) am nähesten kommen dürfe, da er keine Sonderziele, z. B. für geistig behinderte Kinder, aufweist. (...)
10. In psychologischer Hinsicht ermögliche der vollsystematisierte Entwicklungsansatz mit seinen Möglichkeiten der Effektivitätskontrolle, daß die Lehrer psychisch entlastet werden (...)." (Speck 1993, 227)

Als Beispiele für dieses Vorgehen sei für den Frühförderbereich angegeben: Straßmeier, W.: "Frühförderung konkret" (München 1996), wo die Förderung auf einer Entwicklungsdiagnostik aufbaut.

Im Schulbereich ist eine solche Kombination durch Günzburg vorgenommen worden. PAC ("Pädagogische Analyse und Curriculum der sozialen und persönlichen Entwicklung des geistig behinderten Menschen").

Für schwer geistig behinderte Schüler sind Teile des Curriculums in dieser entwicklungsorientierten Form aufgebaut in den "Handreichungen für den Unterricht mit schwer geistigbehinderten Schülern" (herausgegeben vom Staatsinstitut für Schulpädagogik, München 1992). Im ersten Band "Erziehung und Unterricht, Diagnostik und Förderung" werden entwicklungsorientierte Lernbereiche dargestellt.

3.5 Handlungsorientiertes Vorgehen

"Während der entwicklungsbezogene Unterrichtsansatz im besonderen durch die Gebundenheit der Lernziele und Lernprozesse gekennzeichnet ist, zielt der handlungsbezogene Ansatz auf relativ offenes Agieren in realen Lebenssituationen. Es geht um den Erwerb von Handlungskompetenz über eigene Aktivität und Erfahrung" (Speck 1993, 234).

Daß in der Schule für Geistigbehinderte ein Schwerpunkt auf handelndes Lernen gelegt werden soll, ist unumstritten. So formulieren die KMK-Empfehlungen "Der handlungsbezogene ... Unterricht entspricht dem praxisgeleiteten und situationsverhafteten Lernen des geistigbehinderten Schülers" (1980, 8). Speck schreibt: "Der Mensch lernt im wesentlichen durch seine Handlungen, verwirklicht sich in seiner Aktivität" (1993, 238), und Mühl fordert "Um die Vermittlung des allgemeinen Zieles 'Handlungsfähigkeit' zu sichern ... sind weite Strecken des Unterrichts mit Handlungszielen zu steuern" (1983, 71).

Hilbert Meyer benützt für sein favorisiertes Unterrichtsmuster den Begriff "handlungsorientiert". Er definiert "Handlungsorientierter Unterricht ist ein ganzheitlicher und schüleraktiver Unterricht, in dem die zwischen dem Lehrer und den Schülern vereinbarten Handlungsprodukte die Organisation des Unterrichtsprozesses leiten, so daß Kopf- und Handarbeit der Schüler in ein ausgewogenes Verhältnis zueinander gebracht werden können" (1988, 214).

Handlungen sind komplexe psycho-physische Abläufe, die folgende Komponenten enthalten:

– zielorientiert
– situationsbezogen
– interpretativ
– sozial definiert (normorientiert)
– sinnbezogen
– dynamisch (prozessual)
– reflexiv
– interaktiv
– regel- und steuerbar
– änderungsinduzierend und
– aufgabenbezogen

   (Six/Höcke-Pörzgen 1983, 233).

Es wirft sich die Frage auf, ob Schüler mit geistiger Behinderung zur Bewältigung solch komplexer Abläufe fähig sind. Mühl schlägt daher vor, von handlungsbezogenem Unterricht zu sprechen und lehnt sich an Max Webers (1964) Handlungstypen an:

– Zweckrationales Handeln (hoher Grad an Bewußtheit; Motiv, Entwurf, Aktion und Kontrolle in gleichem Ausmaß vorhanden).

– Wertrationales Handeln (überzeugtes Handeln ohne Rücksicht auf Folgen).

– Affektuelles Handeln (bedürfnisbezogen; Motiv und Aktion überwiegen, Handlungsentwurf und Kontrolle werden häufig vernachlässigt).

– Traditionelles Handeln (durch Gewohnheiten bestimmt) als Gewöhnungs- und Imitationshandeln: im Vordergrund steht die Aktion oder stereotype Tätigkeiten: hier ist die Grenze erreicht, was noch Handeln genannt werden kann (Mühl 1983, 69).

Speck stellt dar, daß der entwicklungsorientierte und handlungsorientierte Ansatz ineinandergreifen. Das Entwicklungsmodell setzt entwicklungsmäßig früher an und stellt "eine für das Erlernen von Handlungskompetenz notwendige Vorbedingung und Unterstützung dar" (Speck 1993, 235). Die Beziehungen lassen sich nach Speck graphisch so darstellen:

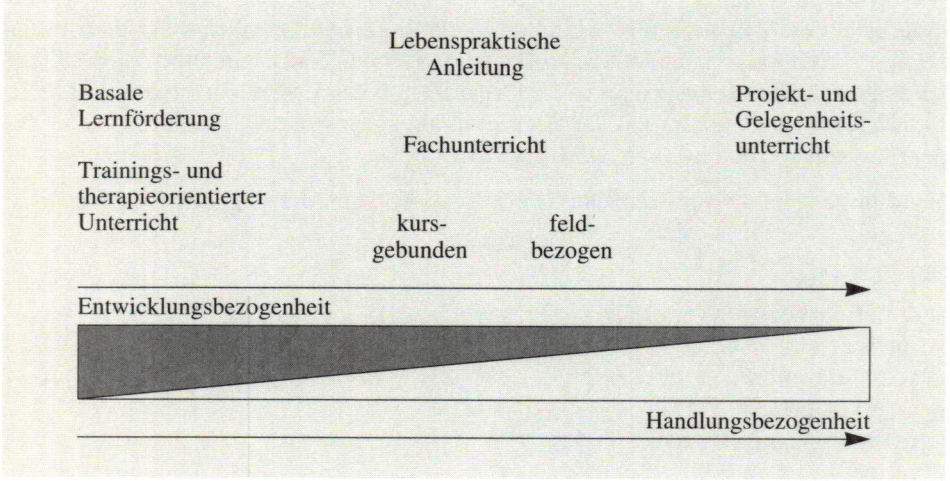

Abb. 5: Entwicklungs- und Handlungsbezogenheit des Unterrichts (aus Speck 1993, 235)

3.6 Fachorientiertes Vorgehen

Da allgemeine Zielvorstellungen, wie sie in den KMK-Empfehlungen (s. S. 155) formuliert wurden, wenig Hinweise auf fächerspezifische Inhalte und Vorgehensweisen boten, wurden spezielle Zielkataloge für einzelne Fächer entwickelt. Zwar ist das Verhältnis von Didaktik zu den Fachdidaktiken noch nicht eindeutig geklärt und es werden ähnliche Begriffe verwendet (vgl. Heursen 1986, 412), die Forderung nach eigenen Fachdidaktiken wird jedoch allenthalben erhoben. Unklar ist jedoch, welche Fächer eigens aufgeführt werden sollten, in welchen Bereichen fachspezifische Inhalte und Methoden ausdifferenziert werden sollten.

Es erscheint ziemlich willkürlich, ob ein Lernbereich dem Basis-, dem Elementaroder dem Fachbereich zugeteilt wird, ebenso, welche Lernbereiche eigene Fachdidaktiken erfordern. Die Aussage von Fischer, man könne dann von Fachbereichen sprechen, wenn diese Lernbereiche selbständig (was ist das konkret?), lehrgangsmäßig oder projektorientiert gestaltet würden und "von eigens dafür ausgebildeten Fachlehrern betreut würden" (Fischer 1981, 50), befriedigt ebenfalls nicht: Werken oder Handarbeit werden auch von den Klassenlehrern gegeben. So bleibt es meist dem Zufall überlassen, ob Fachlehrer angestellt werden können und das fachspezifische Methodenrepertoire mehr zum Tragen kommt. Auf der anderen Seite gibt es Tendenzen, den Fachunterricht etwas zu reduzieren zugunsten des Gesamtunterrichts (v. a. in der Grundschule und der Schule für Geistigbehinderte; die Reformpädagogik ist hier besonders zu nennen).

Als fachspezifische Vorgehensweisen sind natürlich Ziel- und Methodenkonzepte für den Bereich der Kulturtechniken zu sehen. Hinweise auf einige Literaturqellen sollen weiterhelfen:

Lesen

Akademie für Lehrerfortbildung Dillingen (Hrsg.): Deutsch in der Grundschule – Erstlesen und weiterführendes Lesen. Akademiebericht Nr. 165, Dillingen 1990

Haug, C., Keuchel, B.: Lesen, Schreiben und Rechnen mit geistig Behinderten. Wien 1984

Hublow, C., Wohlgehagen, E.: Lesenlernen mit Geistigbehinderten. Z. f. Heilpädagogik 1978, 23 – 28

Jansen, B.: Menschen mit geistiger Behinderung lernen lesen. Berlin 1985

Mann, I.: Lernen können ja alle Leute. Lesen-, Rechnen-, Schreibenlernen mit der Tätigkeitstheorie. Weinheim 1990

Leonhardt, H., Ruoff, E.: Lebenspraktisches Lesen. Pfullingen 1988

Oberacker, P.: Sprechen, Lesen, Schreiben mit geistig Behinderten. Villingen 1980

Probst, H., Wacker, G.: Lesenlernen – ein Konzept für alle. Solms-Oberbiel 1986

Staatsinstitut für Schulpädagogik München (Hrsg.): Lehrplan und Materialien für den Unterricht in der Schule für Geistigbehinderte. München 1980

Staatsinstitut für Schulpädagogik München (Hrsg.): Erstlesen. Handreichungen für Sonderpädagogische Diagnose- und Förderklassen. Würzburg 1991

Zeitschrift "Lernen konkret", August 1984: Kursheft *Lesen Lernen*

Schreiben

Haug, C., Keuchel, B.: Lesen, Schreiben und Rechnen mit geistig Behinderten. Wien 1984

Mann, I.: Lernen können ja alle Leute. Lesen-, Rechnen-, Schreibenlernen mit der Tätigkeitstheorie. Weinheim 1990

Staatsinstitut für Schulpädagogik München (Hrsg.): Lehrplan und Materialien für den Unterricht in der Schule für Geistigbehinderte. München 1980

Mathematik

Haug, C., Keuchel, B.: Lesen, Schreiben und Rechnen mit geistig Behinderten. Wien 1984

Mann, I.: Lernen können ja alle Leute. Lesen-, Rechnen-, Schreibenlernen mit der Tätigkeitstheorie. Weinheim 1990

Reci, F.: Anbahnung des Zahlbegriffs bei Geistigbehinderten. Dortmund 1993

Schmitz, G.: Mathematik als Welterfahrung. Bonn-Bad-Godesberg 1991

Staatsinstitut für Schulpädagogik München (Hrsg.): Lehrplan und Materialien für den Unterricht in der Schule für Geistigbehinderte. München 1980

Ebenfalls stark fachdidaktisch orientiert sind Ausformulierungen zum Werken, zur rhythmisch-musikalischen Erziehung und zum hauswirtschaftlichen Bereich bzw. zur Textilarbeit.

Werken

Kuipers, H.: Technikunterricht mit Geistigbehinderten. Bad Salzdetfurth 1984

Staatsinstitut für Schulpädagogik München (Hrsg.): Lehrplan und Materialien für den Unterricht in der Schule für Geistigbehinderte. München 1980

Staatsinstitut für Schulpädagogik München (Hrsg.): Handreichungen für den Werkunterricht *Metall*. München 1983

Staatsinstitut für Schulpädagogik München (Hrsg.): Handreichungen für den Unterricht in der Werkstufe der Schule für Geistigbehinderte: Arbeit mit *Papier* und *Pappe*. München 1986

Staatsinstitut für Schulpädagogik München (Hrsg.): Technisches Werken. Donauwörth 1994

Rhythmische Erziehung

Rieder, H., Buttendorf, T., Höss, H. (Hrsg.): Förderung der Motorik geistig Behinderter. Berlin 1981

Staatsinstitut für Schulpädagogik München (Hrsg.): Lehrplan und Materialien für den Unterricht in der Schule für Geistigbehinderte. München 1980

Stabe-Hillmer, E. R.: Rhythmik mit Geistigbehinderten. Dortmund 1991

Musik

Staatsinstitut für Schulpädagogik München (Hrsg.): Lehrplan und Materialien für den Unterricht in der Schule für Geistigbehinderte. München 1980

Staatsinstitut für Schulpädagogik München (Hrsg.): Musik- und Bewegungserziehung. Würzburg 1991

Ästhetische Erziehung

Dobeneck, R. v.: Gebundenes Malen mit geistig behinderten Kindern. München 1983

Staatsinstitut für Schulpädagogik München (Hrsg.): Lehrplan und Materialien für den Unterricht in der Schule für Geistigbehinderte. München 1980

Hauswirtschaftlicher Bereich

Fischer, D., Mehl, M., Schebler, R., Vollmuth, I.: Wir lernen in der Küche. Würzburg 1979

Staatsinstitut für Schulpädagogik München (Hrsg.): Lehrplan und Materialien für den Unterricht in der Schule für Geistigbehinderte. München 1980

4. Didaktik als Handlungstheorie

Gegenstand dieser dritten Ebene ist der Unterricht. Hier sollen die globalen Zielvorstellungen verwirklicht werden. Meyer (1988, 21) spricht von "Methodischem Handeln" der Lehrenden, ihrer "Handlungskompetenz" und meint damit die "Fähigkeit, in immer wieder neuen, nie genau vorhersehbaren Unterrichtssituationen Lernprozesse der Schüler zielorientiert, selbständig und unter Beachtung der institutionellen Rahmenbedingungen zu organisieren". Welche Faktoren dabei eine Rolle spielen, wie sie sich gegenseitig bedingen und wie Unterricht in der Schule für Geistigbehinderte organisiert werden kann, soll im folgenden darzustellen versucht werden.

4.1 Ausgangslage: Die Schüler

Sollen Lernprozesse zielorientiert organisiert werden, müssen die Adressaten als erstes ins Blickfeld gerückt werden. Unterrichtsinhalte werden ja jeweils anders strukturiert werden müssen, je nachdem ob es sich um Gymnasiasten, Grundschüler oder Schüler mit geistiger Behinderung handelt – wenn auch z. Zt. versucht wird, das Gemeinsame herauszufinden (s. "Integrative Didaktik" von Feuser 1989 und Punkt 4.3.2).

4.1.1 Intensitätsgrade der Behinderung

Die vielfältigen Beeinträchtigungen von Schülern mit geistiger Behinderung in kognitiver, motorischer, sprachlicher, perzeptiver oder sozio-emotionaler Hinsicht ergeben ein sehr heterogenes Bild jeder einzelnen Klasse. Man versucht daher – und aus Gründen der Verständigung – die Population noch näher zu beschreiben und Untergruppen zu bilden. Speck nennt diese Gruppierung auch "didaktische Niveaustufen", die das Ziel haben, den "Unterricht adäquater auf den einzelnen Schüler einrichten zu können" (Speck 1993, 218). Er nennt drei unterrichtlich relevante Teileinheiten:

– Leichte geistige Behinderung (moderate mental retardation) als Übergangsform zur Lernbehinderung oder Grenzfälle; das sind Kinder, die u. a. eine Befähigung zum instrumentellen Gebrauch einfachen Lesens und Schreibens, u. U. auffallende Teilbegabungen aufweisen und in sozialer Hinsicht im gewohnten – auch außerhäuslichen – Situationsfeld relativ selbständig werden können.

– **Durchschnittliche geistige Behinderungen** (severe mental retardation) bei Kindern und Jugendlichen mit einem Lernfeld, das sich vornehmlich auf Primärgruppen und weitestgehend absichernde Sozialsysteme bezieht (Familie, Sonderschulklassen, Heimgruppen, Werkstatt für Behinderte); die Lernfähigkeit in Gruppen ist gegeben. Über die gewohnten Gruppen hinaus besteht in sozialer Hinsicht eine deutliche Führungsbedürftigkeit.

– **Intensive geistige Behinderungen** (profound mental retardation), auch als schwere geistige Behinderungen bezeichnet, das sind Kinder und Jugendliche mit einem auf die nächste Umgebung eingeengten Lernfeld, mit einer im wesentlichen basalen Lernfähigkeit und einer extremen und umfassenden sozialen Abhängigkeit und mit erheblicher (zumeist dominanter) Pflegebedürftigkeit. Einzelförderung als Intensivförderung ist nötig. Vielfach sind solche Kinder und Jugendliche bettlägerig.

Es könnte versucht werden, Zuordnungen von didaktisch-methodischen Modellen zu diesen Niveaustufen vorzunehmen. Fischer (1981, 115) hatte das versucht, relativiert aber selbst diesen Versuch, da das Anliegen, die "Vielfalt menschlichen Lebens und Erlebens" im Unterricht zu berücksichtigen, durch diese Kategorisierung nicht möglich sei.

4.1.2 Lernverhalten

Um didaktisches Planen den Adressaten anzupassen, wurde versucht, das Lernverhalten von Schülern mit geistiger Behinderung zu beschreiben. In den Empfehlungen der Kultusministerkonferenz für den Unterricht in der Schule für Geistigbehinderte (1980, 5) wurde das Lernverhalten durch folgende Merkmale gekennzeichnet:

– direkte Bezogenheit der Lerninteressen auf vitale Bedürfnisse;
– weitgehende Gebundenheit des Gelernten an die ursprüngliche Lernsituation;
– sach- und situationsverhaftete Ansprechbarkeit;
– begrenzte Fähigkeit zu selbständiger Aufgabengliederung;
– geringe Spontaneität im Hinblick auf bestimmte Lernaufgaben;
– überwiegend handlungsbezogenes Lernen;
– extrem geringes Lerntempo;
– stark begrenzte Durchhaltefähigkeit im Lernprozeß;
– eingeschränkte Gedächtnisleistungen;
– unzureichende sprachliche Aufnahme-, Verarbeitungs- und Darstellungsfähigkeit.

Arbeitsaufgabe 5:

Versuchen Sie, diese Aussagen kritisch in ihrem Inhalt und in ihrer Relevanz für die Unterrichtsplanung zu werten.

Was können solche Beschreibungen bewirken?

Versuchen Sie, diesen *Negativkatalog* durch Aufgabenstellungen zu ergänzen.

Beispiele:

- Bezogenheit der Lerninteressen auf vitale Bedürfnisse bei einzelnen Schülern erfordert die Erschließung der Vielfalt der Welt;
- die weitgehende Gebundenheit des Gelernten an die ursprüngliche Lernsituation erfordert variationsreiche Anwendung in verschiedenen Situationen, um Transferleistungen anzuregen.

Gibt es neben diesem beschreibenden Katalog, der in sehr vielen Bildungsplänen vorzufinden ist, auch empirisch abgesicherte Befunde zum Lernverhalten der Schüler mit geistiger Behinderung?

- Luria stellte 1963 "mangelnde Steuerungsfähigkeit des sprachlichen Bereichs" fest,
- "leichte Ablenkbarkeit und fluktuierende Aufmerksamkeit" konstatiert Meyer (1981),
- "geringere Fähigkeit zur Generalisierung von Strategien" stellten Zeaman and House (1963) fest,
- "mangelhafte sprachliche Kodierung" wiesen Constantine und Sidman (1975) nach,
- "Schwäche in der Verwendung willkürlicher Lernstrategien" ergaben die Untersuchungen von Ellis (1970),
- "gute Ergebnisse im Wiedererkennen" fanden McDade und Adler (1980), jedoch "Schwächen im Zugriff auf die gespeicherten Informationen" (Reproduktionsfähigkeit) (siehe Meyer, H. 1977 und 1985; Wendeler, J. 1976 und 1993).

4.1.3 Lernniveaustufen

Etwas mehr Information für Planung von Unterricht als die Kategorisierung in Intensitätsgrade (3 bzw. – international – 5 Schweregrade) oder, wie Speck sie nennt, "didaktische" Niveaustufen, bieten Darstellungen, die Lernniveaus als Basis annehmen.

Neben lernpsychologisch orientierten Ansätzen (etwa Gagne 1975) bieten v. a. die Forschungen von Piaget und sowjetischer Autoren wie Wygotzsky, Galperin und Leontjew fruchtbare Hinweise für den Aufbau des Unterrichts bei Schülern mit geistiger Behinderung. Eine Übersicht über einige der verschiedenen theoretischen Konzepte läßt weitgehende Übereinstimmung erkennen.

Übersicht 2: Stadien der Denkentwicklung

Galperin	Leontjew	Lompscher	Piaget
1. Handlungsphase:			
Orientierungsgrundlage	Sinnlich-wahrnehmende Stufe		Stadium der sensomotorischen Intelligenz
2. Handlungsphase:			
Materielle Handlung	Handelnd-aktive Stufe	Praktisch-gegen-ständliche Handlung	
Materialisierte Handlung	Bildlich-darstellende Stufe	Unmittelbare Anschauung	
Übergang zur Vorstellung		Mittelbare Anschauung	Vorbegrifflich-symbolische Stufe
			Anschauliches Denken Konkretes Denken
Äußere Sprache	Begrifflich-abstrakte Stufe	Sprachlich-begriff-liches Denken	Formale Denkoperationen
Innere Sprache			
3. Handlungsphase:			
Kontrollhandlung			

Arbeitsaufgabe 6:

Beschreiben Sie mit eigenen Worten

(a) die Gemeinsamkeiten der Ansätze,
(b) die Unterschiede oder Schwerpunktsetzungen.

Was bringen solche Konstrukte?

Sie helfen auf alle Fälle, die Auseinandersetzung der Schüler mit geistiger Behinderung mit der Umwelt besser zu verstehen, Hilfen vorzustrukturieren und für das Entwickeln geeigneter Aneignungsstrategien Voraussetzungen zu schaffen. Als Beispiel dafür sei das Modell von Galperin kurz dargestellt:

Stadien der Denkentwicklung

Galperin gliedert die Entwicklung des Denkens in Etappen der Bildung geistiger Handlungen:

Handlungsphase 1:
Schaffung einer Orientierungsgrundlage der Handlung

Handlungsphase 2:
Eigentlicher Handlungsverlauf: Arbeitshandlung

1. Etappe: Materielle Handlung
2. Etappe: Materialisierte Handlung
3. Etappe: Übergang der materiellen und materialisierten Handlung zur Vorstellung
4. Etappe: Äußere Sprache für sich
5. Etappe: Innere Sprache

Handlungsphase 3: Kontrollhandlung als immanentes Prinzip der Handlungsphasen

Die Handlungsphase 1 soll eine Orientierungsgrundlage schaffen, eine gezeigte Handlung zu erfassen, nach Merkzeichen zu analysieren und auch neue Situationen zu übertragen. Dabei stellt Galperin verschiedene Typen der Orientierung heraus:

Typ I:

Unvollständigkeit der Orientierungsgrundlage der Handlung. "Handlungen, Vorstellungen und Begriffe werden unter diesen Bedingungen im wesentlichen mit Hilfe der Kontrolle des Ergebnisses gebildet" (Galperin 1967, 112). Das Verhalten läßt sich durch das Vorgehen "Versuch-Irrtum" kennzeichnen und zeigt folgende Attribute:

– die Langsamkeit des Vorgehens,
– die mehr unbewußte Entdeckung des Weges als eine klare Erkenntnis,
– das Notwendigwerden einer Vielzahl von Wiederholungen, die aber trotzdem nicht alle überflüssig werdenden Operationen bei der Vorgehensweise auszuschalten vermag (Rausch 1984, 76).

Typ II:

Die Orientierungsgrundlage ist vorhanden: Sie enthält neben den Mustern der Handlung und des Produktes auch wesentliche Aspekte zur richtigen Handlungsausführung, wozu auch die laufende Korrektur der Orientierungsgrundlage gehört. Das Niveau der Bewußtheit ist damit höher.

Typ III:

Selbständige Ermittlung von Handlungsstrategien. Das bedeutet die Ermittlung von Elementen (Elementarbausteine) des Handlungsbereiches als auch ein Erkennen der Beziehungen. Lompscher (1975) nennt folgende Gesichtspunkte, die den Lernerfolg des Handelnden bestimmen:

– das zu erreichende Ziel,
– die dazu auszuführenden Handlungen,
– die zu beachtenden Bedingungen,
– die möglicherweise entstehenden Handlungsfolgen (Rausch 1984, 81).

Handlungsphase 2: Arbeitshandlung

1. Etappe: Materielle Handlung

Die Handlung wird konkret durch den Umgang mit realen Gegenständen ausgeführt. Piaget ordnet dieses Stadium der sensomotorischen Stufe zu (bis einschließlich dem 5. Stadium der sensomotorischen Intelligenz), Lompscher spricht von der Ebene der "praktisch-gegenständlichen Handlung". Es bilden sich dabei Ordnungskriterien heraus (sensomotorische Schemata).

2. Etappe: Materialisierte Handlung

Nicht mehr der Umgang mit realen Gegenständen wird zur Bildung einer Handlung herangezogen, sondern Vorzug erhalten deren Abbildungen in verschiedenen Formen (Modelle, schriftliche Aufzeichnungen, Schemata, Notizen, Diagramme). "Sie kopieren, reproduzieren genau einige für die Operation wesentliche Eigenschaften und Beziehungen der Dinge und gestatten eine äußere Handlung mit ihnen (vergleichen, ausmessen, umstellen, verändern und dergleichen mehr)" (Galperin 1967, zit. nach Rausch 1984, 87).

Lompscher nennt diese Etappe die Ebene der unmittelbaren Anschauung, bei der das Kind beginnt, auf der Grundlage sinnlicher Wahrnehmungen Denkoperationen auszuführen, ohne sie konkret nachvollziehen zu müssen. Mießler (1978, 44) nennt als Beispiel: "Um herauszubekommen, ob ein Buntstift in eine größere oder kleinere Schachtel paßt, braucht das Kind den Vergleich nicht mehr handelnd-probierend durchzuführen. Es genügt die visuelle Wahrnehmung der betreffenden Gegenstände. An Hand der visuellen Beobachtung kann der Vergleich schon in der Vorstellung vollzogen werden. Die sinnliche Wahrnehmung bleibt für das geistigbehinderte Kind über einen langen Zeitraum, wenn nicht sogar zeitlebens, die stützende Grundlage für geistige Operationen."

3. Etappe: Übergang zur Vorstellung

Gegenstände werden nicht mehr als unmittelbare Stütze gebraucht, das Kind verwendet jetzt die Sprache, beginnt neue Handlungen sprachlich zu üben. "Handlungsbegleitendes Sprechen" ist ein wichtiges Prinzip des Unterrichts in der Schule für geistig Behinderte.

4. Etappe: Äußere Sprache für sich

Gegenständliches Handeln wird durch Sprache "verinnerlicht", zur inneren Darstellung der Handlung. In ähnlicher Weise stellt Leontjew (1977, 454 ff, zit. nach Fischer 1978, 178) die Entwicklung dar, die vier Stufen einer geistigen Tätigkeit durchschreitet:

Stufe 1

sinnlich-wahrnehmende (aufnehmende) Stufe mit dem Ziel, Objekte, Informationen, Zusammenhänge mit allen Sinnen in sich aufzunehmen, ohne bereits die genauen Unterscheidungen zu treffen,

Stufe 2

handelnd-aktive (erlebend-erprobende) Stufe mit dem Ziel, Objekte, Informationen, Zusammenhänge in der aktiven Auseinandersetzung kennenzulernen, zu erkunden und zu erfassen,

Stufe 3

bildlich-darstellende (abbildende) Stufe mit dem Ziel, Objekte, Informationen, Zusammenhänge

– nicht mehr nur konkret wahrzunehmen, zu erfassen und in sich aufzunehmen, sondern
– handelnd wahrgenommene, erfaßte, erkundete Umwelt in sich durch bildliche Darstellungen und Wiedergaben zu vertiefen.

Stufe 4

begrifflich-abstrakte (verbalisierende) Stufe mit dem Ziel, Objekte, Informationen, Zusammenhänge nicht nur konkret, bildlich, sondern begrifflich wahrzunehmen, zu erkunden, zu erfassen, zu beschreiben und zu benennen.

Als Beispiel einer unterrichtlichen Differenzierung der Angebote aufgrund dieser Lernniveaustufen sei das Thema "Baum" von M. Schmidt dargestellt.

Eine theoretische Ausdifferenzierung erhält das Modell durch Feuser (1989) und Jantzen (1990). Es soll in Kap. 4.3.2 kurz vorgestellt werden.

Beachte:

Unterricht und Erziehung dürfen sich nicht ausschließlich am Lernniveau orientieren. Ein Jugendlicher mit schwerer geistiger Behinderung ist evtl. auf einem kognitiven Niveau eines Kleinkindes mit einigen Monaten, hat aber das Recht, als Jugendlicher behandelt zu werden.

4.2 Unterrichtsziele

Unter Berücksichtigung der Intensitätsgrade geistiger Behinderung und der Lernniveaustufen der Schüler geht es darum, Absichten für möglich gehaltene Verhaltensänderungen (= Lernen) zu formulieren, Verhaltensdispositionen einzelner Schüler zu aktivieren, damit sie sich in bestimmte Richtungen weiterentwickeln. Lehren und Lernen im Unterricht sind intentional, auf bestimmte Ziele hin ausgerichtet. Welche Arten von Zielformulierungen gibt es nun hauptsächlich, die in Plänen und Unterrichtsvorbereitungen in der Schule für Geistigbehinderte auftauchen?

UNTERRICHTSBEISPIEL 3

Langfristige Planung: Baum

	Lernniveau			
Lernbereich	sinnlich-aufnehmend	handelnd-aktional	darstellend bildlich	symbolisch
Motorik	Blätter, Äste berühren mich	Ich halte ein Aststück	Ich bin ein Baum im Wind (Rhythmik)	
Wahrnehmung	Wir befühlen den Baum in unserer Klasse		Wir malen lebensgroße Baumbilder	
	Wir unterscheiden	Wir suchen Zweige und Blätter		
	Wir hören Rauschen der Blätter			
Freizeit		Wir machen Picknick im Wald		
Natur	In unserer Klasse steht ein Baum	Wir beobachten den Baum, seine Blätter	Wir kleben Baumbilder (Naturcollage)	
	Wir sammeln Rinde, Äste und Blätter	Wir kleben Blätter	Wir machen ein Mobile aus Zweigen	
	Wir riechen den Herbstwald	Wir tragen einen Baumstamm		
Spielen	Wir schauen im Wald den Bäumen/Blättern zu	Wir verstecken uns hinter Bäumen	Wir machen einen Holzhaufen	
		Wir spielen mit Zweigen und Blättern	Wir zünden ein Feuer an	
Musik	Wir hören Geräusche beim Waldspaziergang (Tonbandaufnahme machen)	Wir klappern mit Ästen/rascheln mit Laub	Wir hören Geräusche vom Tonband	
			Wir lernen Lieder zum Baum/ Herbstlieder	

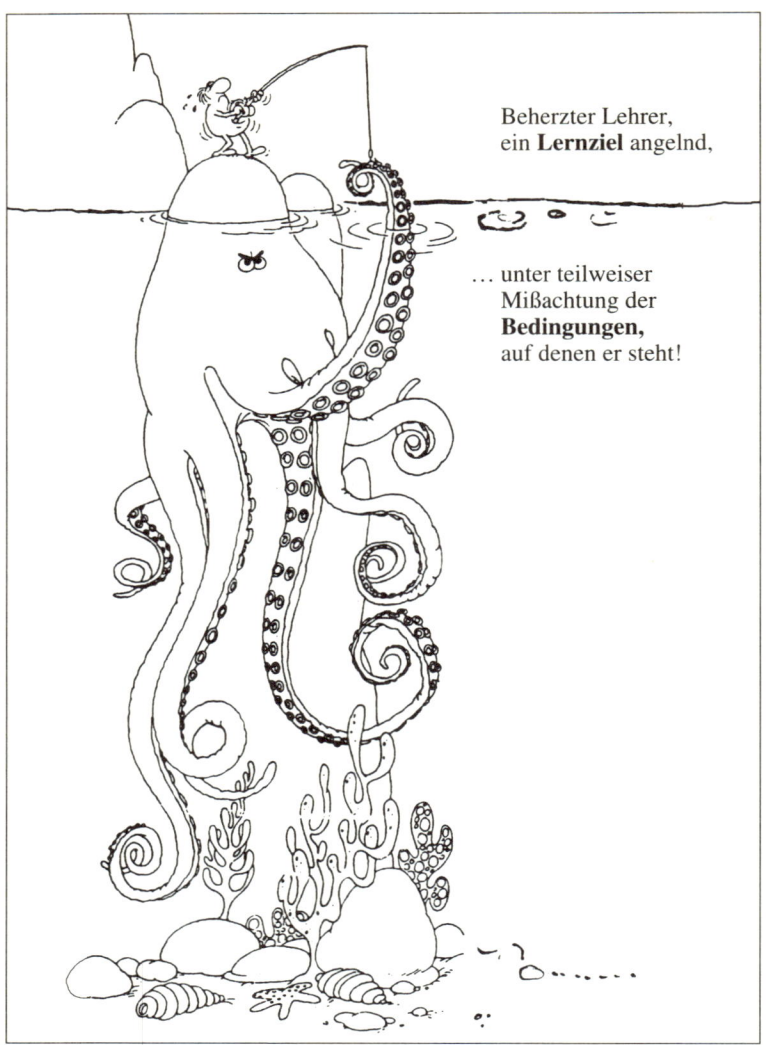

Abb. 6: Bedingungsanalyse des Unterrichts (aus Meyer 1979, 286)

4.2.1 Klassifikation von Zielen

Meist verwendet man zur Kennzeichnung der Intentionen des Unterrichts den Begriff "Lernziel". Ein Lernziel ist eine "sprachlich artikulierte Vorstellung über die durch Unterricht (oder andere Lehrveranstaltungen) zu bewirkende gewünschte Verhaltensdisposition eines Lernenden" (Meyer 1991, 32). Hilbert Meyer differenziert diese "klassische" Sichtweise weiter aus und unterscheidet "Handlungsziele" von "Lehrzielen".

"Ein **Handlungsziel** beschreibt die Absichten, Motive und Gründe, deretwegen sich der oder die Schüler am Unterricht beteiligen oder die Beteiligung verweigern. Handlungsziele bringen situationsabhängige Bedürfnisse und Interessen der Schüler zum Ausdruck und sind in der Regel auf ein Handlungsprodukt bezogen.

Ein **Lehrziel** beschreibt die Bildungsabsichten des Lehrers im Unterricht. Es gibt an, welche Sach-, Sozial- und Handlungskompetenzen die Schüler erwerben sollen" (Meyer 1988, 90).

Ziele werden näher beschrieben durch mindestens zwei Komponenten:

– die Inhaltskomponente,
– die Verhaltenskomponente.

Die **Inhaltskomponente** bezeichnet "das Objekt, an dem sich und mit dem sich der Schüler beschäftigen soll. In der Regel handelt es sich dabei um einen Gegenstand, um Personen, eine Situation oder ein sonstiges Phänomen des Lebens, sprachlich gefaßt in Substantive" (Staatsinstitut 1983 a, 26). Beispiele aus dem Bereich Selbstversorgung: Hände, Gesicht, Zähne, Kleidung, … Gefahren, Eigentum.

Die **Verhaltenskomponente** drückt aus, was der Schüler tun soll, welches Verhalten der Schüler im Unterricht zeigen soll. Die Verhaltenskomponente wird immer durch ein Verb ausgedrückt. Beispiele aus dem Bereich Selbstversorgung: waschen, putzen, in Ordnung halten, erkennen, pflegen.

Schließlich wird bei den Zielen auch noch oft der **Gütemaßstab** angegeben: in welcher Art und Weise die Schüler mit dem Gegenstand umgehen sollen, welches Anforderungsniveau erwartet wird, welche Hilfen gegeben werden sollen. Beispiele: selbständig, angemessen, mit Hilfe, richtig.

Ein Beispiel: Im Lernbereich Selbstversorgung des Lehrplans für den Unterricht in der Schule für Geistigbehinderte in Bayern wird das Ziel angegeben: "Mit Verschlüssen an der Kleidung umgehen können". Die Inhaltskomponente ist "Verschlüsse", die Verhaltenskomponente "damit umgehen". Nun kann man bei der konkreten Planung von Verhaltensänderung (im engen Sinn = Lernen) die Inhalte näher bestimmen – welche Arten von Verschlüssen – oder das geplante Endverhalten ausdifferenzieren – wie sollen Schüler damit umgehen?

Ziele können in kognitive, psychomotorische und affektiv-emotionale Ziele untergliedert werden. Meyer (1991, 86/87) definiert sie wie folgt:

"**Kognitive Lernziele** beziehen sich auf Denken, Wissen, Problemlösen, auf Kenntnisse und intellektuelle Fähigkeiten."

"**Affektive Lernziele** beziehen sich auf die Veränderung von Interessenlagen, auf die Bereitschaft, etwas zu tun oder zu denken, auf die Einstellungen und Werte und die Entwicklung dauerhafter Werthaltungen."

"**Psychomotorische Lernziele** beziehen sich auf die manipulativen und motorischen Fertigkeiten eines Schülers."

In den 50er und 60er Jahren wurde versucht, diese Zieldimensionen nach Schwierigkeiten zu ordnen und eine "Lernzieltaxonomie" aufzustellen (Bloom und Mitarbeiter, siehe dazu Meyer 1991, 100 ff). Konkrete Auswirkungen hatte das in einer weiteren Systematisierung von Lernzielen, wie sie Westphalen (1974) als Planungsraster darstellt.

Arbeitsaufgabe 7:

Schlüsseln Sie bitte bei dem Ziel "Mit Verschlüssen an der Kleidung umgehen können"

(a) die Inhaltskomponente und
(b) die Verhaltenskomponente näher auf.

Übersicht 3: Curricularer Lehrplan (Westphalen 1974)

Lernzielbeschreibungen im Curricularen Lehrplan

1. Wissen	2. Können	3. Erkennen	4. Werten
1.1 Einblick (flüchtiger Einblick bei der ersten Begegnung mit dem Wissensgebiet)	*2.1 Fähigkeit* (= dasjenige Können, das zum Vollzug einer Tätigkeit notwendig ist)	*3.1 Bewußtsein* (bedeutet eine Vorstufe des Erkennens, die zum Weiterdenken anregt)	*4.1 Bereitschaft* (entsteht, wenn Werte anerkannt, als persönliche Ziele gesetzt werden)
1.2 Überblick (systematischer Überblick, den sich der Schüler erst verschaffen kann, wenn er in mehrere Teilbereiche des Wissensgebietes Einblick gewonnen hat)	*2.2 Fertigkeit* (= ein durch reichliche Übung eingeschliffenes, sicheres, fast müheloses Können)	*3.2 Einsicht* (= eine grundlegende Anschauung, die erworben und beibehalten wird, wenn ein Problem eingehend erörtert und einer Lösung zugeführt ist)	*4.2 Freude bzw. Interesse* an bestimmten Lerngegenständen (Operationalisierung und Lernzielkontrolle schwierig, nur in psychologischen Tests, Fragebogen oder noch problematischer im "Gesinnungsaufsatz" möglich)
1.3 (genaue) Kenntnis (eines Sachverhaltes oder eines Wissensgebietes setzt den Überblick voraus, fordert aber zusätzlich detailliertes Wissen und einen Grad gedächtnismäßiger Verankerung, der zu einer zutreffenden Beschreibung befähigt)	*2.3 Beherrschung* (= hoher Grad von Können)	*3.3 Verständnis* (ist die Ordnung von Einsichten und ihre weitere Verarbeitung zu einem begründeten Urteil)	
1.4 Vertrautheit (= erweiterte und vertiefte Kenntnisse über einen Sachverhalt oder ein Wissensgebiet – geläufiges Verfügen darüber)	psychomotorischer Bereich		affektiver Bereich

kognitiver Bereich

4.2.2 Ziele für den Unterricht mit Geistigbehinderten

Neben den bereits genannten Differenzierungen sind weitere Formen von Lernzielen bedeutsam:

– Lernziele, die **Prinzipien** darstellen. Sie sind als erzieherische Grundabsichten, als permanente Intentionen anzusehen, die nicht konkret planbar, aber situativ anzustreben sind.

Beispiele:
– Sich pflegen.
– Sich an Spielregeln halten.
– Seinen Körper erfahren.

Suchen Sie aus den Lehrplanauszügen weitere Beispiele!

– Lernziele, die auf bestimmte **Situationen** angewiesen sind. "Diese Gruppe von Lernzielen ist zur unterrichtlichen Behandlung auf das Vorliegen einer bestimmten Situation angewiesen. Sie beziehen sich auf die Bewältigung bestimmter Lebenssituationen, die nicht ständig gegeben und auch nicht simulierbar sind. Sie sind aktuell und lebensnah" (Staatsinstitut 1983 a, 29).

Beispiele:
– Leben als vergänglich erfahren.
– Körperliche und seelische Veränderungen an sich und anderen wahrnehmen.
– Sich beruhigen lassen.
– Schwierigkeiten überwinden.
– Auf etwas warten.

Suchen Sie weitere Beispiele!

– Lernziele, die **langfristige Lernplanung** erfordern. Dazu zählen vor allem Lernziele, die die Vermittlung von Kenntnissen, Einsichten und Fertigkeiten beinhalten und deshalb auf eine systematische Planung in Lernsequenzen hinweisen. Oft werden sie im Bereich des "Sachunterrichts" auftreten oder längerfristige Lehrgänge erfordern. Diese Lernziele bilden den Schwerpunkt für die langfristige Lehrplanung einer Klasse.

Beispiele:
– Handfunktionen entwickeln.
– Gebräuchliche Verhaltensmuster annehmen.
– Begriffe ausbilden und anwenden.
– Sich in der erfahrbaren Heimat zurechtzufinden.
  (Staatsinstitut 1983 a, 30)

Suchen Sie weitere Beispiele!

Lernziele sollen Verhalten oder eine Verhaltensdisposition von Schülern möglichst genau beschreiben, die diese am Ende der Unterrichtssequenz zeigen sollen. Dazu sollen Begriffe verwendet werden, die möglichst eindeutig sind und wenig Interpretation zulassen.

Arbeitsaufgabe 8:

Beurteilen Sie auf den folgenden Seiten Lernzielformulierungen aus Unterrichtsvorbereitungen danach – ob sie

(a) überhaupt Lernziele sind (welche sind es nicht?),
(b) zu vage formuliert sind (welche?),
(c) sachlich unangemessen für den Unterricht in der Schule für Geistigbehinderte zu sein scheinen,
(d) keine Ziele, sondern methodische Schritte beschreiben.

Beispiel 1

Lernvorhaben: Ein simulierter Theaterbesuch

Lernbereich: Freizeitgestaltung

Grobziele: Lernen, wie ein Theaterbesuch abläuft
               Lernen, wie man sich in einem Theater verhält
               Lernen, aus was ein Theater besteht
               Lernen, wie es in einem Theater abläuft

Feinziele: I. Kognitiv

               1. Die Schüler sollen ein Theatermodell in das Klassenzimmer übertragen können
               2. Die Schüler sollen eine Vorstellung von einem Theater bekommen
               3. Die Schüler sollen lernen, was eine Ouvertüre ist
               4. Die Schüler sollen lernen, in einem Theater leise zu sein

               II. Motorisch

               5. Die Schüler sollen lernen, für die Zeit einer Theateraufführung ruhig zu sitzen

               III. Kognitiv-motorisch

               6. Die Schüler sollen das Klassenzimmer in ein Theater umwandeln

               IV. Affektiv

               7. Die Schüler sollen Spaß haben an einem Theaterbesuch
               8. Die Schüler sollen Interesse finden an einer Opernmusik
               9. Die Schüler sollen Freude finden an einer Umgestaltung des Klassenzimmers

Beispiel 2

Lernvorhaben: Wir erfassen die Zahl 4 als Eigenschaft von Mengen

Feinziele: 1. Die Schüler sollen auf ihrer Handfläche eine Menge von vier Berührungen erfassen und sie in der Hand des Lehrers wiederholen können
               2. Die Schüler sollen immer wieder die Möglichkeit haben, die Zahlreihe "eins – zwei – drei – vier" artikulieren zu können

3. Die Schüler sollen eine Vierermenge handelnd abzählen können
4. Die Schüler sollen auf das Lehrervorbild hin eine Menge von vier Trommelschlägen darstellen können
5. Die Schüler sollen eine Menge von vier Tieren in eine Schachtel hineinzählen können
6. Die Schüler sollen am Arbeitsblatt Vierermengen wahrnehmen und einkreisen können

Beispiel 3

Lernvorhaben: Erkennen der Mengen bis vier

Lernziele:
1. Die Schüler sollen die Menge 1 erkennen
2. Die Schüler sollen die Menge 2 erkennen
3. Die Schüler sollen die Menge 3 erkennen
4. Die Schüler sollen die Menge 4 erkennen

Beispiel 4

Grobziel: Die Schüler sollen erkennen, daß richtige Ernährung für die Gesunderhaltung der Zähne wichtig ist

Feinziele: Die Schüler sollen

1. Die Modelle eines gesunden und eines kranken Zahns betrachten, befühlen, miteinander vergleichen
2. Erfahren, daß Süßigkeiten den Zähnen schaden
3. Erfahren, daß Kauen und Beißen härterer Nahrungsmittel wichtig für die Zähne sind
4. Aus einem Korb mit Waren je nach Nahrungsmittel auswählen, benennen und nach den Gesichtspunkten "gesund" bzw. "schädlich" für unsere Zähne ordnen können
5. Je eine Bildkarte auswählen, den abgebildeten Gegenstand benennen und nach obigen Gesichtspunkten an der Tafel ordnen können
6. Graphische Darstellungen auf dem Arbeitsblatt nach den genannten Gesichtspunkten zuordnen können

Beispiel 5

Grobziel: Wir machen einen Blumenstrauß

Feinziele:
1. Die Schüler sollen Blumen und Vase wahrnehmen können (alle)
2. Die Schüler sollen sich an den blühenden Blumen erfreuen können (alle)
3. Die Schüler sollen erkennen, daß die Blumen eine Vase und Wasser brauchen (alle)
4. Die Schüler sollen einzelne Blumen in die Vase stecken (teilweise mit Handführung)
5. Die Schüler sollen erkennen, daß die Vase voll ist (gilt für Manfred, Tina, evtl. Birgit und Gitti)
6. Die Schüler sollen die Vase mit Wasser füllen (teilweise mit Handführung)

56

Beispiel 6

Lernvorhaben: Wir lernen Kaffee kochen

Richtziel: Etwas herstellen können – Dinge des täglichen Lebens erkennen können

Feinziele: I. Kognitiv

1. Das Getränk Kaffee durch Aussehen und Geruch erkennen können
2. Die Schüler lernen, daß der Kaffee Giftstoffe enthält, die für Kinder schädlich sind. Kaffee ist ein Getränk für Erwachsene
3. Die Schüler lernen Bestandteile einer Kaffeemaschine kennen und benennen sie
4. Die Schüler bauen eine Kaffeemaschine auseinander und wieder zusammen
5. Die Schüler halten eine Reihenfolge ein
6. Signale verstehen können
   (Schalter leuchtet → Kaffeemaschine ist eingeschaltet)

II. Motorisch

7. Die Schüler schütten Wasser in ein Gefäß
   (bereits gelernte Technik anwenden können)
8. Dosieren lernen (1 Löffel Kaffee und eine Tasse Wasser für eine Person)
9. Vorsichtig mit einem zerbrechlichen Gegenstand umgehen können
   (gläserne Kaffeekanne)

III. Affektiv

10. Freude über Selbsthergestelltes empfinden können
11. Einen Herstellungsprozeß durchhalten wollen und können
12. Interesse an technischen Dingen wecken

57

4.3 Unterrichtsinhalte

4.3.1 Verschränkung von Ziel und Inhalt

Wie wir aus dem letzten Beispiel gesehen haben, lassen sich Ziele nicht ohne Inhalte angeben. Die Inhalte sind wiederum offensichtlich relativ beliebig und dem ersten Anschein nach mehr oder weniger passend. Wie kann man entscheiden, welche Lerninhalte ausgewählt werden sollen?

Klafki gibt in seiner Didaktischen Analyse fünf Hauptfragen an, die an mögliche Themen gestellt werden müssen, um sie als Bildungsinhalte in den Unterrichtsprozeß aufzunehmen.

"I.   Welchen größeren bzw. welchen allgemeinen Sinn- und Sachzusammenhang vertritt und erschließt dieser Inhalt? Welches Urphänomen oder Grundprinzip, welches Gesetz, Kriterium, Problem, welche Methode, Technik oder Haltung läßt sich in der Auseinandersetzung mit ihm 'exemplarisch' erfassen?

II.   Welche Bedeutung hat der betreffende Inhalt bzw. die an diesem Thema zu gewinnende Erfahrung, Erkenntnis, Fähigkeit oder Fertigkeit bereits im geistigen Leben der Kinder meiner Klasse, welche Bedeutung sollte er – vom pädagogischen Gesichtspunkt aus gesehen – darin haben?

III. Worin liegt die Bedeutung des Themas für die Zukunft der Kinder?

IV.   Welches ist die Struktur des Inhaltes? Welches sind die einzelnen Momente des Inhalts als eines Sinnzusammenhanges? In welchem Zusammenhang stehen sie? In welchem größeren sachlichen Zusammenhang steht dieser Inhalt? Was muß sachlich vorausgegangen sein? Welche Eigentümlichkeiten des Inhaltes werden den Kindern den Zugang zur Sache vermutlich schwermachen? Was hat als notwendiger, festzuhaltender Wissensbesitz ('Mindestwissen') zu gelten?

V.   Welches sind die besonderen Fälle, Phänomene, Situationen, Versuche (Personen, Ereignisse), in oder an denen die Struktur des jeweiligen Inhaltes den Kindern dieser Klasse interessant, fragwürdig, begreiflich, 'anschaulich' werden kann?

1.   Welche 'Anschauungen' (Sachverhalte, Phänomene, Situationen, Versuche) sind geeignet, die auf das Wesen des jeweiligen Inhaltes, auf seine Struktur gerichtete Fragestellung in den Kindern zu erwecken?

2.   Welche Anschauungen, Hinweise, Situationen, Beobachtungen, Erzählungen, Versuche, Modelle usw. sind geeignet, den Kindern dazu zu verhelfen, möglichst selbständig die auf das Wesentliche der Sache, des Problems gerichtete Fragestellung zu beantworten?

3.   Welche Situationen und Aufgaben sind geeignet, das am exemplarischen Beispiel, am elementaren 'Fall' erfaßte Prinzip einer Sache, in der Anwendung sich bewähren und damit üben zu lassen?" (Klafki 1964, 135 ff)

Speziell für den Unterricht mit Geistigbehinderten lassen sich eine Reihe spezieller Fragestellungen an mögliche Lerninhalte richten:

a) Wie weit repräsentieren diese Inhalte die Alltagswirklichkeit?

Pfeffer (1988, 127) versteht darunter die "vorgegebene und vorstrukturierte natürliche und vom Menschen gestaltete Raum-Welt". Die schier unendliche Vielfalt der

Phänomene unserer Umwelt muß reduziert werden auf diejenigen, die sinnlich erfahrbar sind, die Bedeutsamkeit für die Kinder und Jugendlichen mit geistiger Behinderung besitzen und mit denen sie gegenwärtig oder zukünftig konfrontiert werden. Es gilt:

Die "Welt an sich" soll eine "Welt für mich" werden. Das kann durch handelnde Auseinandersetzung oder Versprachlichung erfolgen. Das Kind eignet sich die Sache an, es transformiert die individuelle "Anschauungswelt" in eine individuelle "Vorstellungswelt".

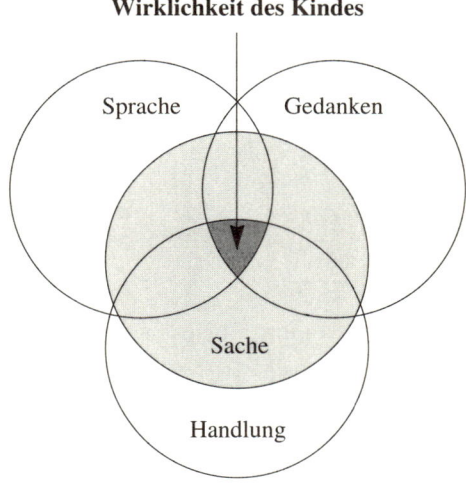

Abb. 7: Aneignung von Wirklichkeit (in Anlehnung an Mayer 1978, 42)

Der Lehrplan der Schule für Geistigbehinderte in Bayern nennt diese Alltagswirklichkeit "grundlegende Lebenssituationen". "Viele natürliche Lebenssituationen ergeben sich durch den Schulalltag, andere müssen außerhalb der Schule aufgesucht oder in die Schule hereingeholt und hier aufbereitet werden" (S. 347). Das macht eine

b) Reduktion der Komplexität erforderlich

Darunter versteht man die "Rückführung komplexer Sachverhalte auf ihre wesentlichen Elemente, um sie für Lernende überschaubar und begreifbar zu machen". (Vogel, in Haller/Meyer 1986, 567)

Es wird eine vertikale didaktische Reduktion (Abnahme der Komplexität des Inhalts, Ausschnittbildung) von einer horizontalen unterschieden (Konkretisierung des Inhalts durch Analogien, Metaphern, Beispiele).

Arbeitsaufgabe 9:

Welche Art von didaktischer Reduktion liegt bei dem Beispiel von Fischer (1981, 53) vor?

Übersicht 4: Wir laden zum Geburtstag ein

Niveau A	GZ: **Eine Geburtstags-Party geben können**				
	Gäste auswählen können	Karten verschicken können	Tisch decken können	Kuchen selbst backen können	Saft eingießen können

Niveau B	GZ: **Kuchen backen können**				
	Mixer bedienen können	Zutaten abwiegen können	Rezepte lesen und übertragen können	Ofen bedienen können	verzieren können

Niveau C	GZ: **Mit Puderzucker einen Kuchen verzieren können**			
	Mehl vom Puderzucker unterscheiden können	Packung, Dose öffnen können	Gerät bedienen können	gezielt bestreuen können

Niveau D	GZ: **Packung öffnen können**		
	Öffnung finden können	Mit der Haltehand festhalten können	halten und öffnen können

Niveau E	GZ: **Mit beiden Händen Gegendruck bilden können** (halten und öffnen können)
	– mit zwei Händen
	– mit einer Hand
	– mit Hilfsmittel
	– ohne Hilfsmittel

Die komplexe Alltagswirklichkeit wird hier in einer neu inszenierten Wirklichkeit an die Schüler vermittelt, wobei die Reduktion sich überwiegend am zu reduzierenden Stoff (Inhalt) orientiert und der Schüler nur berücksichtigt wird "im Hinblick auf seine niveautypische Rezeptionskapazität" (Vogel in Haller/Meyer 1986, 569).

c) Lebensbedeutsamkeit

"Nicht für die Schule, für das Leben lernen wir", heißt ein sehr bekannter Spruch. Was ist aber bedeutsam für das Leben? Was ist bedeutsam für Schüler mit geistiger Behinderung? Das dürfte wohl nicht sehr viel anders sein als bei uns allen:

Daraus folgt als Lerninhalt:

– daß wir durch die Umwelt angeregt werden ....

– daß wir Konzepte haben, mit der
  Komplexität der Umwelt zurechtzukommen ....

– daß wir Menschen haben, die uns etwas
  bedeuten und wir ihnen ....

– daß wir Handlungsmuster haben, mit denen
  wir uns versorgen können ....

– daß wir herausgefordert werden und
  Probleme überwinden lernen ....

– daß wir schöne Dinge, Geselligkeit oder
  kulturelle Angebote genießen können ....

– daß wir das Gefühl haben,
  "jemand zu sein" ....

Um das Vorgehen konkreter werden zu lassen, sollen Sie versuchen, eine Stoffsammlung zu dem Themenbereich "Glas" zusammenzustellen.

Arbeitsaufgabe 10:

Stellen Sie eine Stoffsammlung zu folgenden Aufgabenstellungen zusammen:

1. Denken Sie sich Vorhaben aus, die lebenspraktische Fertigkeiten im Umgang mit Glas ermöglichen (Umgangsqualitäten). Oder anders ausgedrückt: Was können die Kinder mit Glas tun?

2. Begründen Sie, warum man dem Unterrichtsgegenstand "Glas" Aufmerksamkeit schenken sollte. Denken Sie dabei nicht nur an die Schule. Oder anders: Was sollen (können) die Schüler dabei lernen?

3. Finden Sie Motivationen, damit ein Kind, das bisher noch keinen Kontakt oder Interesse am Glas besitzt (zeigt), sich mit diesem neuen Material auseinandersetzt.

Was hier eben versucht wurde, ist mit dem Begriff der **Sachanalyse** zu umschreiben. Darin geht es um die Fragestellung, "was in der Sache steckt", was der Gegenstand, die Situation für die Schüler hergeben. Dabei ist nicht die "reine" Analyse des Gegenstandes vorrangig, sondern die Sachanalyse enthält – wie Sie bereits erfahren haben – jeweils auch schon einen didaktisch-methodischen Argumentationszusammenhang.

"Die Sachanalyse dient vor allem der argumentativen Vorbereitung und der Begründung von didaktischen Entscheidungen" (Jank/Meyer 1991, 411). Sachanalysen unterscheiden sich je nach den Lernbereichen in

(a) handlungsorientierte Lernbereiche,
(b) fachorientierte und lehrgangsmäßige Lernbereiche.

Bei handlungsorientierten Lernbereichen geht es vor allem darum, daß die Lehrkräfte die Handlungen, die sie den Schülern nahebringen möchten, selbst beherrschen (Handlungskompetenz). Das beinhaltet, daß sie alle Schritte vorher selbst ausprobieren und analysieren, wo evtl. Schwierigkeiten auftreten können, häufig müssen auch Experten zu Rate gezogen werden (Werklehrer, andere Fachlehrer). Zum zweiten ergibt sich dann die Erkenntnis, welche Materialien dazu erforderlich sind und wie sie verarbeitet werden bzw. welche Hilfsmittel man dazu braucht.

Im Handlungsorientierten Unterricht lassen sich schwerpunktmäßig vier Akzente herausarbeiten (Schneider/Herrmann):

– Handlungsanteil:

> "Welche Teilhandlungen und/oder Handlungsfolgen können oder sollen von den Schülern ausgeführt werden? In welche Teil-Schritte muß eine Handlung aufgegliedert werden? In welchen konkreten Situationen führen die Schüler diese Handlungen aus? Welches Fachwissen ist notwendig?"

– Kognitiver Anteil:

> "Was müssen oder sollen die Schüler wissen, wenn sie dem Unterricht folgen oder die Handlungen ausführen sollen? Welche Begriffe werden verwendet, welche (Handlungs-)Abläufe müssen bekannt sein oder durchschaut werden?"

– Sprachlicher Anteil:

> "Wie werden die Dinge bezeichnet? Ist die Alltagssprache zutreffend? Mit welchen (einfachen) Satzmustern oder Worten kann der Sachverhalt oder der Handlungsablauf beschrieben werden?"

– Emotionaler/sozialer Anteil:

> "Wie stehen die Schüler zum Lerngegenstand? Haben sie Abneigungen, Vorlieben, Interessen? Welche Vorerfahrungen haben sie bereits mit dem Lerngegenstand/-inhalt gemacht? Erfordert oder ermöglicht der Lerngegenstand/-inhalt gemeinsames Arbeiten, Auseinandersetzung, Kooperation?"

In fachorientierten oder lehrgangsmäßig vermittelten Lernbereichen geht es z. B.

– beim Erlernen eines neuen Buchstabens um die Analyse der optischen Gestalt, der Verwechslungsmöglichkeiten mit ähnlichen Buchstaben, der Lautgestalt, eventuell der Zuordnung einer Lautgebärde
– beim Erlernen eines neuen Liedes um den Aufbau des Liedes, Schwierigkeiten in der Tonfolge oder im Text u. ä.,

– beim Erlernen einer neuen Technik im bildnerischen Gestalten um die Möglichkeiten des kreativen Umgangs mit dieser Technik, aber auch um notwendige Kenntnisse zu Anwendung der Technik.

Arbeitsaufgabe 11:

Prüfen Sie, ob es sich bei den angegebenen Ausschnitten aus Unterrichtsvorbereitungen um eine Sachanalyse handelt.

Beispiel a)

Der Weg der Nahrung

> Unter Verdauung verstehen wir nach Faller die Zerkleinerung der aufgenommenen Nahrung, ihre Lösung in Wasser und den Abbau durch Enzyme in einfache Bestandteile, welche von der Schleimhaut des Magen-Darm-Kanals aufgenommen werden.
>
> Der Verdauungstrakt läßt sich einteilen in: Mundhöhle, unterer Abschnitt des Schlundes, Speiseröhre, Magen, Dünndarm, Bauchspeicheldrüse, Leber, Dickdarm, Mastdarm, Analkanal, Harnapparat.
>
> Die Funktion des Verdauungstraktes sind die Prüfung der Nahrungsmittel, deren Zerkleinerung und Lösung in Wasser, der Transport der zerkleinerten Nahrung, die Zerlegung in einfache Stoffe mit Hilfe von Verdauungsenzymen, die Resorption dieser Stoffe und schließlich die Ausscheidung unverdaulicher Schlacken.
>
> Mundhöhle: Die wichtigsten Organe der Mundhöhle sind Zunge, Zähne und Speicheldrüsen. Funktion: Lippen und Schneidezähne erfassen die Nahrungsmittel. Zwischen den Mahlzähnen werden sie zerkaut. Unter Einwirkung des Speichels beginnt die Kohlehydratverdauung …

Beispiel b)

Ich streiche mir eine belegte Semmel

> Eine belegte Semmel ist jedem Schüler der Klasse wohlbekannt, sei es als Frühstück, Pausensnack oder sonstiges. Das Lernvorhaben "Ich streiche mir eine belegte Semmel" stammt also aus ihrem unmittelbaren Erfahrungsraum. Da, ohne Ausnahme, jeder der Schüler sehr gerne Nahrung zu sich nimmt, ist es wahrscheinlich gar nicht nötig, die Kinder groß zu motivieren. Dieses werden die entsprechenden Gegenstände und die Bekanntgabe der Unterrichtsthematik stark übernehmen.
>
> Leider ist keines der Kinder in der Lage, sich alleine eine belegte Semmel herzurichten. Das Erlernen dieser Fähigkeiten scheitert wohl meist im Elternhaus daran, daß der Zeitaufwand, den die Kinder dafür brauchen, zu groß ist und den Eltern zu lange dauert.

Beispiel c)

Selbständiges Hantieren mit verschiedenen Gegenständen

Die selbstgemachte, von uns "black box" genannte Kiste und die anderen verwendeten Gegenstände sind den Schülern aus einer vorangegangenen Stunde bekannt. In dieser Stunde hatten die Jugendlichen zwar großes Interesse an den Unterrichtsmedien gezeigt, jedoch weniger bewußt differenzierte Handerfahrungen gemacht, wie es meinen Vorstellungen entsprochen hätte.

So wird diesmal – ausgehend vom Unterrichtsgegenstand – der Schwerpunkt des Lernvorhabens darauf verlegt, Neugier und Interesse bei den Schülern zu wecken und sie somit zu Eigenaktivität anzuregen, die grundlegende Voraussetzung für das Hantieren mit Gegenständen, die Förderung der Handwahrnehmung.

Das Interesse und Neugierverhalten läßt sich in dieser Klasse gut durch Überraschungseffekte wecken, wie z. B. durch einen Plastikmüllsack, in dem Gegenstände versteckt sind oder durch die "black box".

Die einzelnen Gegenstände, die zu Aktivitäten der Schüler führen sollen, sind für sie reizvoll und überschaubar. Wie wer womit umgeht, ist stark vom Einzelnen abhängig und muß individuell unterstützt werden.

Im Lehrplan ist das Lernvorhaben im Bereich Wahrnehmung ("Reize bemerken" oder "Reize erwarten oder herbeiführen") und im Bereich Motorik ("Handfunktionen entwickeln") angesiedelt.

Beispiel d)

Wir lernen das Bildzeichen für Notausgang/Fluchtweg

Lerninhalt dieser Stunde ist das Bildzeichen für Fluchtweg bzw. Notausgang, die hier nicht unterschieden werden, da ihre Bedeutung bzw. ihr Sinn (bei Feuer den rettenden Ausgang zu finden) der gleiche ist. Das Bildzeichen für Fluchtweg (meist mit Richtungsangabe) findet man in vielen öffentlichen Gebäuden, in Kaufhäusern, Hotels, Kinos … Es zeigt an, daß es einen Ausgang bei Gefahr gibt und in welcher Richtung sich dieser befindet (laufender Mensch mit Pfeil). Für dieses Vorhaben wurde das Schild "Fluchtweg mit Richtungsangabe" gewählt. Das Bildzeichen ist klar gegliedert und enthält drei Elemente (fliehender Mensch, Pfeil und Ausgang). Es gibt noch ein anderes Zeichen für Fluchtweg; beiden Bildzeichen gemeinsam ist der weiße fliehende Mensch auf grünem Grund.

Beispiel e)

Wir singen und gestalten das Lied "Jetzt wird wieder in die Hände gespuckt"

Das Lied wurde 1983 von der Gruppe "Geier Sturzflug" unter dem Titel "Bruttosozialprodukt" veröffentlicht. Es war lange in den Hitlisten und ist deshalb bei den Schülern bekannt. Im Text wird die Arbeitswelt ironisch dargestellt. Der Tonraum des Liedes ist gering: er umfaßt 5 Töne (d – a). Die Melodieführung ist eintönig:

Im Refrain wiederholt sich die Auf- und Abführung der Melodie – die Strophen-melodie verbleibt fast immer auf einem Ton. Die Melodie soll dem Textinhalt ent-sprechen (Eintönigkeit des Arbeitslebens). Auffallend an der Begleitung ist der markante, monotone Rhythmus, wobei die Betonung immer auf der zweiten und vierten Zählzeit des 4/4-Taktes liegt (Schlagzeug und Klatschen).

Zwischen den einzelnen Liedteilen gibt es längere Pausen – ebenso zwischen den Strophen, die durch Saxophon-Soli gefüllt werden. Insgesamt ist das Lied schnell gespielt und wirkt deshalb trotz der monotonen Melodie flott.

4.3.2 Verschränkung von Inhalten und dem Niveau der Ziele

Es wurde schon angedeutet, daß Lerninhalte und Zielformulierungen nicht unabhängig voneinander betrachtet werden können. Zur Erhellung der Sache bedarf es der didaktischen Analyse, zum Abschätzen des für bestimmte Schüler möglichen Zielniveaus eines Rahmens in der Form der Orientierung an Lernniveaus.

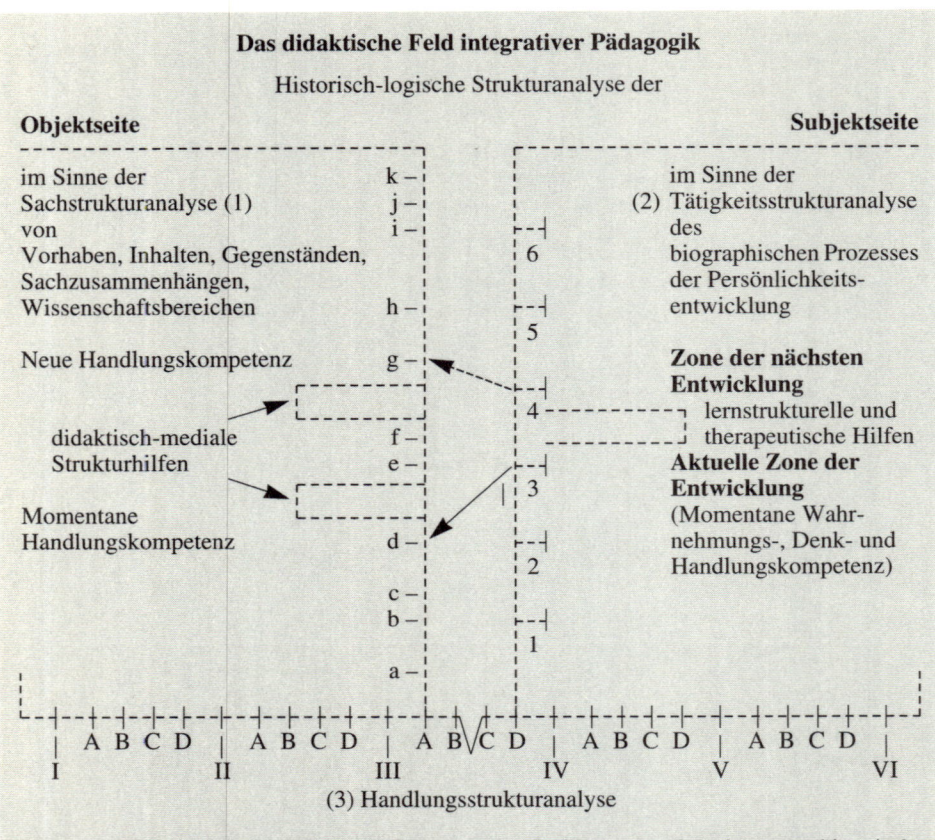

Legende: (1) a–k Vorhaben-, Inhalts-, Gegenstands-, Sachzusammenhangbezogene historisch-logische und wissenschaftsbereichsbezogene Gliederung der Inhaltsseite des Unterrichts im Sinne der "didaktischen Analyse" (Klafki, Heimann/Otto/Schulz, Möller); (2) 1–6 Stufen der "dominierenden Tätigkeit": 1-perceptive, 2-manipulierende, 3-gegenständliche Tätigkeit, 4-"Spiel", 5-(schulisches) "Lernen", 6-"Arbeit" (Leontjew/Piaget); (3) Etappen der Ausbildung der geistigen Operationen: I-Orientierungsgrundlage, II-materialisierte Handlung, III-lautsprachliche Handlung, IV-äußere Sprache für sich, V-innere Sprache, VI-Denken; A–C Parameter der Qualität der Handlung auf jedem Niveau: A-Entfaltung, B-Verallgemeinerung, C-Beherrschung, D-Verkürzung (Galperin).

Abb. 8: Verknüpfung von Handlungskompetenz und Sachanforderung; Realisierung der didaktisch-medialen und lernstrukturellen, methodisch-therapeutischen Hilfen; Operationalisierung der Zielebene in Instruktionsfelder und Handlungsschritte (aus Feuser 1989, 30)

Bei integrativen Maßnahmen, bei denen ja versucht werden muß, Schüler mit sehr heterogenen Lernvoraussetzungen in den Unterricht einzubeziehen, wurde versucht, ein Modell für diese Verschränkung zu entwickeln. Es basiert auf der didaktischen Analyse von Klafki, Aussagen der Tätigkeitstheorie nach Leontjew und auf dem Modell der etappenweisen Herausbildung geistiger Handlungen nach Galperin (siehe Seite 66).

4.4 Unterrichtsplanung

Wie wir gesehen haben, müssen bei der Unterrichtsplanung zwei Elemente in Einklang gebracht werden: der Lehrplan, der einen Gesamtrahmen der Zielrichtungen und eine umfangreiche Materialsammlung für Entscheidungen des Lehrers darstellt, und die Lehrplanung des Lehrers zur individuellen Förderung jedes einzelnen Schülers. Das betrifft die langfristige, die mittel- und die kurzfristige Planung ebenso wie die Organisationsformen des Klassen-, Kurs- und Einzelunterrichts.

Auf einer weiteren Ebene – der methodischen Gestaltung – sind

– handlungsorientierte oder projektorientierte Unterrichtsvorhaben,
– fachorientierter Unterricht und
– täglich wiederkehrende Situationen und langfristig angelegte Übungsreihen zu planen.

Das kann in einem schrittweisen Vorgehen vom sehr allgemein gehaltenen Lehrplan bis zum Unterricht in der Klasse geschehen:

1. Schritt: Standortbezogener Rahmenplan
2. Schritt: Klassenbezogener Trimesterplan
3. Schritt: Schülerbezogener Unterrichtsplan

Beim Standortbezogenen Rahmenplan muß die Lehrerkonferenz eine Auswahl aus dem Lehrplan treffen, da nach den Gegebenheiten der Region differenziert werden muß: städtische oder ländliche Umgebung, Umfeld Meer oder Gebirge, Wohnen im Heim oder in der Familie u. ä. Aus den komplexen Lebensausschnitten und den, den Kindern zugänglichen Interaktionsfeldern sollen Handlungsfelder ausgewählt werden, die

– im augenblicklichen Leben der Schüler erfahrbar sind,
– bei denen schon Vorerfahrungen bestehen,
– die zur Weiterentwicklung beitragen,
– die die Lebenschancen verbessern können und
– die Freude und Genuß ermöglichen (s. Staatsinstitut 1983 a, 43 f).

Es bietet sich nun an, die Handlungsfelder nach dem Spiralplanprinzip zu organisieren, so daß einzelne Themen auf verschiedenen Schulstufen auf einem jeweils höheren Niveau angesprochen werden (Abb. 9, siehe Seite 68).

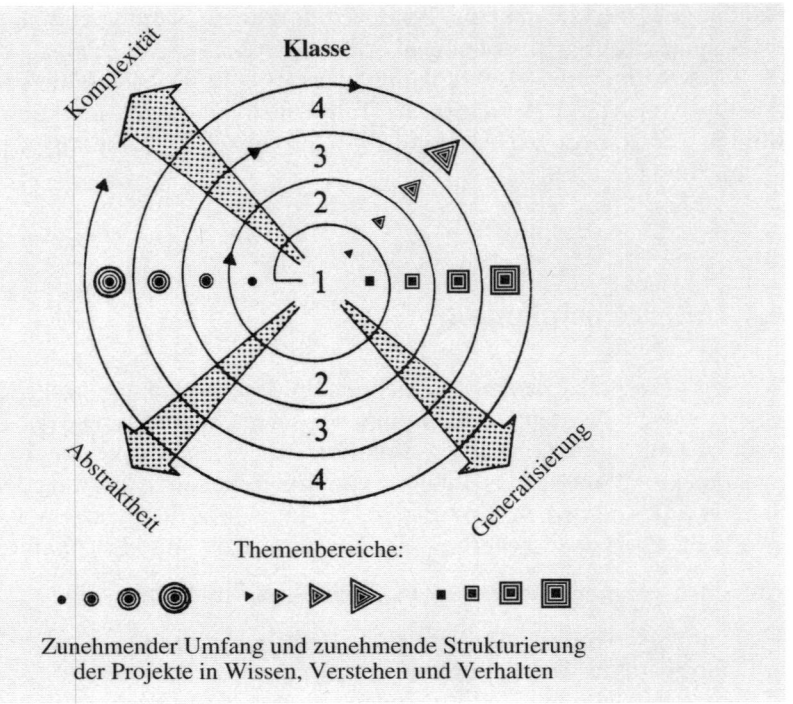

Abb. 9: Spiralplanprinzip (Mayer 1978, 67)

Die Zuordnung der Themen zu einzelnen Schulstufen ist in der Schule für Geistig-behinderte nicht möglich, da das Lernniveau sehr verschieden sein kann. Es muß jedoch eine Entwicklung von mehr basalen Lernangeboten zu anspruchsvolleren Themen eingeplant werden, vom Einfachen zum Komplexen, vom sinnlich Wahr-nehmbaren zum bildlich-darstellenden (aus Fischer/Mertes 1990, 33).

Beispiele:

Stufe I:	Wir kennen viele Kleidungsstücke	Wir fahren mit dem Schulbus
Stufe II:	Wir können uns alleine anziehen	Wir wollen mit dem Bus nach … fahren
Stufe III:	Wir packen einen Koffer	Wir fahren mit dem Zug nach …
Stufe IV:	Wir halten unsere Kleider sauber	Wir bestellen ein Taxi und fahren in die WfB

Beim Klassenbezogenen Trimesterplan ist die einzelne Klasse der Bezugspunkt. Kriterien für die Auswahl der Inhalte sind der allgemeine Entwicklungsstand, die Interessen- und Bedürfnislage der Schüler, augenblickliche Umweltereignisse und das Lernverhalten der Schüler.

Das Schuljahr wird bei dieser Planung in drei Abschnitte geteilt:

Sommerferien bis Weihnachten,
Weihnachten bis Ostern,
Ostern bis Schuljahresende.

UNTERRICHTSBEISPIEL 4

Als Beispiel für eine Trimesterplanung für 19 Schüler einer Mittel-/Oberstufe, davon 6 schwerbehinderte Schüler, soll aus der Pestalozzischule Landshut aufgeführt werden. Abkürzungen: D = Angebote für Schüler der sog. "Durchschnittsform", S = für Schüler mit schwerer geistiger Behinderung.

Lernbereich: Sachunterricht – Natur/Zeit

Thema: Ernte im Garten und auf dem Feld

Ziele/Inhalt	Hinweise für den Unterricht	
	D	S
Gemüse- und Obst-arten kennen	Unterrichtsgang in den Schulgarten, zur benachbarten Gärtnerei	
– in der Realität – auf Abbildungen – an der Form – am Geschmack	– Arten befühlen, ertasten, ein- und auswickeln, einpacken, probieren, Früchte entkernen, auch mit entsprechenden Geräten, Beeren abzupfen, Früchte und Gemüse schneiden, z. T. Handführung	
	– Arten benennen, Bildern zuordnen, Schemazeichnungen kennen	
Wissen, was zum Gemüse, was zum Obst gehört	– sortieren in Topf für Suppe oder Eintopf, in den Korb, in die Schale für den Obstsalat	– ein- und ausräumen, in verschiedene Behälter packen, z. B. Korb, Tasche, Tüte, Teller, Schale, Sack, Kiste
	– Abbildungen in bildl. Gemüsetopf bzw. in Obstschale kleben	
Erfahren, daß Gemüse und Salat im Garten, aber auch auf dem Feld angebaut werden	– Unterrichtsgang zu den benachbarten Feldern, einzelne Arten nach Rücksprache mit dem Gärtner abschneiden, pflücken, ausziehen, mit in die Klasse nehmen	
– viele bekannte Gemüse-arten, Spinat, Salat, Kopf-, Feld-, Endiviensalat		
Erfahren, welche Arten vor allem auf dem Feld ange-baut werden	– Minifeld im Klassenzimmer nachbauen, soweit möglich Knollen, Würzelgemüse und geeignete Arten ausgraben, abschneiden, Gemüsearten betrachten, betasten, heben herumreichen, zerlegen, zerschneiden, abperlen	
– Kartoffeln – Zuckerrüben, Futterrüben, Rote Rüben	– Eßbare Arten in rohem Zustand probieren, kleine Mengen kochen und probieren	
	– Abbildungen auf Lotto erkennen	– Vorübung: Steckbretter verschiedenster Art: Walzen, Rundhölzer, Kugeln einstecken
	– Collage: Feld Bilder der Gemüsearten in Reihen kleben	

		– Feld "pflanzen": Erlenfrüchte in grüne Farbe tauchen, in Platte aus feinem Papiermaché kleine Löcher bohren, Erlenfrüchte hineinstecken
Teile einer Pflanze kennen – Stengel – Blätter – Wurzeln, Knolle – Früchte/Körner	– ganze Pflanze im Topf betrachten, Teile benennen, auch an Bildern erkennen, auf Zeichnungen mit richtiger Farbe anmalen. Pflanzen: Ausgangspunkt eine Blume, Tomaten-, Bohnen-, Kartoffel-, Mais-, Salat-, Spinatpflanze	– die einzelnen Pflanzen betrachten, erspüren, Blätter, Früchte abzupfen bzw. abpflücken, an den Stengeln mit den Fingern entlangfahren, Knollen, Rüben aus der Erde ausgraben, von den Maiskolben Körner abzupfen; die Übungen meist mit Handführung
Wissen, welche Teile wir von den Pflanzen essen – Frucht/Körner – Blätter – Wurzeln/Knollen	– eßbare, nicht eßbare Teile der Pflanze unterscheiden, sortieren	
Bestimmen, wo sich die eßbaren Pflanzenteile befinden – über der Erde – unter der Erde – auf der Erde	– den Ort der Teile nennen, zeigen, Beziehung zu Frucht, Blätter, Wurzeln herstellen, Begriffe ableiten: Frucht-, Blatt-, Wurzelgemüse	
Sträucher mit Früchten im Garten und im Wald kennen – Himbeeren – Brombeeren – Hollerbeeren – Haselnuß	– Unterrichtsgänge in den Schulgarten, in den Wald; Beeren und Nüsse nur unter Aufsicht pflücken – Zweige mit Früchten mit ins Klassenzimmer nehmen, betrachten, fühlen, probieren, Nüsse mit Nußknacker öffnen; schwerbehinderte Schüler mit Handführung, Stacheln fühlen, beobachten, wie sie sich auch in den Kleidern verhaken	
Begriffe: – Strauch, Busch im Unterschied zum Baum kennen – Stamm – Ast – Zweig – Stacheln – Beeren – Früchte/Körner	– Strauch, Baum in Wirklichkeit, auf Abbildungen unterscheiden – Bäume, Sträucher mit Legematerial legen, entsprechende Bilder kleben mit Naturmaterial oder mit Tonpapier in Reißtechnik – Beeren auch auf Abbildungen unterscheiden und benennen – Bilder von Beeren mit richtiger Farbe ausmalen	– dickere Äste, dünnere Äste und Zweige betasten, brechen, biegen, sich damit kratzen lassen, Blätter abzupfen – Zweige und Blätter am ganzen Körper fühlen, auch im Becken für Naturmaterial – frische und trockene Blätter unterscheiden, damit raschen, darin wühlen

Wahrnehmung Gleiche Dinge und Bilder erkennen, ähnliche Bilder heraussuchen, unterscheiden	– Arten (Gemüse, Obst, Beeren, Nüsse) benennen, zeigen, Dinge und Bilder einander zuordnen; Bilderlotto	– Sortierübung: Äpfel, Zwetschgen u. a. auf Teller, in Korb legen; Versuch mit Sandra: Plastikformen (Obst) sortieren

Der Schülerbezogene Unterrichtsplan – ein Begriff, der zu Recht kritisiert werden kann, da die anderen Planungsschritte ja auch schülerbezogen sein sollten – wird nach Möglichkeit im Team erstellt und soll

– die aktuelle Lernausgangslage der Schüler beachten,
– das Thema didaktisch aufschlüsseln,
– die Feinziele formulieren und
– die methodischen Schritte darstellen.

Als Beispiel für das Vorgehen bei der Unterrichtsplanung mag die Sequenz "Was schwimmt?" auf Seite 11 f dienen (siehe dazu auch Meyer 1987/88; Fischer/Mertes 1990; Fischer 1995).

Eine mögliche Gliederung für eine ausführliche Unterrichtsplanung (nach Hilbert Meyer für eine sog. "Feiertagsdidaktik") ist auf Seite 72 dargestellt.

Unterrichtsplanung

Planungsraster	Mögliche Planungsschritte
Thema	Thema fixieren
Lerngegenstand	Stoffsammlung

1. Bedingungsanalyse

1.1 Schul- und Klassensituation	Situation der Schüler reflektieren
1.2 Voraussetzungen bei einzelnen Schülern, auf den Lerngegenstand bezogen	Evtl. Reduktion
1.3 Sachanalyse – Analyse des Lerngegenstandes – Einordnung in den Lehrplan	Ordnen und Zusammenhänge herstellen Lehrpläne oder Literatur sichten
1.4 Problemanalyse – Bedeutung für die Schüler – Evtl. weitere Reduktion – Welchen Bezug hat der Lehrer selbst zum Thema?	Frage: Was haben die Schüler davon? Was sollen sie lernen? Wozu? Was spricht mich selbst an dem Thema an? Was kann ich einbringen?

2. Zentrierung

2.1 Interessenlage und Aktivierungsmöglichkeiten der Schüler	Wie können die Schüler handelnd aktiv werden?
2.2 Handlungsabsichten des Lehrers	Wo kann sich der Lehrer zurücknehmen?

3. Didaktische Strukturierung

3.1 Ziele des Unterrichtsvorhabens	Was sollen die Schüler zum Schluß können/ wissen?
3.2 Grobplanung (Übersicht)	Wie stelle ich mir die einzelnen Schritte vor? Wie fange ich an? Wie komme ich auf geradem Weg zum Ziel? Muß ich Umwege einplanen? Welche Differenzierungen sind nötig?

4. Geplanter Verlauf

Lernsequenzen – Lernverlauf	Kommentar Intention Medien

5. Auswertung

	Evtl. Anwendung, Übertragung, "Veröffentlichung"

4.5 Förderung von Schülern mit schweren geistigen Behinderungen

4.5.1 Unterricht bei Schülern mit schweren geistigen Behinderungen

Wenn man, wie bereits ausgeführt, Didaktik als die "Wissenschaft vom Unterricht" versteht, stellt sich die Frage, wie weit die Förderung von Kindern und Jugendlichen mit schweren geistigen Behinderungen als Unterricht bezeichnet werden kann. Darunter versteht man – siehe 1.2 – die "planmäßige, absichtsvolle, meist professionalisierte und institutionalisierte Übermittlung von Kenntnissen, Einsichten, Fähigkeiten und Fertigkeiten (Böhm 1988, 594). Nach dieser Definition darf die Förderung geistig schwerbehinderter Kinder in der Regel als Unterricht bezeichnet werden: zielgerichtet, planvoll, innerhalb eines Sozialgefüges der Schule.

4.5.2 Ziele

Grundsätzlich gelten für Kinder mit schweren geistigen Behinderungen die Zielvorstellungen der Schule für Geistigbehinderte in gleicher Weise wie für alle anderen Schüler: Selbstverwirklichung in sozialer Integration. Das soll realisiert werden durch

– Kennenlernen des eigenen Körpers und Ausbilden eines Lebenszutrauens (ein sehr bedeutsames Ziel für diese Kinder),
– Erlernen von Fertigkeiten zur Sicherung der eigenen Existenz (etwa Kauen, Essen, Mithilfe bei An- und Ausziehen),
– Sammeln von Erfahrungen in der Umwelt,
– die Teilhabe an kommunikativen Prozessen innerhalb einer Gruppe,
– Gestaltung und Veränderung der Sachumwelt.

Das drückt sich auch aus in einem speziellen Lernbedarf, der realisiert werden kann durch Sicherung existentieller Bedürfnisse, Anregung basaler Lernprozesse, Aufbau elementarer Beziehungen, Vermittlung von Lebensfertigkeiten, Ermöglichung von Erfahrungen, Einbeziehen in soziale Bezüge und Eröffnen von Lebensaufgaben.

Existentielle Bedürfnisse sichern

Wegen der kognitiven Beeinträchtigungen, wegen motorischen Unvermögens oder affektiver Barrieren würden viele Menschen mit schweren geistigen Behinderungen wohl verhungern oder verdursten, ersticken oder sich selbst physischen Schaden zufügen, würde nicht Hilfe von anderen Menschen kommen. Auf der Basis befriedigter basaler Bedürfnisse (satt, warm, geborgensein) bedarf es aber der Berücksichtigung weiterer grundlegender Faktoren:

– Sicherungsbedürfnisse: Sicherheit, Stabilität, Geborgenheit, Schutz, Angstfreiheit.
– Bedürfnis nach Struktur, Ordnung, Regeln, Grenzen.
– Bedürfnisse nach Zugehörigkeit, Liebe und Achtung.
– Bedürfnis nach Selbstverwirklichung als "Tendenz, das zu aktualisieren, was man an Möglichkeiten besitzt" (Maslow 1977, 89).
– Die Kinder haben Ängste und Befürchtungen (Veränderungsangst, Furcht vor bestimmten Situationen, Menschen, Tieren, Geräuschen).
– Sie können bei Frustrationen zu Selbst- und Fremdaggressionen neigen, weil ihnen häufig angemessene Reaktions- und Kompensationsweisen nicht zur Verfügung stehen.
– Sie haben ein Streben nach Besitz, nach etwas, was nur ihnen gehört. Gerade in manchen pflegerisch-hygienischen einwandfreien Umgebungen muß man häufig die Berücksichtigung dieser Bedürfnisse vermissen.
– Sie empfinden Sympathie und Antipathie gegenüber bestimmten Menschen, was respektiert werden sollte. Da sie sich nicht zur Wehr setzen können, drücken sie gelegentlich ihre Gefühle durch unangemessenes Verhalten aus (Schreien, Schlagen, Beißen ...).
– Sie haben ein Bedürfnis nach Geselligkeit, auf der anderen Seite aber auch nach Ruhe und Zurückgezogenheit.
– Sie entwickeln Neid und Eifersucht: attraktive Dinge des anderen Kindes haben zu wollen, Zuwendung eines geliebten Erziehers anderen Kindern gegenüber mit Mißmut und Verärgerung zu begleiten.
– Sie haben ein Bedürfnis nach Sexualität, angefangen von Zärtlichkeit und Körperkontakt bis zur Selbstbefriedigung.
– Sie können Freude ausdrücken und auch Schadenfreude.
– Sie ahmen nach, soweit es in ihren Möglichkeiten liegt.

Die Liste ließe sich noch weiter ausdehnen. Zusammenfassend darf man sagen: Alles, was "ganz normale Kinder" als schön und angenehm, alles, was wir als befriedigend empfinden, darf bei schwerstbehinderten Menschen ebenfalls als wünschenswert angesehen werden. Oder wie es Feuser (1986, 8) ausdrückt: "Nur das kann für einen schwerstbehinderten Schüler Bedeutung haben und für seine Persönlichkeitsentwicklung von hohem Wert sein, was für den Menschen und seine Persönlichkeitsentwicklung schlechthin von allgemeinem Wert ist."

Basale Lernprozesse anregen

Auf der Basis interpersonaler Beziehungen geht es bei der Förderung um das In-Bewegung-Setzen des Lernens überhaupt. Zwei Begriffe für Förderansätze in dieser Richtung sind bekannt geworden: Basale Stimulation und basale Aktivierung. Basal meint dabei, daß die angebotenen Reize "allereinfachster Art sind, auf ein Mindestmaß an innerer Differenzierung reduziert werden und keinerlei Vorkenntnisse und Erfahrungen erfordern" (Fröhlich 1978, 50).

Diese Verfahren beabsichtigen im Schüler "Lernprozesse motorischer, kognitiver und emotionaler Art anzuregen bzw. aufrechtzuerhalten" (Breitinger/Fischer 1981, 161). Dabei sind Anregungsangebote aus Wahrnehmungsbereichen grundlegend, die in der frühkindlichen Entwicklung zuerst ausdifferenziert sind und die solche Informationen liefern, die ein geringes Maß an Selektionsleistung erfordern; somatische, taktil-kinästhetische und vestibuläre Wahrnehmung.

Diese Reizangebote müssen aber für diese intensiv behinderten Menschen Bedeutsamkeit haben und nach Möglichkeit in sinnvolle, ganzheitliche Förderangebote eingebettet sein. Die künstliche Therapiesituation, bei der über Schwarz-Weiß-Muster Blickkontakt aufgebaut werden soll, entbehrt des Sinnaspektes, den auch Schwerstbehinderte zu erfassen vermögen. Psychische Nähe haben für den Schüler eventuell die Taschenlampe, bunte Luftballons, eine brennende Kerze, das Gesicht eines Menschen: Bedeutsames vermag am besten zu stimulieren.

Zweck solcher basaler Stimulation ist die modalspezifische Anregung (einen Sinneskanal betreffend), aber auch die unspezifische Aktivierung und dadurch eine Steigerung des Wachheitsgrades: Damit wird die Bereitschaft, auf Umweltreize zu reagieren, erhöht, eine aktive Aufnahme vorbereitet. "Erziehung können wir verstehen als ein Bemühen um die Strukturierung der Tätigkeit der Kinder mit dem Ziel, daß sie eine größere Realitätskontrolle erlangen. Sie ist nicht ein passives Annehmen der Vorgaben von Lehrern und Erziehern durch das Kind, sondern eine aktive Aufnahme, Verarbeitung und Beantwortung aller Informationen, die wir den Kindern im pädagogischen Prozeß in Form des Unterrichts geben" (Feuser 1986, 7).

Elementare Beziehungen aufbauen

Für viele Kinder mit schweren Behinderungen läßt sich die Welt nur über eine Bezugsperson erschließen. In der vorsichtigen und nicht vereinnahmenden Begleitung bei der Öffnung aus einer "biotischen Binnenorientierung" (Speck 1993) hin zu Wahrnehmungen aus dem Umfeld kann die "Welt an sich" zur "Welt für mich" (Pfeffer 1988) werden. Personen, Gegenstände und Situationen können durch Vermittlung dieser Person, die Lebenszutrauen ermöglicht, an Bedeutsamkeit gewinnen.

Elementare Beziehungen werden u. a. aufgebaut bei der Grundversorgung: beim Essen, beim Baden oder Gewickelt-Werden. Sie werden hier hergestellt durch Körperkontakt und Nähe mit dem Ziel, in einen Dialog mit einer Person zu treten ("somatischer Dialog", Fröhlich 1982), aber auch sich selbst und die Welt wahrzunehmen und diese Wahrnehmungen weiter zu differenzieren ("Förderpflege" von Trogisch, "leiborientiertes Lernen" von Pfeffer und Fornefeld).

Die Forderung nach Aufbau einer tragfähigen Bindung an eine "Bezugsperson" darf jedoch nicht verabsolutiert werden: zum einen ist es meist sowieso mehr als eine Person, zu der enge Beziehungen aufgebaut werden (Mutter und Erzieherin in der Einrichtung), zum anderen bergen zu enge (symbiotische) Bindungen die Gefahr in sich, daß das Kind sich nur von dieser ansprechen und versorgen läßt, was zu lebensbedrohlichen Verweigerungen führen kann.

Zu psychischer Stabilität verhelfen

Besonders erschwerend für die pädagogische Praxis wirken sich bestimmte Verhaltensweisen aus: Labilität und Stimmungsschwankungen, Depressionen oder "unmotiviertes" Schreien, selbstverletzendes Verhalten, Wutausbrüche bei geringsten Frustrationen, Stereotypien. Die sogenannten "Verhaltensstörungen" müssen als sinnvoller Ausdruck des "Zur-Welt-Seins" (Pfeffer 1988) geistig schwerer behinderter Kinder und Jugendlicher gesehen werden. Es ist die Aufgabe der Erzieher, sich in diese Äußerungsweisen einzufühlen.

Vor einer pädagogisch-therapeutischen Intervention sollten mögliche Ursachen abgeklärt werden:

– Liegt eine organische Ursache vor? Hier ist selbstverständlich die enge Zusammenarbeit mit dem Arzt notwendig.
– Tritt das Verhalten verstärkt auf, wenn es beachtet wird oder wenn erwachsene Personen im Raum sind, fehlt es, wenn das Kind alleine ist?
– Tritt das Verhalten auf, wenn Anforderungen gestellt werden, wenn eine ungewohnte Situation auf das Kind einwirkt, sich das Wetter ändert?
– Sind zu Hause Schwierigkeiten zu vermuten? Treten dort die gleichen Probleme auf?
– Tritt das Verhalten hauptsächlich auf, wenn nichts zu tun ist, wenn die Umgebung reizarm ist?
– Hat das Kind keine anderen Kommunikationsmöglichkeiten?

Wichtig für den Erzieher sind zwei Fragen:

1. Welche Bedeutung hat das Verhalten im Leben des Kindes, welche Funktion?
2. Ist das Verhalten so störend, daß es verändert werden sollte und für wen ist es störend?

Gründe für eine positive Antwort zur zweiten Frage könnten sein:

Das Kind muß vor Selbstverletzungen, oder die anderen müssen vor Verletzungen durch das Kind geschützt werden, der Gruppenprozeß wird massiv gestört, oder das Verhalten hemmt so stark das Lernen, daß eine Zuwendung zur Welt nur sporadisch gelingt und das Kind überwiegend abgekapselt ist. Je nach vermutetem Ursachenbündel wird sich die Förderung anders gestalten. Einige Beispiele dafür:

– Dem Kind ein Gefühl des Geborgenseins durch körperliche Schutzhaltung vermitteln.
– Verändern und Vermeiden auslösender Situation, schrittweiser Aufbau größerer Frustrationstoleranz.
– Einüben alternativen Verhaltens, durch Musik und Bewegung zum Abbau belastender psychischer Momente beitragen.
– Anbieten attraktiver Beschäftigungen.
– eventuell Grenzen setzen und dem Kind zu verstehen geben, daß die Toleranzgrenze des Erziehers erreicht ist.

Lebensfertigkeiten vermitteln

Um Eltern und Erziehern die Arbeit zumindest etwas zu erleichtern, aber auch um den schwerbehinderten Menschen Erfolgserlebnisse vermitteln zu können, sie unabhängiger zu machen (mit der Perspektive des Wohnheims und der WfB), bedarf es des Erlernens von Alltagstechniken: Essen, sich waschen, auf die Toilette gehen, aus- und anziehen.

Aber auch so "einfache" Fertigkeiten wie die Koordination von Wahrnehmung und Bewegung, des Aufbaues einfacher kognitiver Strukturen über Stufen des Empfindens, des Erkennens und des Vorstellens (Mießler/Bauer 1978) oder Leistungen der Zuwendung, der Aufmerksamkeit und der Konzentration, der Nachahmung oder der basalen Kommunikation sind hier aufzubauen und auszudifferenzieren.

Auch wenn kognitive und motorische Beeinträchtigungen den Bemühungen häufig enge Grenzen setzen, sollten intensive Förderangebote versucht werden. Vorgegebene Trainingsprogramme, Förderanregungen und Einzelhinweise sind – bei aller Vorsicht und Begrenztheit – dazu recht nützlich (Kane/Kane 1976, Richter 1980). Es ist jedenfalls auch hier zu fragen:

– Wie weit sind die Voraussetzungen von seiten des Kindes dazu gegeben?
– Welche basalen Grundfunktionen oder Grundaktivitäten sind vorhanden?
– Welche Vorübungen und begleitende Trainings- und Übungsschritte kann man hinzuziehen?
– Welche Hilfsmittel erleichtern das Erlernen und die Durchführung dieser lebenspraktischen Fertigkeiten?
– Wie läßt sich die Förderung sinnvoll in den Alltag einbauen?
– Was kann das Kind mit der Tätigkeit anfangen, falls es diese auch tatsächlich erlernt?
– Welche Bedeutung hat diese Fähigkeit im Leben des Kindes?
– Welche Bedeutung hat sie für Eltern und Erzieher?

Erfahrungen ermöglichen

Schwerstbehinderte Menschen haben eine mehrjährige Lebensgeschichte hinter sich, die sie in bestimmter Weise geprägt hat. Sie haben Kompetenzen sowie kommunikative und ihre Existenz sichernde Verhaltensweisen entwickelt, die es zu erkennen und zu nutzen gilt. Wir gehen davon aus, daß ein schwerbehindertes Kind etwas kann und etwas will: "Anregungen, die Befriedigung seiner Neugier, Möglichkeiten der Entdeckung seiner Umwelt, Ansprache, soziale Kontakte, Dabeisein, Mitmachen, Teilhaben, Erfolge haben und sie auskosten und schließlich auch Wohlbehagen seines Körpers und Befriedigung seines leiblichen Bedarfs" (Feuser 1986, 8).

Die Erzieher müssen versuchen, dem Kind vielfältige Erfahrungen zu ermöglichen, und nicht nur auf der reduzierten Basis des "Vitalfeldes". Fragen, wie sie Breitinger/Fischer (1981, 104) stellen, mögen das verdeutlichen: spürt das Kind etwas von der milden Frühlingssonne, besitzt und genießt es ein eigenes kuscheliges Bett (nicht nur aus Zweckgründen eine Matratze mit Plastiküberzug), erlebt es etwas von der blühenden Sommerwiese, wird ein Bad angereichert mit duftenden Zusätzen?

Auf der Basis dieser Sichtweise geht es nicht darum, Schwerstbehinderte nur zu behandeln, sondern mit ihnen zu handeln und zu erleben. Der Blick sollte nicht nur auf aktive Interventionsangebote gerichtet sein, sondern über weite Strecken geht es um ein "Angebot des Mitseins", um ein "Seinlassen in der Geborgenheit der Verantwortung des Stärkeren" (Speck 1993).

In soziale Strukturen einbeziehen

Geistig schwerstbehinderte Kinder und Jugendliche benötigen in gleichem Umfang wie andere Kinder das Sozialgefüge einer Gruppe. Berichte über deprivierende Lebensbedingungen belegen dies, die Vereinzelung vieler Kinder während der Ferien und die damit verbundenen Probleme sind weidlich bekannt, die gesteigerte Wachheit durch Nähe anderer Kinder belegen Meyers u. a. (1978), die stimulierenden Reize durch sich bewegende, sprechende, singende oder herumlaufende Altersgenossen sind nicht zu unterschätzen. Förderung dieser Kinder darf nicht ausschließlich Einzelförderung sein. "Das Kommunikationsbedürfnis des Kindes ist stets auch auf die Teilhabe an anderen, an einer Gruppe gerichtet, mag es auch nicht oder kaum imstande sein, dies zu äußern. Diese Gruppenzugehörigkeit ist nicht nur dann eine pädagogische adäquate, wenn sich das intensivbehinderte Kind unter ebenfalls so schwer behinderten Kinder aufhält, sondern auch dann, wenn es wenigstens später Gelegenheit erhält, in Gruppen mit weniger behinderten Kinder dabei zu sein, miteinbezogen zu sein." (Speck 1993, 257)

Es mag einzelne Kinder geben, die von der Dynamik einer Gruppe noch überfordert zu sein scheinen. Aber punktuelle Einzeltherapie oder ausschließliche Kleingruppen-Förderung zusammen mit anderen Schwerstbehinderten verringern mögliche Entwicklungsanreize. Feuser (1986, 7) schreibt dazu: "Ich wage zu sagen, daß der größte Fehler, den wir derzeit in der Pädagogik Schwerstbehinderter machen, der ist, die Kinder und Jugendlichen, mögen sie auch noch so schwer und umfassend beeinträchtigt sein, in ihren Verarbeitungskapazitäten … für zu primitiv, zu begrenzt, zu unfähig, zu wenig interaktiv und kommunikativ, zu wenig eigenaktiv und bewußt zu halten."

Lebensaufgaben eröffnen

Lebensaufgaben sind Felder der Selbstverwirklichung (Breitinger/Fischer 1981, 148). Wie sollen sich schwerbehinderte Schüler selbstverwirklichen können? Das fragen sich nicht nur Eltern, denen die Zukunft ihrer Kinder Angst macht, sondern auch immer wieder Lehrer und Erzieher, Pflegekräfte und Therapeuten. Hahn (1985, 156) formuliert das zutreffend:

"Es ist namentlich die Sinnfrage für das Leben schwerbehinderter Menschen, ihre Lebensperspektive, die für den konsequent denkenden Helfer zur Sinnfrage für seine Arbeit werden kann: Es fehlen Beispiele vom glücklichen Leben schwerbehinderter Menschen in unserer Gesellschaft, die geeignet sein könnten, Vorstellungen von einer positiven Lebensperspektive zu vermitteln. Ebenso zwingt die Wahrnehmung des Leidens zur Beschäftigung mit dem Sinn des Lebens."

Es ist zu fragen, was für Kinder, Jugendliche und Erwachsene mit schweren geistigen Behinderungen Lebensbedeutsamkeit besitzt. Das können kleine Dinge sein: dabeizusein, nicht ständig gefordert zu werden, aber auch das zu aktivieren, wozu sie fähig sind; von jemanden akzeptiert zu werden, gehalten, aber auch losgelassen zu werden. "Die Bewältigung einfachster Tätigkeiten in der Pflege, die Beantwortung aller Lebensäußerungen als individuell sinnhaft, das Erleben im Angesprochenwerden mit dem Namen, das positive Eigenleiberleben bis zum gemeinsamen Tun im erzieherischen Verhältnis tragen zur Entwicklung des Selbst bei" (Fragner 1991, 56).

4.5.3 Methoden der Förderung

Erst relativ spät hatte man begonnen, sich mit der Förderung schwerbehinderter Kinder und Jugendlicher zu beschäftigen, und auch jetzt noch – trotz vieler Erfahrungen und neuer Interventionsansätze – befinden wir uns im Stadium des vorsichtigen Suchens, fehlt eine allgemeine Theorie. So soll versucht werden, einige der gebräuchlichsten methodischen Ansätze zur Förderung schwerbehinderter Schüler kurz darzustellen.

Lerntheoretisch ausgerichtete Förderprogramme

Nimmt man an, daß diese Kinder in ihrer Entwicklung erheblich hinter Gleichaltrigen liegen, daß sie sich aber in vergleichbaren Schritten weiterentwickeln, bietet sich an, markante Entwicklungsstufen (developmental pinpoints) zu suchen, die Basisfertigkeiten zu analysieren und in einem Schritt-für-Schritt-Verfahren diese Fähigkeiten und Fertigkeiten zu trainieren. Speck spricht vom Entwicklungsmodell, das durch die "Operationalisierbarkeit der Entwicklungsschritte als erwünschte nächste Ziele der Verhaltensänderung ... eine unmittelbare Verbindung mit den Methoden des operanten Konditionierens" zulasse (Speck 1993, 227). Solche Förderprogramme wurden etwa vorgelegt von Tawney et al. (1979). Beispiel aus diesem Curriculum:

Übersicht 5: "Essen mit dem Löffel"

Fähigkeit

> Bei diesem Schritt lernt das Kind, die Handlungsabfolge "Nahrung mit dem Löffel aufnehmen und zum Mund führen" zu vervollständigen. Obwohl das Kind fähig ist, feste Nahrung zu kauen und mit dem Finger zum Mund zu bringen, benutzt es noch nicht Löffel oder Gabel.

Didaktik als Handlungstheorie

Ausgangsverhalten

1. Das Kind *kaut und schluckt* feste Nahrung. Wenn es das nicht kann oder gerade lernt, sollten Sie breiige Nahrung verwenden (etwa Pudding), die ohne Kauen geschluckt werden kann.
2. Das *Kind greift nach dem Löffel und bringt ihn zum Mund,* indem es den Arm beugt. Vorher hatte es das schon gemacht, wenn es mit den Fingern Nahrung zu sich nahm. Wenn das Kind den Löffel nicht zum Mund führen kann, sollten Sie das Ziel überdenken und eventuell eine andere Vorgehensweise überlegen.
3. Das Kind *hält den Löffel.* Wenn das Kind nicht angemessen greifen kann, sollten Sie den Löffel so weit adaptieren, daß das Kind den Löffel sicher in der Hand halten kann.

Ziel

Wenn Sie einen Teller vor das Kind stellen und einen Löffel dazulegen, benützt es ihn ohne Unterstützung. Das Kind sollte innerhalb von 5 Sekunden nach Aufforderung mit der Handlung beginnen und bei 4 von 5 Versuchen erfolgreich sein. Jeweils ein gefüllter Löffel entspricht einem Versuch.

Reihenfolge

Nicht vorgeschrieben. Das Programm sollte aber wiederholt werden, wenn das Kind schwierigere Nahrung mit dem Löffel essen sollte (etwa Suppe).

Weiterführung

Verwenden Sie verschiedene Nahrung, die das Kind mit dem Löffel essen sollte. Wenn das Kind sicherer wird, können Sie schwierigere Nahrung einführen (etwa Suppe). Beziehen Sie das Essen mit dem Löffel in die tägliche Routine ein, so daß das Kind lernt, mit dem Löffel ohne Aufforderung zu essen. Sie sollten dieses Programm während des Essens mit anderen kombinieren (etwa feste Nahrung mit den Fingern aufnehmen, aus einer Tasse trinken). Beziehen Sie auch die Gabel mit ein, um bestimmte Nahrungsmittel aufspießen zu lassen. Erweitern Sie das Vokabular des Kindes, indem es die Nahrung benennt, die es gerade ißt, so daß es auch darum bitten kann (Tawney et al. 1979, 249).

Tägliche Übungen / Wöchentliche Überprüfung

Versuchen Sie, die Aufmerksamkeit des Kindes zu erlangen und fordern Sie es auf zu essen. Korrigieren Sie die Schritte wenn nötig

1. Das Kind *greift den Löffelgriff*
2. Das Kind *hebt den Löffel* über den Tellerrand
3. Das Kind *schöpft die Nahrung* auf den Löffel
4. Das Kind *führt den Löffel zum Mund*
5. Das Kind *öffnet den Mund und führt* den Löffel mit Nahrung *in den Mund*
6. Das Kind *schließt den Mund* und *nimmt den Löffel wieder heraus* (ohne an den Zähnen zu schaben)
7. Das Kind *kaut und schluckt*
8. Ziel: Das Kind benutzt den Löffel, um selbständig einen Bissen zu essen.

Es sollte täglich geübt und wöchentlich nachgeprüft werden, bis das Kind Punkt 8 beherrscht (in 4 von 5 Versuchen).

80

Weitere Hinweise

Punkt 1:

Helfen Sie dem Kind, eine der abgebildeten Griffarten zu verwenden. Blenden Sie die Hilfestellung allmählich aus.

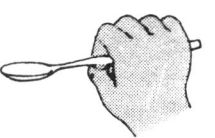 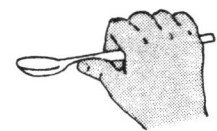 

Punkt 2:

Helfen Sie dem Kind, den Löffel in die richtige Position zu bringen, bevor es ihn nimmt:

 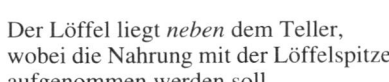

Der Löffel liegt *hinter* dem Teller und soll durch Vorwärtsbewegung die Nahrung aufnehmen.

Der Löffel liegt *neben* dem Teller, wobei die Nahrung mit der Löffelspitze aufgenommen werden soll.

Punkt 3:

Legen Sie die freie Hand des Kindes neben den Teller, um ihn zu halten, oder nehmen Sie einen rutschfesten Teller. Blenden Sie die Hilfe allmählich aus. Verbessern Sie die Geschicklichkeit, die Nahrung aufzunehmen, indem Sie einen größeren Löffel nehmen. Zur Übung kann das Kind auch mit einem großen Löffel oder einer kleinen Sandschaufel Sand schaufeln (Tawney et al. 1979, 253).

Die Autoren listen "skills" auf, die Schüler mit schwerer geistiger Behinderung lernen sollten: Sprachverständnis und Sprechfähigkeit, kognitive Fähigkeiten, fein- und grobmotorische Fertigkeiten, Essen, Anziehen und Selbstversorgungskompetenzen. Es werden solche Inhalte gewählt, deren Endverhalten operationalisiert werden kann. Das Vorgehen ist daher auch stark an die Regeln der Verhaltensmodifikation gebunden: Erhebung des aktuellen Kompetenzniveaus, genau geplanter Aufbau der Förderung, gezielte Verstärkung erwünschten Verhaltens, Endzielkontrolle. Dem Lehrer werden genaue Vorschriften für das Vorgehen gegeben (teacherproof): Material, Ausgangssituation, verbale Aufforderungen, physische Hilfen, Modifikationen, tägliche Übungen und wöchentliche Kontrolle.

Als Anregungen sind solche Programme manchmal hilfreich, als alleinige Handlungsanweisung gehen sie aber an den Bedürfnissen und Entwicklungsmöglichkeiten der Schüler mit schweren Behinderungen vorbei. Tawneys Curriculum hat die "Handreichungen für den Unterricht mit schwerstbehinderten Schülern" beeinflußt (Staatsinstitut für Schulpädagogik 1991), stark strukturierte Programme legte z. B. Richter (1980) vor, die im Selbstversorgungsbereich brauchbare Anregungen liefern; Anderson et al. (1974), Bender/Valletutti (1976) und Kane/Kane (1976).

Aktivierungsprogramme

"Die Förderung des geistig intensiv behinderten Menschen ist darauf gerichtet, das Verhalten aus der Enge bloßer Körperfunktionalität herauszulösen und durch Interaktionalität zu erweitern und zu differenzieren" (Speck 1993, 255). Um diese Schüler aus der "Binnenorientierung" zu einer Auseinandersetzung mit der Welt zu führen, wurden einige sehr ähnliche Ansätze entwickelt: basale Stimulation, basale Aktivierung, basale "Aneignung". Basal meint dabei, daß keine Voraussetzungen gefordert werden, keine Vorkenntnisse und Erfahrungen. Stimulation beinhaltet das Bemühen, durch Anbieten von Umweltreizen das Kind zu stimulieren, "eigene zielgerichtete Aktivitäten des Kindes herauszufinden und in funktionsfähige Bahnen zu lenken" (Begemann/Fröhlich 1979, 53).

Die Förderanregungen sind systematisch "entwicklungsanalog" angelegt, wobei in der Ontogenese sehr früh schon ausdifferenzierte Wahrnehmungsbereiche als Zugangskanäle zu schwerbehinderten Kindern gewählt werden (vestibuläre, somatische und vibratorische Informationsaufnahme), orale, taktil-haptische und akusto-vibratorische Angebote später, und erst dann wird auf visuelle Reizangebote und Sprache verstärkt eingegangen. Diese Hierarchie darf aber nicht dazu verleiten, "exakt dieses Nacheinander in der Praxis zu suchen und anzuwenden. Häufig werden parallele Angebote gemacht werden müssen" (Fröhlich 1991 a, 138).

Es geht bei der basalen Stimulation um das Eröffnen neuer Erfahrungswelten für geistig schwerbehinderte Kinder und Jugendliche durch den Erzieher, um Körpererfahrung und um das Entdecken des eigenen Ich (Haupt/Fröhlich 1982). Diese Welt näher zu analysieren und mit den subjektiven Bedürfnissen der Schüler in Einklang zu bringen, ist Absicht der basalen Aktivierung. Sie "will die Welt und die jeweiligen Weltausschnitte mit Anregungsqualitäten ausstatten und über ein didaktisches Befragen und Analysieren hinaus dem Schüler die objektiv notwendige Welt subjektiv bedeutsam machen" (Breitinger/Fischer 1981, 165). Dazu bedarf es bestimmter Methoden:

– Aus der Forderung nach Ganzheitlichkeit und um nicht einzelne Funktionen isoliert zu trainieren, ergibt sich eine Komplexität und Mehrschichtigkeit der Ziele.
– Zum Aufbau einer Aufmerksamkeits- und Erwartungshaltung, von Sicherheit durch Gewohnheiten, bedarf es der Wiederholung und Stetigkeit des Lernangebotes.
– Die Lernwege sollten offen sein, damit jeder Schüler seinen Weg finden kann.
– Interaktionsmöglichkeiten sollten vielfältig sein und ein Wechsel in der Dominanz erfolgen (Breitinger/Fischer 1981, 170 ff).

Die Darstellung des Lernweges zur "Aneignung von Welt" und die Bedeutung des Eingebunden-Seins in soziale Bezüge stellt besonders Feuser (1984, 1987) in seinem Ansatz heraus, den Jakobs (1991) als basale Aneignung charakterisiert. Feuser stellt auf der Basis der Aneignungstheorie von Luria, Galperin und Leontjew und der Theorie der Adaption von Piaget Lösungswege vor, wie die Austauschprozesse dieser Kinder mit der Welt zu verstehen und zu initiieren sind.

UNTERRICHTSBEISPIEL 5

Thema: "Bewegen und bewegt werden"

1. Lernschwerpunkt
Lernbereich: Motorik/Wahrnehmung

2. Lernvoraussetzungen in bezug auf das Vorhaben

In der Klasse sind 6 Schüler mit schweren Behinderungen:

Gabriella ist grobmotorisch sehr geschickt. Sie bewegt sich häufig und gerne (geht allein spazieren, turnt an der Schaukel). Stereotype Bewegungsmuster, wie Schaukeln mit dem Oberkörper, unterbricht sie sofort, wenn sie zu anderen Bewegungsarten aufgefordert wird. Der Parcours ist ihr bekannt. Sie beherrscht die angebotenen Bewegungsarten Laufen, Krabbeln, Kriechen, auf dem Bauch rutschen und Rolle mit leichter Hilfestellung.
Das Schaukelpferd und die Wippe kann Gabriella selbst in Bewegung setzen. Bewegungsmittel, in denen sie sich selbst nicht bewegen kann, sind ihr bisweilen unangenehm, z. B. Wiegenkreisel, Hängematte.

Christine kann sich rutschend auf dem Gesäß fortbewegen. Dies tut sie jedoch selten. Die Wippe setzt Christine durch Schubsen mit den Beinen in Bewegung. Ebenso kann sie auf dem Schaukelpferd selbst reiten, indem sie ihren Oberkörper entsprechend bewegt. Passive Bewegungsstimulation (z. B. Luftkissen, Wiegenkreisel) genießt sie sehr und zeigt keinerlei Angst.

Harald läuft für kurze Zeit mit Hilfestellung. Durch seine stereotypen Bewegungsmuster (Strampeln der Beine, Schütteln der Hände) nimmt er andere Bewegungsarten kaum wahr. Bewegungsmittel, die seine Aufmerksamkeit erregen, sind das Schaukelbrett, da er hier sein Gleichgewicht halten muß, und der Wiegenkreisel, wenn er schnell gedreht wird. Es wird versucht, seine Konzentration auch auf andere Bewegungsarten zu lenken.

Michaelas Eigenbewegungen beschränken sich auf langsames, steifes Gehen, Drehbewegungen und Schütteln der Hände. Oft zieht sie es vor, sich regungslos auf "ihren" Sandsack zu legen. Michaela kann gut alleine gehen und mit Hilfe Treppen auf- und absteigen. Auf Lageveränderungen (z. B. auf den Bauch legen, in eine Schaukel setzen) reagiert sie mit Angst. Der Parcours in der Turnhalle ist der Schülerin bekannt. Meist macht sie beim Treppensteigen und über die Laufbankgehen mit, zeigt bisweilen jedoch auch Angst und Abwehrreaktionen (Erbrechen). Passive Bewegungsstimulationen genießt Michaela.

Francesco kann sich alleine zum Stand hochziehen und kurz stehen, wenn er sich festhält. Sonst ist sein aktives Bewegungsvermögen auf den Oberkörper beschränkt. Er schaukelt gern auf dem Schaukelpferd und setzt es selbst in Bewegung. Passive Bewegungsstimulationen haben auf Franzi oft beruhigenden Einfluß.

Sandra kann von sich aus nur das linke Bein, den linken Arm und den Kopf etwas bewegen. Sie ist somit am meisten von allen Schülern in der Klasse in ihrer Bewegungsfähigkeit eingeschränkt. Um so mehr genießt sie die passive Bewegungsstimulation. Sie hat Freude an verschiedenen Bewegungsarten und zeigt keine Angstreaktionen.

3. Lernziele

Erstes Feinziel

Die Schüler sollen passives Bewegtwerden durch verschiedene Bewegungsmittel wahrnehmen können;

Teilziele:
– Die Schüler sollen die ganzheitliche Bewegung des Körpers durch das Luftkissen erfahren;
– Die Schüler sollen die Schaukelbewegung "vor-zurück" durch die Wippe und das Schaukelpferd wahrnehmen können;
– Die Schüler sollen seitliche Schaukelbewegungen durch die Hängematte und das Schaukelbrett wahrnehmen können;
– Die Schüler sollen Drehbewegungen durch den Wiegenkreisel wahrnehmen können.

Zweites Feinziel

Die Schüler sollen sich ihren Möglichkeiten entsprechend selbst bewegen bzw. fortbewegen können.

Teilziele:
(Differen-
zierungsziele)
– Gabriella soll sich innerhalb des Parcours durch Laufen, Krabbeln, Kriechen und Rutschen fortbewegen können;
– Michaela soll sich innerhalb des Parcours durch Laufen und Rutschen fortbewegen können;
– Harald soll für eine bestimmte Zeit im Parcours laufen können;
– Christine soll sich im Parcours rutschend fortbewegen können;
– Francesco soll sich aus dem Sitzen heraus allein zum Stand hochziehen können;
– Sandra soll sich in der Bauchlage ihren Kopf anheben und bewegen können.

4. Lernvorhaben, die vorausgegangen sind und sich daran anschließen

Der Sportunterricht für die Klasse steht neben den krankengymnastischen Übungen vom Schuljahresbeginn bis zu den Weihnachtsferien unter dem Thema "bewegen und bewegt werden". Es werden in anderen Turnstunden auch weitere Medien, wie Rollbrett, Roller, Ringe usw. angeboten.

Auch im allgemeinen Schulalltag versuche ich immer wieder den Schülern Gelegenheit zur Eigenbewegung (rutschen, schaukeln, spazierengehen usw.) zu geben, und für die stark körperbehinderten Kinder Bewegungsstimulationen anzubieten. Hierzu werden die Geräte auch ins Klassenzimmer und in den Gruppenraum geholt.

5. Das Lernvorhaben

1. Phase:
Alle Schüler werden auf das Luftkissen gelegt. Lehrkraft bewegt das Luftkissen. (Lockerungsmusik)

2. Phase:
Die Schüler werden in die verschiedenen Bewegungsgeräte gesetzt oder gelegt, "Läufer" durch den Parcours geführt.

Es wird darauf geachtet, daß bei den mobilen Kindern ein Wechsel zwischen aktiver Bewegung und passiver Bewegungsstimulation stattfindet. Beispiel Gabriella:

Parcours-Wippe-Parcours-Wiegenkreisel-Parcours-Hängematte usw. Soweit die Schüler die Schaukeln nicht selbst in Bewegung setzen können, werden diese von Lehr- und Pflegekraft bewegt. Die Schaukeln werden so gewechselt, daß jeder Schüler mindestens einmal in den für ihn geeigneten Geräten bewegt werden kann (Einsatz der Bewegungsgeräte).

3. Phase: Ausklang
              Die Schüler erfahren wieder gemeinsam passive Bewegungsstimulation auf dem Luftkissen.

Kommunikationsförderung

Erste Ansätze, um mit schwerbehinderten Menschen in Kontakt treten zu können, beschreibt Mall mit seinem Konzept der basalen Kommunikation. Ziel ist hier nicht primär die Förderung, sondern eine "Situation der Begegnung zu schaffen" (Mall 1984, 3). Der Erzieher versucht dabei durch gezielte Beobachtung des Kindes – wie es atmet, sich bewegt, schaut, hantiert – herauszufinden, wie das Kind empfindet, was es wahrnimmt, in welchem Zustand es momentan ist. Dabei begibt sich der Erzieher auf das Kommunikationsniveau des schwerbehinderten Kindes: Atemrhythmus, Bewegung und Laute, Blickkontakte. Sprache, Mimik und Gestik, unsere hauptsächlichen Kommunikationskanäle, spielen dabei eine untergeordnete Rolle, da es zunächst nur um das Verstehen (Schumacher 1985) und um den Aufbau einer Beziehung geht.

Es ist jedoch nicht abzusehen, wie weit schwerbehinderte Menschen differenziertere Kompetenzen zur Kommunikation lernen können. Es wird daher vielfach auch versucht, über Gebärden- und Symbolsysteme Verständigung weiterzuentwickeln (Adam 1993). Gebärden können eine sprachersetzende Funktion haben (Verband evang. Einrichtungen 1991), Symbol-Systeme erfordern höhere kognitive und Wahrnehmungsleistungen, so daß sie nur begrenzt eingesetzt werden können.

Körperorientierte Förderansätze

Hier lassen sich verschiedene pädagogische und therapeutische Methoden subsumieren: "Integrative Körpertherapie" nach Besems/VanVugt, der "Somatische Dialog" von Fröhlich, "Leibhaftes Lernen" von Pfeffer, "Leiborientierte Pädagogik" von Fornefeld, der "Psychomotorische Dialog" von Aucouturier, um nur einige zu nennen. Es geht bei diesen Ansätzen darum, in körpernahem Dialog sich gegenseitig zu spüren, den Körper als Ausdrucksmittel und als ganzheitlichen Wahrnehmungskanal einzusetzen. Der Körper vermittelt auf sehr basaler Grundlage Reize, die nicht erst kodiert und entschlüsselt werden müssen, sondern die auf entwicklungsmäßig sehr frühen Stadien unmittelbares Erleben ermöglichen. Weiter geht Merleau-Ponty, wenn er formuliert "Der Leib ist unser Mittel überhaupt, eine Welt zu haben" (1966, 176), er ist "unsere Verankerung in der Welt" (174). Eine Übersicht über körperorientierte Förderung mit Behinderten geben Fikar et al. (1991).

Lernen im Alltagsgeschehen – ganzheitliche Ansätze

Der Mensch kann nicht nur unter dem Aspekt der Funktionabilität einzelner Teilbereiche gesehen werden. Er bildet ein ganzheitliches System, das in die Umwelt eingebunden ist. Innerhalb dieses Systems finden wir viele Vernetzungen vor, in den Umweltbeziehungen ebenfalls.

Fröhlich geht vorwiegend auf den erstgenannten Aspekt ein, wenn er das zusammen mit U. Haupt entwickelte Modell der Vernetzung von sieben Hauptentwicklungsbereichen darstellt: Bewegung – Gefühle – Körpererfahrung – Kommunikation – Kognition – Sozialerfahrung – Wahrnehmung. "Weder können Erfahrungen nur in jeweils einem Bereich gemacht werden ohne die anderen Bereiche mit zu aktivieren, noch kann in einem einzelnen Bereich Aktivität entstehen, ohne Beteiligung der übrigen" (Fröhlich 1991 a, 156).

Affolter/Bischofberger (1991) legen den Schwerpunkt ihrer Darstellung auf das "Lernen als Interaktion im Alltag", wobei dem Lehrer die Aufgabe zukommt, den schwerbehinderten Kindern Hilfen bei der Suche nach Information beim Lösen von Problemen im Alltagsgeschehen zu geben; sie sollen dabei "gespürte Interaktionserfahrung" machen können (147), die zu weiterer Entwicklung anregt.

In dieser Richtung argumentiert auch Pfeffer (1988), der fordert, daß individuelle Dispositionen der schwerbehinderten Menschen in Kongruenz gebracht werden müßten mit der vorstrukturierten Alltagswirklichkeit" durch "sinnkonstituierende Interaktionen" in "gemeinsamen Lebens- und Lernsituationen" (127).

Eine Kombination dieser sehr verschiedenen Ansätze legt Dank (1988) vor, die diesen Ansatz als "Kombiniertes Konzept der Förderung Schwerstbehinderter" bezeichnet. Sie geht stark von äußeren organisatorischen Voraussetzungen aus, um daran die Förderung anzuknüpfen: Morgenkreis, Toilettengang, Mahlzeiten, Einzelförderung, Gemeinschaftsaktivitäten.

Sehr praxisnah, anschaulich und anregend sind die Ausführungen von R. Theilen (1994), die organisierte Begegnungen mit verschiedenen Objekten ins Zentrum ihrer Darstellungen stellt: Wasser, Sand, Ton, Stoff, Papier, Bälle, Bausteine, Farben, Geräusche und Klänge sowie den Raum.

Abschließend kann man feststellen, daß Förderangebote von stark vorstrukturierter Verhaltensmodifikation von Teilqualifikationen bis zu teilweise recht schwammigen ganzheitlichen Ansätzen reichen, die aber der Komplexität von Leben und Lernen näher kommen und die Selbstgestaltungskräfte der schwerbehinderten Menschen zunehmend ernster nehmen.

Als Beispiel einer Förderplanung bei Schülern mit schweren geistigen Behinderungen sollen die Trimesterplanungen zu den Themen "Das bin ich" und "Farbe und Papier" dienen:

UNTERRICHTSBEISPIEL 6

Trimesterplan für eine Klasse mit schwerbehinderten Schülern (Unter-/Mittelstufe)

Thema: "Das bin ich"

Bezug zum Lehrplan

Lernbereich Motorik

1. Seine körperliche Sensibilität normalisieren.
2. Den Körper erfahren und sich seiner bewußt werden.
3. Handfertigkeiten entwickeln und für die Lebenspraxis einsetzen.

Lernbereich Wahrnehmung

1. Auf Reize reagieren.
2. Die Zusammenarbeit zwischen den Sinnen ausbilden.
3. Personen, Gegenstände und Situationen wiedererkennen.

Lernbereich Soziale Beziehungen

1. Sich anderen zuwenden und Zuwendung beantworten.

Lernbereich Bewegungserziehung

1. Bewegungen an und mit dem eigenen Körper bewußt ausführen und steuern.
2. Sich an einfachen Kinder- und Freizeitspielen beteiligen.

Ziel:

Der Schüler soll Erfahrungen machen mit der eigenen Person und ein Stück Lebensvertrauen dazugewinnen. Er soll Erfahrungen machen, die ihm helfen, Ich-Identität aufzubauen oder weiterzuentwickeln. Der Schüler soll seinen Körper als geschlossene Einheit erfahren.

Lernziele, Inhalte, Intentionen

LZ 1
Elementare Körperreize erfahren

– Umgebungsdruck von Wasser, Luft, Bodenbeschaffenheit, Berührung
– Vibration
– Temperatur von außen
– Raumlage in Verbindung mit Bewegungs- und Gleichgewichtswahrnehmung

---

Wichtige These, die bei diesem Thema beachtet werden sollte:

– "Informationen über sich selbst unterliegen wegen ihrer Ich-Nähe einem Bewertungsprozeß" (Miessler/Bauer 1978)
– Menschen sind also Fremdbewertungen ausgeliefert, die sie in ihr Selbstkonzept einbauen.

– *Darum Vorsicht:*

Keine geringschätzigen Bemerkungen!
Kein übermäßiges Kritisieren!
Beobachten der eigenen Körpersprache!

– Gleichgewicht
– Bewegung, bewegt werden und sich selbst
  bewegen, in Verbindung mit der Raumla-
  gewahrnehmung und der Gleichgewichtswahrnehmung.

Der Aufbau der Körpersensibilisierung ist Voraussetzung für den Aufbau des Kör-
perbewußtseins und des Sich-selbst-Erlebens. Dies ist wieder die Voraussetzung,
um sich von der Umwelt abzugrenzen und dadurch die gegenständliche und personelle Umwelt erfahren zu können, d. h., ein handelnder und sozialer Mitmensch zu
sein.

LZ 2 Den Körper als Ganzes wahrnehmen	Eigenleiberleben durch unterschiedliche Lagerung, durch Auflegen von Gewichten, durch unterschiedliche Temperaturempfindungen, durch Berührungen durch sich selbst und andere, durch Vergraben im Sitzsack oder Bällchenbad, im Zeitungsschnipselbad, Luftballondusche, durch Bewegtwerden (Tragen, Ziehen, Schaukeln, Drehen …)
LZ 2.1 Den Körper und einzelne Körperteile über die Haut wahrnehmen	Unterschiedliche Materialien erleben: Wasser, Sand, Ton, Creme, Bälle u. a. Massieren mit unterschiedlichen Essenzen, evtl. Bürsten, Fönen, mit Rotlicht bestrahlen u. a.

Taktile Wahrnehmung

Akustische Wahrnehmung

– sich selbst hören können	Die eigene Stimme kennenlernen: Lautäußerungen auf Kassette aufnehmen, auf die Atmung hören. Eigene Bewegungen hören können. Durch Klangbänder, durch Bewegung im Wasser, Sand, evtl. durch Bewegung, Reiben der Hände, durch Klatschen.

Optische Wahrnehmung

– sich visuell erkennen können	Betrachten im Stehspiegel, Bewegungen vor dem Spiegel, Videoaufnahmen, Fotos.

Sprache

– sprachliche Signale verstehen	Von sich in der Ich-Form sprechen; seinen eigenen Namen kennen.

Motorik

– den Körper in der Bewegung erfahren	Verschiedene Bewegungen ausführen: Gehen, Laufen

Selbstversorgung

– sich waschen, duschen, gewaschen werden	Beim Duschen wird auf Ganzkörperwahrnehmung geachtet, Berührungen durch sich selbst, durch andere zulassen

Soziale Beziehungen

- für Kontaktangebote offener werden und Berührungen durch andere dulden

Partnerübungen: Gegenseitig streicheln, führen, an den Händen halten …
Wechsel von Anspannung und Ruhe erleben

Bewegungserziehung, Sport, Rhythmik

Morgenkreisgestaltung

Einbau von Körperschema-Liedern
"Mit meinem Kopf kann ich, mit meinen Händen kann ich"
"Meine Hände spielen und drehen sich"
Lieder mit einfachen Instrumenten begleiten (Gitarre, Schellenband für die Schüler)

LZ 2.2
Den Körperteil "Kopf" bewußt wahrnehmen

Den Kopf über taktile Reize erfahrbar machen

- mit beiden Händen befühlen
- massieren der Kopfhaut mit Bürsten, Kämmen …
- Fönen (nach dem Schwimmen) warm, kalt
- Gesicht cremen, schminken (im Fasching), Masken auflegen (Heilerde, Rubbelmaske)

Den Kopf über kinästhetische Reize erfahrbar machen

- Kopf selbst bewegen (Geräuschquelle)
- Nicken, Schütteln, Heben …
- Kopfspiele (Luftballonkranz, eintauchen in ein Luftballonbad)

Den Kopf über visuelle Reize erfahrbar machen

- im Spiegel betrachten
- Fotos
- bei Körperumrissen den Kopf anmalen

Den Kopf über auditive Reize erfahrbar machen

- Zähne klappern, Ohren zuhalten

Den eigenen Kopf erkennen

Verstärkte Arbeit mit Fotos (verschiedene Situationen)

Einzelteile des Kopfes erkennen

Den Kopf im Fasching verfremden (Schminke, Hut)

Mit den Augen sehen

Atmosphäre schaffen, in der die Schüler sich auf visuelle Reize einstellen können (Ruhe, gute Lichtverhältnisse)

Mit den Ohren hören

Verschiedene Klänge, laut und leise; Kopfhörer

- Atem spüren

- Hand auflegen, gegen einen Spiegel atmen

- Mit dem Mund schmecken

- bewußt essen, verschiedene leichte Gerichte selbst zubereiten helfen (rühren, schneiden)
- süß, sauer unterscheiden lernen (dazu Schemakarten verwenden)

- mit der Nase riechen

- angenehme, unangenehme Gerüche

– mit dem Mund sprechen	– in eine Dose sprechen, – mit Verstärker die Stimme verzerren, Mikrophon, Megaphon
– mit dem Gesicht Stimmungen ausdrücken	– auf Fotos Gesichter betrachten, die lachen, ängstlich sind, traurig aussehen – Grimassen schneiden, zur Nachahmung anregen

UNTERRICHTSBEISPIEL 7

Trimesterplan für schwerbehinderte Schüler (Oberstufe)

Thema: Farbe und Papier

1. Vorüberlegungen, Begründung des Lernvorhabens

– Wahrnehmungsfähigkeiten verbessern
differenziertes Sehen, Beobachten;
Beschaffenheit von Dingen, Materialien, Werkzeugen vergleichend erfahren;
z. B. Pinsel, Schwamm, Papiere, Pappe, Walze, Kleister, Farbe

– Möglichkeiten zur Verbesserung der Ausdrucksfähigkeit
Bewegungen steuern, Farben, Materialien auswählen (Vorlieben)
Ausdruck des momentanen Befindens

– zweckfreies, spielerisches Tun
Spaß an den Handlungsprozessen
Werkstattcharakter

– Unterstützung der Gesamtpersönlichkeit
Bestätigung durch die Erfahrung

"Ich hinterlasse Spuren."
"Ich verändere, gestalte."
"Das ist mein Werk."

– Erfahrung von wertfreier Gültigkeit. (Jeder hat seine eigene Weise zu arbeiten, ein eigenes Tempo, individuelle Bewegungsmöglichkeiten, eigene Sehweisen …). Der Prozeß ist wichtiger als das Ergebnis!

2. Voraussetzungen der SchülerInnen

Alle SchülerInnen der Klasse haben bereits Erfahrungen mit verschiedenen Papierarten (Pappe, Transparentpapier, usw.) sammeln können. Durch Reißen (z. T. selbständig) und Schneiden (einige mit Hilfe) haben sie Papier verändert. Ebenso kamen sie mit verschiedenen Farbgestaltungstechniken in Berührung: Malen mit Fingerfarben, Drucken, Malen mit dem Schwamm und mit dem Pinsel u. a. m. Alle benötigen mehr oder weniger intensive Unterstützung: Individuelle Hilfen durch Handführung und teilweise durch Hilfsmittel (z. B. adaptierter Pinselstil, schräggestellte Tischfläche, fixierte Malfläche).

Die Auge-Hand-Koordination ist bei den einzelnen SchülerInnen unterschiedlich ausgeprägt.

Visuelle Wahrnehmung Auge-Hand-Koordination	*Handmotorische Möglichkeiten*
Adi orientiert sich in erster Linie über Gehör- und Tastsinn; fixiert und beobachtet Dinge; starkes Schielen	Stark spastische Handstellung; Festhalten von Gegenständen möglich; Hin- und Herbewegen; Bewegung zum Mund hin, Erkunden mit Lippen und Zähnen
Jürgen fixiert Dinge, teilweise auch Bilder; koordiniert Handbewegungen; ansatzweise Bildverständnis; sehr hohe Ablenkbarkeit	Spastische Handbewegungen; Festhalten von Dingen und gezieltes Bewegen grundsätzlich möglich, jedoch situationsabhängig
Monika fixiert Personen, Dinge, Bilder, erkennt Gesichter auf Bildern, lächelt sie an; Koordination bei für sie ansprechende Materialien (Wasser, Erde, Kleister …)	Greift mit der linken Hand; ergreift selbständig Dinge, führt sie zum Mund; wühlt in Materialien
Kurt: Was und wann er mit dem Blick fixiert, ist oft nicht eindeutig festzustellen; Bildverständnis ist unklar; beobachtet die Situation mit allen Sinnen; Koordination nicht möglich	Leichte Bewegungsimpulse mit der linken Hand (im Liegen); stark spastischer Tonus; Handführende Begleitung, Hilfsmittel
Claudia orientiert sich in Räumen sicher; erkennt Menschen, Dinge; Koordination von Sehen und Greifen verbessert sich zusehends; noch kein Bildverständnis	Greift, hält Dinge fest, bewegt Dinge mehr und mehr alleine; intensives Tasten; handführende Unterstützung wird in einzelnen Situationen zurückgenommen
Fritz fixiert Situationen, Gegenstände aus den Augenwinkeln; greift nach für ihn interessanten Dingen; Augenoperation (Grauer Star): Sehfähigkeit auf einem Auge erhalten (künstliche Linse)	Greift gezielt, hält mit Kraft fest (Finger, Löffel …); bewegt Dinge teilweise stereotyp; wechselt von einer Hand in die andere; Mitbewegungen bei Handführung

3. Zielsetzungen

Richtziele (nach Lehrplan)

1) Die Sinne und ihre Zusammenarbeit ausbilden
   (vgl. Lernbereich "Wahrnehmung", S. 38)
2) Die Umwelt mit allen Sinnen wahrnehmen und erleben
   (vgl. Lernbereich "Ästhetische Erziehung", S. 252)
3) Mit Farben und Papieren gestalten
   (vgl. Lernbereich "Ästhetische Erziehung", S. 258)

Grobziele

1) Die SchülerInnen erkunden Materialien und Werkzeuge in der "Werkstatt Farbe und Papier"
2) Die SchülerInnen erproben (mit individuellen Hilfen) verschiedene Gestaltungstechniken
3) Sie erleben sich und die Gruppe im Werk-Prozeß und erleben, daß jedes Ergebnis eine persönliche Ausprägung hat
4) Sie erweitern ihren passiven Wortschatz und ihr Situations- und Begriffsverständnis
5) Sie erleben die Kraft und Wirkung von Farben

4. Inhalte des Unterrichtsprojekts / Methodische Hinweise

4.1. Farbenerleben / Farbe und Licht

- *Tücher in Regenbogenfarben*
  Rhythmikaufgaben:
  Farben auswählen (Tuch vom Tisch, vom Kleiderständer holen), Möglichkeiten ausprobieren und den anderen zeigen ("Wie kann ich mein Tuch tragen?"), z. B. auf dem Kopf, um die Schultern, als Gürtel)
  Einzel-, Partner-, Gruppenaufgaben
  Farben werden immer wieder benannt

- *Farbiges Licht*
  Bewegung im Licht
  Bewegungsimprovisation mit musikalischer Begleitung
  Regenbogenlied ("Ein leuchtend bunter Regenbogen ...")

4.2. Material- und Werkzeugkunde

- *Malerkisten*
  ("Wir richten unsere Künstlerwerkstatt ein"). Jede(r) Schüler(in) bekommt eine Deckelkiste mit Malutensilien darin: Pinsel, Malerkittel, Malbecher
  Kisten einräumen, Gegenstände werden benannt, erkundet
  Vor jeder Malaktion werden die Kisten auf die Arbeitstische gestellt. Jede(r) richtet seinen Arbeitsplatz her (Kisten ausräumen, Gegenstände zweckgebunden verwenden). Die Deckel der Malerkisten werden mit einem individuellen Gemälde gekennzeichnet

- *Papier* als Malgrund
  Papier ertasten (verschiedene Oberflächen), bewegen, mit dem Schwamm anfeuchten, Unterschiede spüren:
  naß – trocken
  leicht – schwer
  klein – groß
  weiß – farbig

- *Pinsel* als Werkzeug
  Pinsel ertasten (Stiel entlangfahren, Borsten fühlen), den Pinsel zweckmäßig festhalten (individuelle Hilfen). Mit dem Pinsel Farbe anrühren, Farbe aufs Papier bringen. Pinsel im Wasserbecher auswaschen, Pinsel erkennen (Jürgen, Moni) und ansatzweise benennen (Jürgen)

- *Farbwalze* als Werkzeug
  Gegenstand erkunden (…)

- *Farbe* als Malmittel

* *flüssige Aquarellfarbe* (mit etwas Wasser verdünnt)
  Farbeigenschaften erfahren: leuchtende, fließende Farbe
  wäßrige Beschaffenheit fühlen, Zerfließen der Farben beobachten

* *Kleisterfarbe*
  Farbeigenschaften: glitschig, "weich", "cremig"
  Arbeitsschritte: Farbe mit dem Pinsel auftragen, mit den Fingern, Händen und dem Pinselstiel oder einem breiten Pappkamm Spuren in die Farbschicht zeichnen

* *Deckfarbe*
  Farbeigenschaften: zähflüssig, klare Farben
  Farbauftrag mit dem Borstenpinsel bzw. mit der Farbwalze

4.3. Gestalterische Techniken / Gestaltungsprojekte

Bunte Bilder mit Kleisterfarbe

Technik
Kleisterfarbe wird mit dem Pinsel auf weißen oder farbigen Fotokarton aufgetragen. Mit den Fingern oder Händen, mit dem Pinselstiel oder einem breiten Kamm aus Pappe werden Spuren in die Farbschicht gezeichnet. Es entstehen Strukturen und Muster

Differenzierte Aufgaben und individuelle Hilfen
Freies Spurenzeichnen mit den Händen/Fingern (Claudia, Monika, Jürgen, Adi, Fritz)

Gebundenes Spurenzeichnen mit dem Pappkamm (alle, besonders Fritz und Monika; für Monika wird der Kamm an einem langen Stiel befestigt und der Rollstuhl am Papier vorbeigezogen, während Monika das Werkzeug hält. Fritz versucht den Kamm mit beiden Händen festzuhalten und zu sich hinzuziehen)

Projekt
Großflächiges Wandbild im Flur ("Farbmosaik")

Aquarellmalen

Technik
Flüssige Aquarellfarbe wird mit dem Pinsel auf angefeuchtetes Papier aufgetragen. Die Farben zerfließen und fließen teilweise ineinander. Die Farben wirken "weich" und leuchtend

Differenzierte Aufgaben und individuelle Hilfen

Adi: Aufrecht sitzen, Pinsel mit leichter Unterstützung festhalten, mit behutsamer Führung von Ellbogen und Handgelenk Pinsel bewegen, schauen

Kurt: Pinsel mit verlängertem Stiel, eigene Bewegungsimpulse der linken Hand, Lockerheit. Der Rollstuhl wird parallel zum Papier am schräggestellten Tisch bewegt

Claudia: Schauen, Pinsel mit wenig Unterstützung an Ellbogen und Handgelenk festhalten, eigene Bewegungsimpulse und ruhige Handführung

Monika: Pinsel locker halten, mit ruhiger Handführung malen, beobachten, was sich verändert

Fritz: Geschehen beobachten, Pinsel locker halten, ansatzweise alleine übers Papier bewegen

Jürgen: Pinsel möglichst entspannt festhalten, konzentriert beobachten, Arbeitsschritte teilweise selbständig versuchen, Gegenstände erkennen, zeigen, Pinsel benennen ("Pi")

Projekte
Deckbilder für die Malerkisten; Malen nach Musik
Herbstbilder Gelb – Rot

Malen mit Deckfarben

Technik
Zähflüssige Farben werden mit dem Pinsel auf trockenen Untergrund aufgetragen bzw. mit der Farbwalze aufgerollt

Projekt
"Türme" – Große Plastik für die kleine Aula. Verschiedene große Pappschachteln und Drahtplastiken werden mit den bemalten Papierbahnen umkleidet (Tapetenkleister)

4.4. "Bildbetrachtung"

Dias
Farbige Flächen, klare eindeutige Motive oder stimmungsvolle Farbeindrücke;
meditativer Charakter (Ruhe, Musik)

Bilder im Museum
Besuch im Lenbachhaus; Großflächige Gemälde mit intensiven Farbeindrücken
(z. B. von Kandinsky, Marc, Klee); einige ausgewählte Bilder sollen länger auf
einzelne SchülerInnen wirken.

4.6 Unterrichtsprinzipien

Es gibt verschiedene Arten von Prinzipien:

a) Prinzipien können unmittelbar praktikable Regeln sein,

b) Bildungsgrundsätze, wie sie in Lehr- und Bildungsplänen fixiert sind

c) Unterrichtsgrundsätze, die als handlungsleitende Grundregeln gelten können

d) ein weltanschaulich-erziehliches Fundament für schulisches Lehren und Erziehen abgeben

e) Grundsätze effektiven Lehrens und Lernens angeben, die die Lernpsychologie erforscht hat.

Wir wollen uns auf die Unterrichtsprinzipien als Grundsätze effektiven Unterrichtens (Punkt c) beschränken.

Arbeitsaufgabe 12:

Wenn man didaktische Literatur durchsieht, gibt es eine Vielzahl an Zusammenstellungen von Unterrichtsprinzipien. Versuchen Sie, gemeinsame Prinzipien zusammenzustellen und auf ihre Relevanz in der Geistigbehinderten-Didaktik zu beurteilen.

Lehrplan der Schule für Geistigbehinderte in Bayern. München 1982

Lebensunmittelbarkeit	Ganzheitlichkeit
Selbsttätigkeit	Individualisierung
Handlungsbegleitendes Sprechen	Soziales Lernen
Übung	

Glöckel, H.: Vom Unterricht. Bad Heilbrunn 1990

– Fundierende Unterrichtsprinzipien

Sachgemäßheit
Schülergemäßheit
Zielgemäßheit

– Regulierende Unterrichtsprinzipien

Anschauung   Selbsttätigkeit
Motivation   Elementarisierung
Erfolgssicherung   Ökonomie
Erziehender Unterricht

Schröder, H.: Lernen und Lehren im Unterricht. München 1990

Motivierung   Veranschaulichung
Aktivierung   Differenzierung
Schülerorientierung   Erfolgsbestätigung
Erfolgssicherung

Seibert, N., Serve, H. J.: Prinzipien guten Unterrichts. München 1992

Differenzierung   Kreativitätsförderung
Motivierung   Strukturierung
Übung   Veranschaulichung

Speck, O.: Menschen mit geistiger Behinderung und ihre Erziehung. München 1993

Individualisierung   Aktionsbegleitendes Sprechen
Ganzheitsprinzip   Aktivität
Lehrziel-Strukturierung   Entwicklungsgemäßheit
Anschaulichkeit und Übertragung   Soziale Lernmotivierung

Wir wollen uns mit einigen wenigen Prinzipien etwas näher auseinandersetzen

4.6.1 Ganzheitlichkeit

Die Unterrichtsinhalte sollten so ausgewählt werden, daß sie

– das Kind als ganzes anzusprechen vermögen (Möglichkeit, mit "allen Sinnen" kognitive, affektive und psychomotorische Elemente miteinzubeziehen). Unterricht muß das Kind "in und vor Situationen stellen, in denen es als Ganzheit sinnvoll agieren, das heißt auch handelnd bewähren und Einsichten gewinnen kann".

– den Unterrichtsgegenstand in einen größeren Sinnzusammenhang stellen, statt isoliert Wissen, Fähigkeiten und Fertigkeiten "anzutrainieren". Nach Piaget "haben wir es bei den erworbenen Verhaltensweisen von Anfang an nicht mit einer 'Summe von organisierten Elementen' zu tun, sondern viel eher mit einer 'gesamtheitlichen und durchstrukturierten Organisation', 'die aus einem System von interdependenten Operationen' besteht" (zit. nach Speck 1993, 240).

Ganzheitlicher Unterricht stellt den Schüler/die Schülerin in den Mittelpunkt der Auswahl von Unterrichtsinhalten, betont die Bedeutung von Erlebnissen für die Persönlichkeitsbildung, bezieht Emotionen mit ein und durchbricht Spezialisierung und Detaillierung unseres Wissens durch überfachliche Inhalte und Sinnbezug.

95

Ganzheitlichkeit kann aber auch leicht zu undifferenzierter Überbetonung des Emotionalen und Vernachlässigung von Wissens- und Kenntnisvermittlung führen, wobei der Unterricht auch auf die Ebene einer Spiel- und Erlebnishaltung reduziert werden kann, die Arbeits- und Leistungseinstellungen der Schüler beeinträchtigen können. Lehrer können mit Ganzheitlichkeit auch alles mögliche kaschieren.

4.6.2 Ermöglichen von Erfahrungen

"Daß alle unsere Erkenntnis mit der Erfahrung anfange, daran ist gar kein Zweifel; denn wodurch sollte das Erkenntnisvermögen sonst zur Ausübung erweckt werden, geschähe es nicht durch Gegenstände, die unsere Sinne rühren und teils von selbst Vorstellungen bewirken, teils unsere Verstandestätigkeit in Bewegung bringen, diese zu vergleichen, sie zu verknüpfen oder zu trennen, und so den rohen Stoff sinnlicher Eindrücke zu einer Erkenntnis der Gegenstände zu verarbeiten ..." (Kant, Kritik der reinen Vernunft, Einleitung).

Erfahrung baut auf "sinnlich-ganzheitlichen Erlebnissen" auf. Unterrichtsinhalte müssen daraufhin abgeklopft werden, wie weit sie sinnliche Erlebnisse ermöglichen, zum handelnden Umgang geeignet sind und somit zu Erfahrungen führen. Zu einer Erfahrung verdichten sich Erlebnisse aber erst, wenn sie erklärt werden können.

Arbeitsaufgabe 13:

Welche der nachstehenden Themen sind Ihrer Meinung nach gut geeignet, Erfahrungen für Schüler mit geistiger Behinderung zu ermöglichen?

- Wir richten einen Spielplatz ein
- Die Polizei hilft uns
- Der Kreislauf des Wassers
- Thomas hat Geburtstag
- Wir laden eine Nachbarklasse ein
- Wir leben in einer Familie
- Wir verpflegen uns selbst
- Wie hat ein König gewohnt?
- Gegenstände können schwimmen.

4.6.3 Anstoß zur Eigenaktivität

Die Weiterführung des oben genannten Aspektes legt methodische Formen nahe, die die Auswahl der Inhalte noch mehr der Interessenlage der Schüler annähert. Das heißt: Inhalte werden aus situativen Anlässen gewonnen, die zu Versuchen der Problemlösung anregen. Ein Beispiel für das erste Vorgehen könnte sein:

Zwei Schüler möchten mit einem Lerngegenstand arbeiten, der nur einmal vorhanden ist. Wie könnten sie sich einigen?

Die zweite Vorgehensweise bietet den Schülern Materialien an, mit denen sie sich auseinandersetzen sollen und an denen sie ihre Umwelt strukturieren lernen. Das Ziel dieser Aktivitäten ist es, die "Selbstorganisation des Lernens" anzuregen. Wege dazu wären

– das Lernen durch Versuch und Irrtum, wobei aus verschiedenen Handlungsmöglichkeiten die richtige ausgewählt werden sollte bzw. neue Handlungen erprobt werden,
– das Lernen durch Imitation als Verhaltensaneignung bzw. mit entsprechender Äußerung als Verhaltensäußerung,
– problemlösendes Verhalten, bei dem in der elaborierten Form die Handlungsabsicht vorher strukturiert wird.

Im Prinzip geht es bei der Auswahl der Inhalte immer darum, daß das Kind aus Objekten oder Situationen Informationen entnimmt, die auf der Folie bereits gemachter Erfahrungen und daraus entwickelter kognitiver Strukturen eingeordnet werden können. Wie es dabei vorgehen kann, welche weiteren Informationen entnommen werden können, muß es in differenzierter Form erst lernen. Über den Vorgang des Übens und der Variation soll es zunehmend befähigt werden, diesen Lernprozeß selbst zu organisieren.

4.6.4 Individualisierung, Differenzierung

Mitte der 60er Jahre setzte eine verstärkte Diskussion ein, die die Frage der Berücksichtigung der Individualität eines jeden Schülers, den Abbau sozialer Benachteiligungen sowie die Schaffung von Chancengleichheit im Bildungswesen zum Inhalt hatte. Dieser Fragestellung waren zahlreiche Publikationen und Schulversuche (Gesamtschule, Orientierungsstufe) als Antwort zugedacht, die sich unter dem Oberbegriff der "Äußeren Differenzierung" subsumieren lassen. Diese Formen, die die Bildung möglichst leistungshomogener Schülergruppen beinhalten, warfen jedoch zahlreiche Probleme auf, was zur Suche nach flexiblen Unterrichtskonzeptionen, verbunden mit der Forderung einer intensiveren inneren Differenzierung, führte (vgl. Meyer-Willner 1979, 56).

Eine Begründung für die Aktualität der Forderung nach Differenzierung des Unterrichts für Geistigbehindertenschulen, die gerade in den letzten Jahren einen immer größeren Zustrom an schwerbehinderten Schülern erfahren und somit eine auch vom kognitiven Leistungsstand und -vermögen äußerst heterogene Schülerschaft erhalten, liefern Klafki/Stöcker (1976, 500):

"Die Unzulänglichkeit des Klassenunterrichts müßte in den Schularten und Schulstufen besonders deutlich werden, in denen Schüler noch nicht unter irgendwelchen Selektionsgesichtspunkten ausgewählt worden sind und in denen der Verzicht bzw. die Begrenzung interner Selektion bewußt gewollt vorgenommen wird." Unter dem Begriff "Klassenunterricht" verstehen sie hierbei einen lehrerzentrierten Unterricht, "der an alle Schüler die gleichen Anforderungen stellt, die sie im Prinzip in gleicher Zeit und unter im wesentlichen gleichen Bedingungen bewältigen sollen".

In den letzten Jahren bekam die Frage der Differenzierung auch im Rahmen der Integrationsdiskussion um Geistigbehinderte eine neue Gewichtung; so bedarf Integration nach Feuser (1989, 17) "der Überwindung äußerer Differenzierung durch zahlreiche Schulformen zugunsten der inneren Differenzierung". Seiner Ansicht nach ist für Integration im Elementar- und Schulbereich "die Qualität einer Pädagogik und folglich eines Unterrichts entscheidend, der didaktisch ein hohes Maß an innerer Differenzierung und Individualisierung zu leisten vermag" (Feuser 1989, 22).

Nach Muth (1986, 60) ist Differenzierung des Unterrichts "die Gesamtheit aller organisatorischen Maßnahmen zur Bildung von Schülergruppen für die Durchführung von Lernprozessen, die jedem einzelnen Schüler seinem individuellen Lernvermögen gemäß gerecht zu werden versucht". Als Kernpunkt wird hierbei angesehen, den Schüler zu fördern, ohne ihn aus der Klasse auszusondern. Während im anglo-amerikanischen Sprachgebrauch alle Differenzierungsmaßnahmen unter dem Begriff des "intra-school-grouping" zusammengefaßt werden, ist es im Deutschen üblich, zwischen äußerer und innerer Differenzierung zu unterscheiden. Während äußere Differenzierung die Organisation des Unterrichts bezeichnet, "in denen Schüler unabhängig von ihrer Klassenzugehörigkeit nach Leistung, nach Schwerpunkten der Lernfähigkeit, nach besonderen Interessen und nach Lerndefiziten oder anderen Merkmalen gruppiert werden" (Muth 1986, 60). Hierbei kann/soll der Unterricht im gemeinsamen Klassenraum stattfinden. Innere Differenzierung soll es ermöglichen, jedes Kind auf seinem jeweiligen Entwicklungsniveau zu fördern, ohne dabei die soziale Einheit der Klasse und die Gemeinsamkeit des Unterrichts zu zerstören. Bergk (1984, 35) versteht unter innerer Differenzierung ein "gemeinsames Lernen, das die individuellen Lernprozesse ebenso wichtig nimmt wie das gesamte Produkt". Ihre Ziele sind:

(a) Individualisierung
Lernangebote, -anregungen, -erfahrungen sollen an den individuellen sachstrukturellen Voraussetzungen anbinden.

(b) Die Gemeinschaft als menschliche Grunddimension, auch konstituierend für das Lernen, zu erfahren.

(c) Partizipation, Einbezug des Schülers in die Lernplanung (Schön 1984, 40).

Der Deutsche Bildungsrat stellt eine umfangreiche Liste von Kennzeichen für innere Differenzierung des Unterrichts vor:

"1. Individualisierung des Lehrens und der Lehrhilfe, je nach unterschiedlichen Lernfähigkeiten der Kinder,
2. Wechsel zwischen einem lehrerzentrierten und einem medienzentrierten Unterricht,
3. Möglichkeiten zur Interaktion der Schüler untereinander, besonders in der gegenseitigen Hilfe,
4. Spielraum in den Aufgabenstellungen, den Lösungswegen und in der Zeit, die zur Erfüllung von Aufgaben angewandt wird,
5. Initiative der Kinder bei der Übernahme von Aufgaben und Anleitung zur Selbsteinschätzung bei der Wahl der Aufgaben,
6. Akzeptieren der jeweiligen Einzelleistung des Kindes und damit der Unterschiede in der Qualität und in der Quantität ausgeführter Aufgaben durch den Lehrer,
7. Flexible Gruppenbildung innerhalb der in ihrer Zusammensetzung konstanten Klassen" (Deutscher Bildungsrat 1973, 75).

Ziele und Maßnahmen zur inneren Differenzierung sollen sein,

– alle Schüler bei der Aneignung von Erkenntnissen, Fähigkeiten und Fertigkeiten optimal zu fördern;
– die Entwicklung verschiedener Persönlichkeitsdimensionen und ihrer wechselseitigen Beziehung anzuregen und zu unterstützen;
– die Selbständigkeit jedes einzelnen Schülers zu fördern (das "Lernen lernen lassen");
– die Kooperationsfähigkeit der Schüler, ihre Fähigkeit zu bewußtem sozialen Lernen, in diesem Rahmen ihre Kooperationsfähigkeit zu entwickeln (vgl. Klafki/Stöcker 1976).

"Wenn Unterricht jeden einzelnen Schüler optimal fördern will, wenn er jedem zu einem möglichst hohen Grad von Selbsttätigkeit und Selbständigkeit verhelfen und Schüler zu sozialer Kontakt- und Kooperationsfähigkeit befähigen will, dann muß er im Sinne innerer Differenzierung durchdacht werden" (Klafki/Stöcker 1976, 504).

Um binnendifferenzierende Maßnahmen einleiten und durchführen zu können, sind bestimmte grundlegende Rahmenbedingungen notwendig.

"Der Verwirklichung einer inneren Differenzierung des Unterrichts kommt die sonderpädagogische Grundqualifikation aller Lehrer, die personelle und materielle Ausstattung der Schüler für eine Individualisierung der Lernprozesse und vor allem die niedrige Bemessung der Klassenfrequenz entgegen" (Deutscher Bildungsrat 1973, 60).

Muth/Hüwe (1988, 29) fordern eine Aufteilung in Mal-, Spiel-, Lese- und Bastelecken, ein "Begegnungsfeld" (ein freier Platz in der Mitte des Raumes) sowie Tischgruppen aus Schülerarbeitstischen. Die Ausstattung sollte autodidaktische und selbstkontrollierbare Freiarbeitsmaterialien sowie Lernspiele in mehreren Exemplaren enthalten, die z. T. auf Partner- oder Gruppenarbeit angelegt sind.

Muth (1986) nennt sieben verschiedene Möglichkeiten, innere Differenzierung in der Praxis durchzuführen. Dies sind:

a) Differenzierung in der Lehrerhilfe

Die Lernprozesse werden durch den Lehrer differenziert, was ein Abgehen vom Frontalunterricht impliziert. Dies bedeutet auch eine Wandelung der Lehrerfunktion: Der Lehrer muß sich von der Rolle als Alleinbestimmer und Vermittler des Wissens, wie dies im frontalen Unterricht üblich ist, lösen und lernen, sich als Initiator und Helfer beim Lernen der Schüler zu sehen. Ziel des Lehrers muß es sein, Anstoß oder Hilfe zu geben

- zur Selbsthilfe
- zum Selbstlernen
- zur Selbsttätigkeit und
- zu zunehmender Selbststeuerung des eigenen Lernprozesses der Schüler.

b) Differenzierung durch das Zwei-Pädagogen-System

Der zweite Lehrer kann z. B. auch ein Therapeut, eine Heilpädagogin oder eine Erzieherin sein. Wesentlich ist die Anwesenheit eines zweiten Erwachsenen, wodurch der Frontalunterricht reduziert und gleichzeitig die Schüler stärker in Aktion gebracht werden. Der "eigentliche" Lehrer der Klasse gewinnt so mehr Zeit für den Unterricht, für einzelne Schüler und erfährt Entlastung, was bedeutet, daß er freier für die Unterrichtsdurchführung wird. Die Aufgaben der Betreuer sollen nach ihren jeweiligen Kompetenzen verteilt werden. Nach dem Unterricht findet ein Austausch der Beobachtungen, eine gemeinsame Dokumentation der Lernentwicklung der Schüler sowie die Planung des weiteren Unterrichts statt.

Angemerkt werden muß, daß diese Form der Differenzierung hohe Anforderungen an die Kooperationsbereitschaft der jeweiligen Lehrpersonen und Betreuer stellt, vor allem im Vergleich zu der bisher wohl noch überwiegend praktizierten Methode, in der jeweils ein Lehrer in einer Klasse unterrichtet.

c) Differenzierung im Niveau der Anforderungen

Alle Schüler einer Klasse arbeiten am gleichen Thema, lösen die gleiche Aufgabe. Der Lehrer nimmt aber je nach den Möglichkeiten des einzelnen Schülers die ihm gemäße Zumessung des Anspruchsniveaus vor. Ein weiteres Ziel dieser Differenzierung, die dem Prinzip der "Hilfe zur Selbsthilfe" nach Montessori entspricht, ist es, "den Kindern die Art der Darstellung, den Lösungsweg sowie die Verwendung von Arbeits- und Lösungshilfen soweit wie möglich freizustellen" (Muth 1986, 67).

d) Differenzierung in der Anzahl der Aufgaben

Diese begründet ihre Notwendigkeit aus der unterschiedlichen Arbeitszeit sowie der differenten Auffassungsgabe der Schüler. Klafki/Stöcker (1976) nennen als Beispiel die Methode des "Abkoppelns", wonach die Schüler, die nach ihrer eigenen Einschätzung den Sachverhalt verstanden haben, in eigenständiges Tun entlassen werden, wofür der Lehrer Arbeitsmöglichkeiten vorbereitet hat (Arbeitsblätter). Dieses "Abkoppeln" kann in mehreren "Durchgängen" stattfinden. Der langsam arbeitende Teil einer Klasse wird so nicht überfordert.

e) Differenzierung durch den Einsatz von Medien

Der Einsatz von Medien erleichtert die Individualisierung der Lernprozesse. "Je nach Umfang und Vielfalt der Ausstattung einer Klasse können die Medien in den vom Lehrer geplanten Lernphasen und bei der Erreichung der vom Schüler gewählten Lernziele zum Einsatz kommen und eine Verbreiterung und Differenzierung des Lernangebotes bewirken" (Muth 1983, 70). Der Medieneinsatz ist auch im Sinne des didaktischen Prinzips der Mehranbietung möglich: Medien ermöglichen, einen Sachverhalt von verschiedenen Zugängen her zu erschließen (Betrachten von verschiedenen Seiten, Einordnen in verschiedene Zusammenhänge).

f) Differenzierung in flexiblen Lern- und Fortschrittsgruppen

Dazu bieten sich folgende Möglichkeiten an:

- Partnerarbeit
  Die Schüler lernen, auf ihre Mitschüler zu hören, sich mit ihnen abzusprechen und sich auf sie einzulassen; sie lernen, sich gegenseitig nicht mehr als Konkurrenten, sondern als Partner zu erleben
- Arbeitsteilige Gruppenarbeit
- Gesprächskreis
  Er bietet sich beim Zusammentragen von Ergebnissen, Spielen, Singen etc. an. Um Ängste abzubauen, sich in der großen Runde zu äußern, soll die Klasse als Gemeinschaft erlebt werden. Hierzu sind Ziele und Inhalte nötig, die von allen gemeinsam akzeptiert werden.

g) Differenzierung in der Einzelarbeit der Schüler

Hier können die Phasen der Freiarbeit von Montessori zur Anwendung kommen. In der Freiarbeit entscheiden die Schüler innerhalb eines bestimmten Angebotes (bzw. sollen es lernen),

- womit sie sich beschäftigen wollen und suchen sich das entsprechende Material dazu aus,
- ob sie möglichst selbständig arbeiten oder die Möglichkeit nutzen, mit dem Lehrer alleine zu arbeiten,
- lernen sie, sich an vereinbarte Regeln zu halten und
- ihre Arbeitsergebnisse selbst zu kontrollieren.

Ziel der Einzelarbeit soll es vor allem sein, die Schüler vom Lehrer "abzunabeln" und sie für die eigene Leistungsfähigkeit zu sensibilisieren mit dem Ergebnis des Aufbaus eines positiven Selbstkonzeptes über den Abbau von Mißerfolgsängstlichkeit.

Im üblichen Unterricht herrscht ein Handlungsübergewicht des Lehrers gegenüber dem Schüler. Bei der freien Arbeit hingegen fördert die Selbständigkeit und Selbstverantwortung des Schülers seine Eigeninitiative, seine Kreativität und steigert sein Vertrauen in seine eigenen Fähigkeiten. Des weiteren kann der Schüler sein Wissen nur dann optimal eigenständig erwerben und sichern, wenn er gewisse Sozialformen beherrscht und einsetzt, so z. B. die kommunikative Verständigung und kooperatives Arbeiten (z. B. Hilfe geben und annehmen, Rücksicht nehmen usw.). Die Schule wird somit zum Erfahrungs- und Übungsfeld, sie gibt dem Schüler Hilfe im Umgang mit freier Zeit, zum Aufbau von Interessen, zur Kreativität und auch zum Werkschaffen.

4.6.5 Strukturierung

Struktur bezeichnet die "innere Gliederung" (Kopp 1965) eines ganzheitlichen Gelingens, wobei deren Teilsequenzen zueinander und in ihrer Gesamtheit eine Regelmäßigkeit aufweisen, sowie einer implizierten Abhängigkeit unterliegen, anders ausgedrückt ist Struktur der "formale Aufbau von Ordnungsverhältnissen in einem Zusammenhang" (Dorsch 1982, 663)

Somit ist Strukturierung eine methodische Maßnahme zur Analyse (sach-)immanenter Ordnungen, im Sinne einer Integration in größere Bezugsgefüge als auch eines "Aneinandergliederns" oder "Elementarisierens" in (bzw. von) aufeinander bezogenen Teilbereichen.

Komplexe Beziehungsgefüge lassen verschiedene Strukturen erkennen. Kopp (1965, 80 f) nimmt eine Unterscheidung in 3 Grundformen wie folgt vor: **logische Beziehungsgefüge**, welche durch "kausale und finale Abhängigkeiten" gekennzeichnet sind, sowie **erlebnisgebundene Ganzheiten** und **zweckgerichtete Beziehungsgefüge**.

Prinzip der schulischen Strukturierung

"Üben und Lernen ist von vornherein auf innere Ordnung angelegt" (Kopp 1965). Dieser Grundsatz läßt sich auch mit der modernen Lernpsychologie stützen, die belegt, daß jeder Wissenserwerb über die Einordnung von neuem Wissen in vorhandene Schemata erfolgt bzw. deren Neuordnung zur Folge hat. Das Prinzip der Strukturierung ermöglicht es, zu vermittelnde Lern-Inhalte aus ihrer lernerschwerenden Komplexität herauszulösen, ohne jedoch ihr naturgemäß "ganzheitliches Gefüge" (Schröder 1990) unzulässig zu verkürzen.

Strukturierung unterrichtlichen Handelns ist bemüht, den Gegenstand nach methodischen und inhaltlichen Kriterien in weitere Sinn- und Sachzusammenhänge zu integrieren und ihn gleichwohl einer sachimmanenten Gliederung zu unterwerfen.

Die Notwendigkeit der Strukturierung

Die Methode des zielgerichteten Vorgehens im Unterricht beinhaltet und erfordert Strukturierung als "konstituierendes Merkmal" (Seibert/Serve 1992).

Strukturierung begegnet uns im schulischen Alltag auf allen didaktischen Ebenen, u. a. in der didaktischen (Sach-)Analyse, im Wesen der Artikulation des Unterrichts, in logisch-aufbauender Vorgehensweise oder auch in vielfältigen lernerleichternden Differenzierungsmaßnahmen. Aber auch auf der Makro-Ebene, bei der lang- und mittelfristigen Planung, der Projektorganisationen, bei längeren Sequenzen, mehrere Unterrichtseinheiten umfassender Themen, sowie beim Wochenplan und im Rahmen der komplexen Curriculumskonstruktion gilt Strukturierung als ein wesentliches Planungs- und Organisationsinstrument.

Strukturmodell methodischen Handelns

In seinem Strukturmodell zeigt Meyer (1988), daß sich der Unterrichtsprozeß in 3 Dimensionen von Handlungssituationen beschreiben läßt. 1. Sozialformen, 2. Handlungssituationen und 3. Unterrichtsschritte.

Auch hier wird sichtbar, daß innere und äußere Strukturierungen von Beziehungen, Handlungen und Prozessen die Basis für Differenzierungs- und Handlungsformen, methodische Großformen und Verlaufsformen des Unterrichts darstellen.

Funktionen der Strukturierung

Planungsinstrument für adäquate Lernzielerreichung

Neben den oben genannten umfangreichen Formen der Unterrichtsplanung dient jede strukturierte Unterrichtseinheit als methodische Maßnahme zur Erleichterung der individuellen Lernzielerreichung. Diese Form der lernerleichternden Inhaltsdiskrimination beschreibt auch Speck 1993 mit dem Begriff "Klarlegen der Lernroute". Er fordert eine "Lernziel-Strukturierung" als Aufgliederung des Lernweges in sinnvolle, individuelle, hierarchische Lerneinheiten. Diese Funktionen scheinen v. a. angesichts des besonderen Lernverhaltens geistigbehinderter Schüler in besonderen Lernsituationen (heterogene Gruppen) sehr relevant. In diesem Zusammenhang kommt auch die rhythmisierende und dynamische Wirkung der Strukturierung des Unterrichtsverlaufes positiv zum Tragen.

Abstraktion und gegliederte Integration von Lerninhalten

Eine strukturierte Aufbereitung eines Inhaltes zielt auch auf dessen Abstrahierung ab, was wiederum Generalisierung und Transfer einleiten. Darüber hinaus findet eine systematische Einordnung in vorhandene kognitive Raster statt.

Erarbeiten und Anwenden individueller Lernstrategien

Dieser Funktion kommen v. a. schülerzentrierte Verlaufsformen der Erarbeitungsphase, bzw. differenziert strukturierte Übungsphasen sowie planvolle Freiarbeitssequenzen zugute.

Gliederung des Tagesablaufes

In der Gliederung des Unterrichtstages (etwa im Stundenplan) erhalten Schüler und Lehrer Orientierungshilfen. Strukturierung ordnet damit die Auseinandersetzung mit Lerninhalten, den Wechsel der Methoden und die Sozialformen. Als Beispiel eines Rasters für heterogene Lerngruppen sei das "Team-Großgruppen-Modell" genannt, bei dem vom Lernniveau her sehr unterschiedliche Schüler in einem Wechsel zwischen heterogenen Groß- (oder Stamm-)gruppen und homogenen Lerngruppen sowohl die für soziale Kontakte notwendigen Sozialformen vorfinden wie auch für die individuelle Lernausgangslage erforderliche Angebote bekommen können (speziell auf schwerbehinderte Schüler abgestimmte Angebote auf der einen Seite, Lerninhalte im Bereich der Kulturtechniken z. B. auf der anderen).

Idealtypisch könnte so ein Unterrichtstag wie folgt aussehen (GG = Großgruppe aus 2 Klassen, SV = Stufenverband, LG = Lerngruppe, EF = Einzelförderung, NG = Neigungsgruppe; siehe Straßmeier 1988).

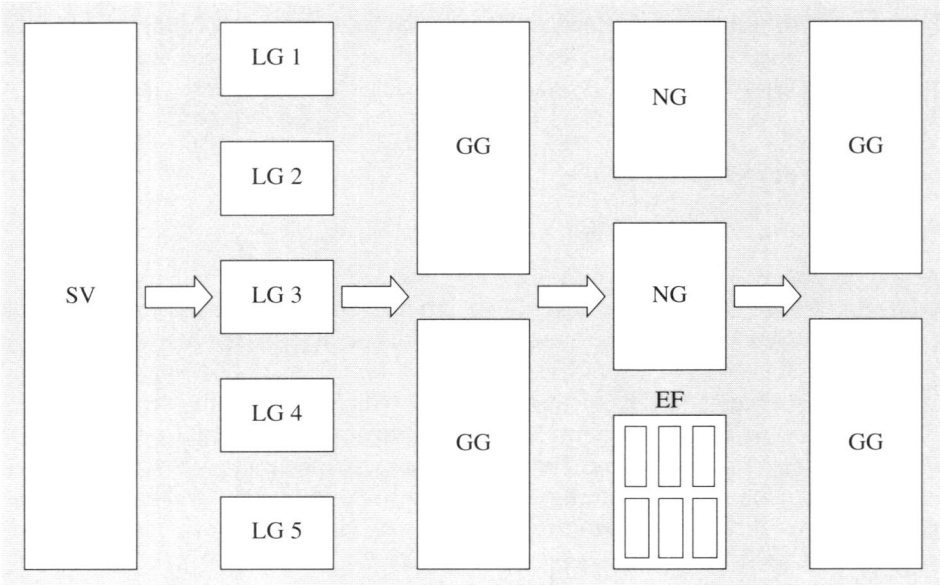

Abb. 10: Innere und äußere Differenzierung des Unterrichts

Ein ähnliches Modell stellt Danzer (1995) mit dem Projekt PRIMA vor.

Kriterien der Strukturierung

In der Regel wird eine systematische Strukturierung nach inhaltlichen und methodischen Kriterien angeraten:

- Die inhaltliche Strukturierung bedeutet das Ausdifferenzieren der wesentlichen Teilschritte aus der Sache selbst.
- Die methodische Strukturierung hingegen widmet sich der systematischen und sinnvollen Gliederung des unterrichtlichen Verlaufes in adäquate Lernschrittabfolgen.

Artikulation des Unterrichts (als strukturierende Feinplanung des zeitlichen Ablaufs des Unterrichts)

In der Artikulation konzentriert sich Strukturierung in erster Linie über ihre 3 Hauptphasen Einstieg, Erarbeitung und Ergebnissicherung.

Einstiegsphase

Die Einstiegsphase dient im allgemeinen der Motivation; die strukturelle Gestaltung hat in der Regel je nach Thema und Lehrertyp verschieden gelagerte Gewichtungen. Als Möglichkeiten dieser Unterrichtsphase lassen sich beobachten: "Krabbelsackmethode", Lied, meditativer Morgenkreis, Geschichten-Vorlesen oder die Vorstellung eines Modells. Viele Anregungen liefert H. Meyer (1988, 122 f): Verrätseln, Provozieren, Verfremden, Standbilder, Interviews, die Wiederholung oder ein informierender Unterrichtseinstieg (Grell 1979; siehe auch Paradies/Meyer 1992).

Erarbeitungsphase

Speziell diese Phase kann sehr unterschiedlich strukturierte Verlaufsformen aufweisen. Relativ konträr stehen sich die Möglichkeiten der "erarbeitenden" und "entdecken-lassenden" Unterrichtsform gegenüber. Letztere wird wohl mehr als die erste in weiten Teilen dem Prinzip der Schüleraktivität gerecht, denn sie erlaubt durch "reduzierte Abhängigkeit" selbstgesteuertes Lernen in offeneren Situationen.

Ergebnissicherung

Diese Phase dient im eigentlichen Sinne einer Fixierung und Protokollierung des Lerninhaltes, seiner Reflexion, kritischer Bewertung des Lernergebnisses und dessen Übung.

Allgemein kann man sagen, daß diese 3 Phasen den Aufbau des Unterrichts mittels Methodenwechsel und wechselnden Arbeitsformen regeln, steuern und organisieren. Eine weitere Frage jedoch richtet sich auf die Verbindungen dieser Phasen. Hier weist Meyer (1988, 105) auf einige Modellvorstellungen über die "Struktur des Unterrichtsverlaufes" hin. Auf diese Modelle soll jedoch nicht näher eingegangen werden. Hierzu nur zwei Beispiele: Das Bild der "ineinandergeschachtelten Kartons" und dasjenige der "Treppe".

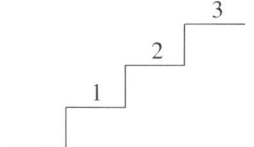

Das Bild der Treppe:
Die Schüler müssen eine Treppe mit vielen Stufen hochsteigen. Der Lehrer hat vorher dafür gesorgt, daß die Stufenfolge gleichmäßig ist, so daß möglichst kein Schüler stolpert. Von Stufe zu Stufe werden die den Schüler abverlangten Leistungen anspruchsvoller.

Das Bild ineinandergeschachtelter Kartons:
Der Bildungsprozeß der Schüler wird als eine ineinander verschachtelte Schrittfolge immer anspruchsvollerer Leistungen interpretiert. Es entsteht ein hierarchisch gestufter Bildungsprozeß, in dem auf der nächsthöheren Bildungsstufe jeweils die Beherrschung der auf den vorausgegangenen Stufen eingeübten Kompetenzen vorausgesetzt und neu aktualisiert wird.

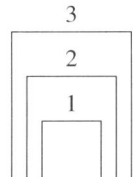

Abb. 11: Artikulation des Unterrichts (nach Meyer 1987)

Dies bringt die Vorstellung zum Ausdruck, daß Bildung ein aufeinander aufbauendes Konstrukt ist, wobei die darunterliegende Lernstufe zur Erreichung der nächsten beherrscht werden muß.

Grenzen der Strukturierung

Isolierung von Teilbereichen

Eine große Gefahr liegt in der Abtrennung von Teilbereichen vom komplexen Ganzen. Es darf sich nicht um bruchstückhafte Betrachtungen oder Darstellungen von Einzeldetails handeln oder in der Folge eine unzulässige Reduzierung eintreten. Strukturierung muß in jeder Phase das Ganze im Sinne eines ganzheitlichen Unterrichts im Auge behalten, um sich nicht im Zuge von falschverstandenen lernerleichternden Elementarisierungen einer Zerstückelung zu nähern. Hier sei nochmal an ganzheitliches Lernen erinnert, mit der Forderung nach der Schaffung von vielsinnigen, vielschichtigen Aneignungsweisen zum Erfassen des Lerngutes, denn das Ganze ist mehr als die Summe seiner Teile.

Natürlichkeit unterrichtlichen Handelns

Unterricht ist als planvolles und zielgerichtetes Handeln pädagogisch nicht haltbar, wenn es keinen Raum für Spontaneität oder gegebenenfalls eine Abkehr von der eigentlichen Planung als Reaktion auf Schüler und Situationen bietet. Strukturierung darf keine starre Lernwegvorschrift sein.

Strukturierung durch den Schüler

Eine enge Verbindung zum vorhergehenden liegt in der Strukturierung durch die Schüler, wie es z. B. das Konzept des offenen Unterrichts fordert. Auch die Freiarbeit erfordert eine hohe Sensibilität bei der Wahl der Strukturierungsmittel; in den Lernweg darf nicht zu rigide eingegriffen werden, so daß dem Schüler das Entdecken individuell bedeutsamer Wesenheiten und Zusammenhänge ermöglicht wird.

Bedeutung eines Lerninhaltes

Ein Lerninhalt darf nicht ausschließlich zu einem Objekt vorkommen, dessen Darstellung lediglich Sachanspruch und methodische Gliederung folgen muß. Jeder Lerngegenstand sollte eine Bedeutung als Phänomen und Teil der individuellen Alltagsrealität samt seiner Faszination behalten. Letztendlich sollte ihn der Schüler nach subjektiven Kriterien einer individuellen Strukturierung unterziehen können, so daß er für sich einen Zugang erlangt und den Gegenstand mit individueller Bedeutung füllen kann.

Situations- und Schülergemäßigkeit

Die Darstellung der Strukturierung lassen u. U. den Verdacht aufkommen, daß lediglich formal-methodische Prinzipien allein für das Gelingen von Lernprozessen und für Bildung ausreichend sind. Gleichwohl jedoch darf zu keiner Zeit der Schüler mit aktuellen Bedürfnissen als Subjekt des Unterrichtsprozesses vernachlässigt werden. Sein So-Sein hat immer Anspruch auf Beachtung und ist sogar in den Vermittlungsprozeß zu integrieren. Denn Unterricht und seine Strukturierung dürfen nicht am Schüler vorbeigehen.

4.7 Unterrichtsmethoden

Schreiben Sie bitte, ohne lang zu grübeln, den Satz zu Ende: Unterrichtsmethoden sind …

In einem Seminar zu methodischen Fragen antworteten StudentInnen:

a) "Wie man Unterricht richtig gestaltet."

b) "Kriterien für den Ablauf einer Stunde."

c) "Roter Faden für den Unterricht."

d) "Die verschiedenen Vorgehensweisen, den Kindern den Stoff nahezubringen und sie zum Unterrichtsziel zu führen."

e) "Das Konzept, nach dem Unterricht geplant wird."

f) "Verfahrensweisen, um Schülern Wissen zu vermitteln, Verhaltensänderungen herbeizuführen."

g) "Art und Weise des Unterrichts, Inhalte zu vermitteln; dazu gehören Materialien, Medien."

h) "Verschiedene Arten des Unterrichts, wie verschiedene Sozialformen."

i) "Die Art und Weise, wie der Lehrende den Lernenden Bildungsinhalte vermittelt."

j) "Maßnahmen, mit denen das Lernen des Schülers unterstützt werden kann, durch entsprechende Vereinfachung, Aufbereitung, Anordnung etc. der Lerninhalte."

k) "Die Art und Weise, wie unterrichtliche Vorhaben vermittelt werden. Darunter fallen Modelle mit ganz eigenen Strukturformen."

l) "Die Art und Weise, wie und mit welchen Mitteln Unterrichtsinhalte vermittelt werden."

m) "Vermittlung der Unterrichtsinhalte, die alters- und leistungsgemäß angepaßt sind und die Eigeninitiative der Kinder fördert."

n) "Didaktische Wege in der inhaltlichen Vermittlung von Unterrichtsstoffen."

o) "Ausführungen des Lehrers, wie er den Unterricht gestaltet – Aufbau – Rhythmisierung – Differenzierung – Partnerarbeit – Gruppenarbeit. Wie wird eine bestimmte Sache den Schülern vermittelt, so daß diese sie verstehen können?"

p) "Verschiedene Möglichkeiten, den Schülern einen Unterrichtsstoff nahezubringen, wobei der Ausgangspunkt immer ein anderer ist."

q) "Unterrichtsverfahren wie Projektunterricht, Lehrgang, selbständiges Lernen, Unterrichtsgang … Sie ist die Frage: *Wie* wird Unterricht gemacht?"

r) "Vorgehensweisen, Unterrichtsinhalte zu vermitteln."

s) "Möglichkeit der Vermittlung von Unterrichtsinhalten."

t) "Art und Weisen der Vermittlung von Lehrinhalten, die des weiteren den Schülern als Lernerleichterung dienen."

u) "Die Art und Weise, in der Unterricht geführt wird (wobei gewisse Planungen vorneweg gemacht werden)."

v) "Rezepte, Anhaltspunkte, um einen Unterricht zu führen."

Arbeitsaufgabe 14:

Ordnen Sie bitte obige Aussagen nach übergreifenden Gesichtspunkten (Oberbegriffe). – Etwa:

Art der Vermittlung   Planungshilfen
Unterrichtsrezepte   Strukturierungshilfen

4.7.1 Begriffliche Klärung

Der Begriff *Methoden* kommt aus dem Griechischen (methodos) und bedeutet "einen Weg entlang". Traditionell bezeichnet man daher Unterrichtsmethoden als "planmäßige, zielorientierte Verfahren, Schritte und Formen des Lehrens und Lernens bei der Vermittlung bzw. Aneignung vorgegebener oder selbstbestimmter Lerninhalte" (Thiele 1986, 94). Methoden werden in "Interdependenz zu allgemeinen übergreifenden Zielen, fachlichen Lehrzielen, Inhalten, Medien, Lernvoraussetzungen, organisatorischen, institutionellen und gesellschaftlichen Rahmenbedingungen gesehen" (Thiele 1986, 95).

Dieses Modell erfaßt eigentlich alles, was im Rahmen des Unterrichts als Einflußfaktoren auszumachen ist. Thiele spricht daher auch – wie viele andere Didaktiker ebenfalls – vom "Interdependenz- und Implikationszusammenhang der Handlungsmomente didaktischen Planens und aller den Lehr-Lern-Prozeß (Unterricht) konstituierenden Faktoren" (94). Das Modell auf der nächsten Seite mag das veranschaulichen. Methoden werden in diesem Modell praktisch synonym zu "Didaktik" verwendet. Auch Hilbert Meyer (1988, 45) definiert den Methodenbegriff in einer weiten Fassung: "Unterrichtsmethoden sind die Formen und Verfahren, in und mit denen sich Lehrer und Schüler die sie umgebende natürliche und gesellschaftliche Wirklichkeit unter institutionellen Rahmenbedingungen aneignen." Er sieht Methodik aber als Teil der Didaktik an, da letztere nicht-institutionelle, ungeplante oder kurzfristige Erziehung mit einbeziehe (Meyer 1988, 23).

Synonym zu Methodik wird gelegentlich auch von "Lehr- und Lernformen" gesprochen, die als "bestimmte wiederkehrende Muster wechselseitig aufeinander bezogener Lehr- und Lernhandlungen (Tätigkeiten)" bezeichnet werden, die zum Ziel haben, die Organisation der "Lernbedingungen und Lernhilfen" zu unterstützen, um "ziel- und sachorientierte Lernprozesse" zu ermöglichen (Thiele 1986, 98).

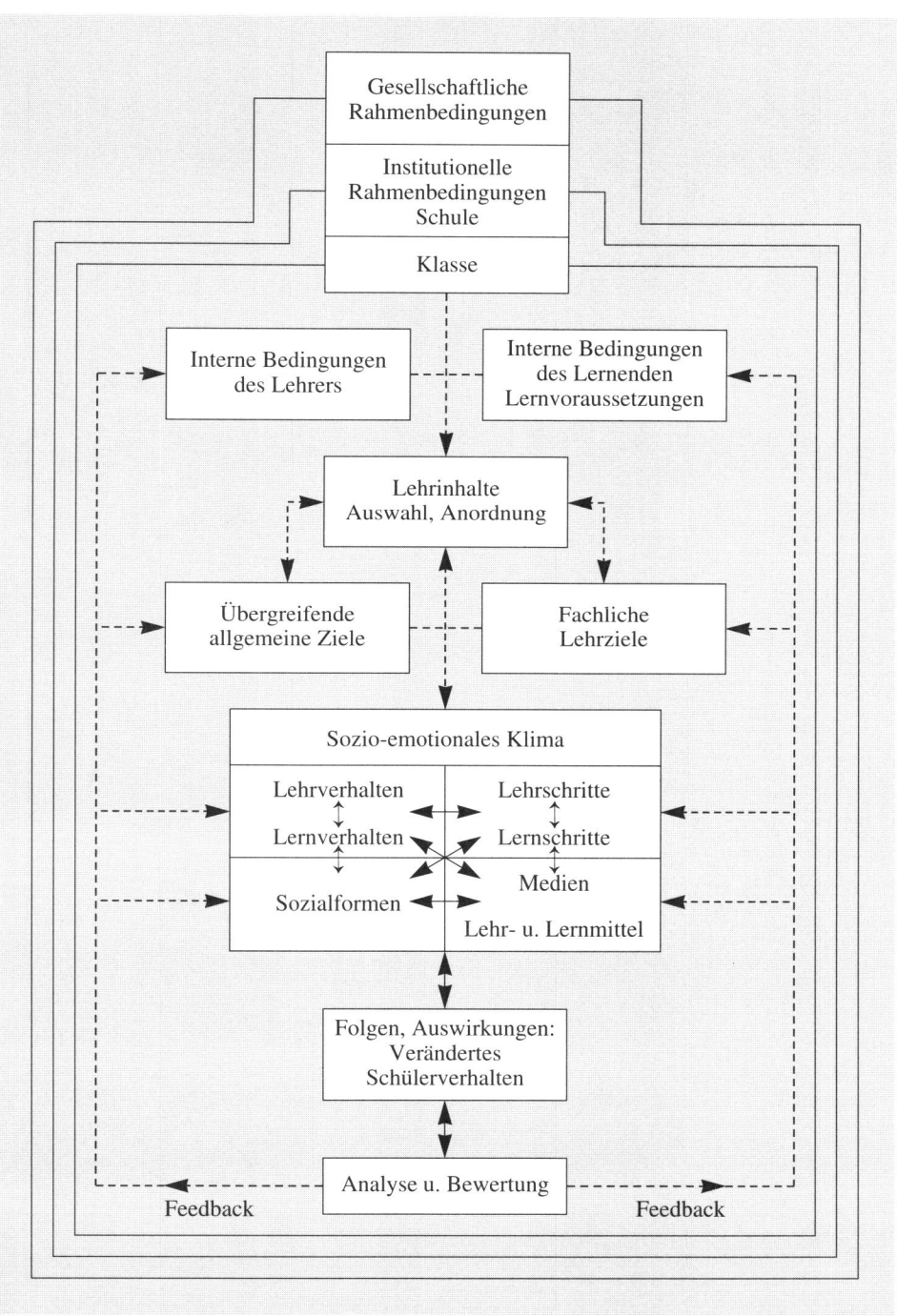

Abb. 12: Konstituierende Faktoren des Unterrichts (aus Thiele 1986, 94)

Aspekte der Unterrichtsmethode

"Unterrichtsmethode"

Definition 2:
"Unterrichtsmethoden in der sozialistischen Schule sind Muster für Handlungen, Handlungsfolgen und Verhaltensweisen der Lehrer im Unterricht, um den Prozeß der sozialistischen Bildung und Erziehung zielgerichtet, planmäßig und effektiv zu führen."

"Unterrichtsmethode"

Definition 1:
Unterrichtsmethode ist der prinzipielle Weg, den Lehrer und Schüler beschreiten, um die im Lehrplan fixierten *Ziele* zu erreichen, um die im Lehrplan fixierten *Inhalte* zu vermitteln bzw. anzueignen.

Unterrichtsmethode = Lehr- + Lernmethode

– *Lehrmethode:* methodische Handlungen und Operationen des Lehrers, Methoden der Vermittlung des im Lehrplan fixierten Unterrichtsstoffes

– *Lernmethode:* methodische Handlungen und Operationen der Schüler, Methoden der Aneignung der Unterrichtsinhalte

---

Bildungs- und Erziehungsaspekt der Unterrichtsmethode

– *Bildungsaspekt:* Methoden der Vermittlung von Kenntnissen, Erkenntnissen, Fähigkeiten, Fertigkeiten und Können

– *Erziehungsaspekt:*
• Erzieherische Ausstrahlung der Unterrichtsmethoden (i. e. S.)
• Anwendung spezieller Erziehungsmethoden; Ziel: Vermittlung sozialer Bewußtseins- und Verhaltensqualitäten

---

logischer und psychologischer Aspekt der Unterrichtsmethode

– *logischer Aspekt:* sachlogische Verbindlichkeit der Unterrichtsmethode (Der Inhalt bestimmt die Methode)

– *psychologischer Aspekt:* Abhängigkeit der Methode von den Gesetzmäßigkeiten der physischen und psychischen Entwicklung der Schüler; Wirksamkeit der Lehrer-Schüler-Beziehungen usw.

äußere und innere Seite der Unterrichtsmethode

– *äußere Seite:*
• Lehrformen (methodische Grundformen)
• Kooperationsformen der Unterrichtsarbeit

– *innere Seite:*
• logische Verfahren Abfolge didaktischer Operationen (didaktischer "Stufengang")
• algorithmische (programmierte) oder heuristische Verfahren

---

objektiver und subjektiver Aspekt der Unterrichtsmethode

– *objektiver Aspekt:* Die Unterrichtsmethode wird primär vom Ziel und Inhalt des Unterrichts und von anderen objektiven Faktoren und Bedingungen bestimmt

– *subjektiver Aspekt:* Die Unterrichtsmethode als objektiver Faktor der Unterrichtsführung wird subjektiv "gebrochen" (Lehrton, Lehrstil, Lehrgeschick usw.)

Unterrichtsmethode als Einheit von Unterrichtsverfahren u. Unterrichtsmittel

– Unterrichtsmethoden sind im allgemeinen an Unterrichtsmittel "gebunden"
– Die didaktische Arbeit des Lehrers mit Unterrichtsmitteln ist bereits methodische Arbeit
– Unterrichtsmittel "materialisieren" die methodischen Handlungen des Lehrers

Ein weiterer einschlägiger Begriff der didaktischen Literatur ist derjenige des "methodischen Handelns". Ausgehend von Handlungssituationen im Unterricht wird methodisches Handeln in drei Dimensionen entfaltet:

– Sozialformen
– Handlungsmuster
– Unterrichtsschritte (siehe Meyer 1988).

Handlungsmuster sind dabei "historisch gewachsene, vom Lehrer und Schüler mehr oder weniger fest verinnerlichte Formen der Aneignung von Wirklichkeit. Sie haben einen bestimmten Anfang und ein Ende. Sie sind zielgerichtet. Konkreter Unterricht ist eine inhaltliche und methodische Variation der durch die Handlungsmuster vorgegebenen Strukturen" (Meyer 1988, 127).

Der aufgrund der Handlungsmuster realisierte Unterricht hat eine äußere, direkt zu beobachtende Seite und eine innere, nur durch Deutung des Unterrichtsverlaufs und die Ergebnisse zu schließende Seite. Diese beiden Komponenten stellt Klingberg (1972, 299 – 300) differenziert dar (siehe Seite 110).

Einen ähnlich weiten Methodenbegriff wie bei den genannten Autoren verwendet Pfeffer, der darunter zusammenfaßt:

– die Aktionsformen des Unterrichts,
– Niveaustufen des Lehrens und Lernens,
– Zusammenhang von äußerer und innerer (geistiger) Aktivität
– sprachliche Interaktionsformen,
– soziale Organisationsformen,
– Artikulationsformen des Unterrichts,
– innere Differenzierung und Individualisierung sowie
– Aktionsformen bzw. Steuerung des Unterrichts (Pfeffer 1985).

Zusammenfassend wollen wir festhalten:

Unterrichtsmethoden sind planmäßige, zielorientierte Verfahren, Schritte und Formen des Lehrens und Lernens bei der Vermittlung bzw. Aneignung vorgegebener oder selbstbestimmter Lerninhalte.

4.7.2 Methodische Modelle

Aneignung von Wirklichkeit geschieht in der Regel in Alltagssituationen, nicht organisiert oder institutionalisiert. Das Kind setzt sich handelnd mit Gegenständen oder Situationen auseinander. Wird der Aneignungsprozeß aber von außen organisiert, zielgerichtet und geplant, so sprechen wir von methodischem Handeln in Unterrichtssituationen. Ähnliche Handlungsmuster, Sozialformen und Unterrichtsschritte lassen sich zusammenfassen in "methodische Modelle" (Fischer) oder "methodische Großformen" (Meyer).

"Als methodisches Modell bezeichnen wir die einer Gruppe ähnlicher Unterrichtsabläufe zugrunde liegende Struktur" (Fischer 1981, 151). Ihre Bedeutung liegt in dem durch sie aufgezeigten Weg

- "wie ähnliche Unterichtsstoffe und Lernziele
- in einer ähnlich gelagerten Lernsituation
- bei ähnlicher didaktischer Absicht des Unterrichtenden mit Erfolg bearbeitet werden können" (Fischer 1981, 151).

Nach Fischer (1981) wollen wir eine Reihe von methodischen Modellen aufführen, die mehr oder weniger gut geeignet sind, an der Schule für Geistigbehinderte verwirklicht zu werden (Seite 113 bis 116).

Arbeitsaufgabe 15:

Bitte ordnen Sie die Modelle auf ihre Eignung für den Unterricht in der Schule für Geistigbehinderte ein nach

(a) sehr gut bis gut geeignet,
(b) anspruchsvoll,
(c) anspruchsvoll, nur für bestimmte Gruppen geeignet.

Methodische Modelle – kritische Überprüfung auf ihre Verwendbarkeit in der Schule für Geistigbehinderte

Methodisches Modell	Kennzeichen des betreffenden meth. Modells und Zielsetzung	Autoren	Vorhaben bzw. LZ, die bewältigt werden können	Anforderungen an den Schüler	für GB geeignet bzw. nicht geeignet
Handlungs-einheit (HE)	vollzieht sich an Gegenständen aus der Umwelt des Kindes – umfaßt in der Regel nur eine U-Einheit – Lernen durch Handeln u. Beobachten – Auflösen komplexer Erscheinungen der Umwelt – Herausarbeiten ihrer Struktur – Aufbau aus mehreren Handlungs-schritten – Weg über "trial and error" – Anbilden von Begriffen und Einsichten in Funktions-zusammenhänge	Haas/Rabenstein, Rother, Schiefele	Ich pumpe mein Fahrrad auf. Wir setzen einen Ableger ein. Ich kann telefonieren.	– er muß Handlungen ausführen können, – diese gedanklich mitvollziehen können, – über sein Handeln und die damit in Zusammenhang stehenden Fragen/ Objekte reflektieren können.	gut geeignet bei handlungsfähigen geistigbehinderten Schülern
Darstellungseinheit (DE)	Zweck liegt im Bereich der Didaktik des SU – szenische Darstellung als Kern des Unterrichts *Ziel:* Einsichten in soziale Zusammenhänge und Einüben sozialer Verhaltensweisen	Haas/Rabenstein, Seidl/Hüffner, Bauer	Der Schutzmann regelt den Verkehr. Am Auskunftsschalter. So löse ich mir eine Buskarte. Im Gasthof kann ich bestellen. – sich wehren können, – sich informieren können.	er muß Konflikte in ihrer Komplexität wahrnehmen, zur Lösung bereit sein und sich nicht nur betroffen zeigen. – Vorstellungsfähigkeit.	anspruchsvoll in der Schule für Geistigbehinderte, besser direktes soziales Training oder mit Bildern arbeiten.
Unterrichtsgespräch (UG)	überall möglich, wo ein Gegenstand oder Sachverhalt unter verschiedenen Perspektiven betrachtet werden kann – macht Interaktion zwischen allen Beteiligten möglich	Petersen, Gaudig, Hörner, Höller, Müller, Surber, Otto	Jetzt ärgere ich mich nicht mehr so viel. Heiner findet seine Schuhe nicht.	Sprechfähigkeit, ausreichendes Sprachverständnis, genügende Reflexionsfähigkeit.	sehr anspruchsvoll, aber notwendig, Geistigbehinderte sollen lernen, sich sprachlich zu artikulieren, sich zu unterhalten.

Methodisches Modell	Kennzeichen des betreffenden meth. Modells und Zielsetzung	Autoren	Vorhaben bzw. LZ, die bewältigt werden können	Anforderungen an den Schüler	für GB geeignet bzw. nicht geeignet
a) gebundenes UG b) freies UG	vom Lehrer vorgegebenes Thema – wird vom Lehrer geführt – von den Schülern gewähltes Thema – Lehrer als Gesprächspartner	Petersen, Gaudig, Hörner, Höller, Müller, Surber, Otto	von Träumen berichten, mit anderen zusammen ein Erlebnis besprechen	relative Unabhängigkeit vom Leher, problemorientiert	sehr anspruchsvoll, aber notwendig, Geistigbehinderte sollen lernen, sich sprachlich zu artikulieren, sich zu unterhalten
Spiel: Gesellschaftsspiel, Stegreifspiel, Lernspiel, Fang- u. Laufspiel, Bauendes Spiel, *Rollenspiel,* Psychodrama	Zweckfreiheit – Ausgleichsfunktion – pos. Gestimmtheit – Gewöhnung an Partner- u. Gruppenarbeit – Vorbereitung auf Ernstsituation (Erwachsensein) Spieler mimt Rolle anhand einer Handlungsaufgabe	Hetzer, Wegemann, Buytendijk, Haase, Büschel	In einer Garage. Auf einem Parkplatz. Kasperl in der Schule. Kasperl stellt etwas an. Wir waren im Zirkus. – eine Bauidee umsetzen können, – den anderen etwas vorspielen können.	Lösung vom Gegenstand und vielfältiges Umgehen damit, Umsetzen von Vorstellungen/Ideen in Handlungen mit einfachen Mitteln	*sehr* geeignet, je nach Alter, Entwicklungsstand, nach Zielsetzung
Experiment	Fragestellung an die Natur – Gewinnung von Erkenntnissen über Zusammenhänge und Gesetze des Naturgeschehens – Prinzip des forschenden Lernens	Dewey, Litt, Wagenschein, Schietzel, Kerschensteiner, Mothes	Salzsäure ist Gift. Benzin ist gefährlich. Man kann mit dem Tauchsieder Wasser erhitzen. Wir machen Schuhe/Stoffe wasserdicht.	gezielte Problemstellung, genaue Beobachtungsgabe, Vergleichsfähigkeit	anspruchsvoll, aber sehr wichtig, um genaues Beobachten, auch Denken zu schulen, hilft Unterricht zu versachlichen
Vorhaben/ Projekt	fächerübergreifend – lebensecht – lebensnah – Lernen am Leben – pragmatisch begründet	Dewey, Haase, Schwerdt, Kretschmann	Wir richten ein Aquarium ein. Wir backen Brot. Wir bauen ein Vogelhaus.	weite Zielspanne, hoher Grad an Motivation, werktechnische Fähigkeiten	für Oberstufe gut geeignet, handelnder, konkreter Charakter

Methodisches Modell	Kennzeichen des betreffenden meth. Modells und Zielsetzung	Autoren	Vorhaben bzw. LZ, die bewältigt werden können	Anforderungen an den Schüler	für GB geeignet bzw. nicht geeignet
Exkursion	Lehrwandung, Ausflug, U-Gang – zum Erkennen eines Kultur- oder Naturraumes in seinem Zusammenhang	Salzmann	In einem Geschäft einkaufen können. In einer Garage/ auf einem Parkplatz. Wir besuchen die Kühe im Nachbarhof.	Weite Zielspanne, soziale Einpassungsfähigkeit, Zielvorstellung, Beobachtungsfähigkeit	gut geeignet, bedarf allerdings sehr der Einübung
Erlernen einer motorischen lebenspraktischen Fertigkeit (Lehrgang)	planmäßige Anordnung von Lernelementen – aufeinander aufbauende Teilschritte – Lernziele als Ausgangspunkte	Schwager, Wagenschein, Drefenstedt, Dewey, Kane/ Kane, Walburg	Ich lerne eine Milchtüte öffnen. Ich pumpe mein Fahrrad auf. Ich nähe einen Knopf an. – sich selbst an- und ausziehen können – schreiben/ lesen lernen.	Ausdauer, motorische/ sensorische Funktionstüchtigkeit, Lernbereitschaft	sehr geeignet, weites Aufgabengebiet, klare Lernstruktur
Erlebniseinheit	Lehreinheit, die einen Vorgang von bes. Unmittelbarkeit, Emotionalität, Subjektivität zum Kern hat, aber auch emotional bestimmte Gegebenheiten annehmen, sich an sie gewöhnen	Scharrelmann, Gansberg, Neubert, Dilthey	Meine Mutter erkennt mich. Wir besuchen Iris im Krankenhaus. Das Vogelnest im Schulgarten. Den anderen erleben.	sich rezeptiv verhalten, passiv-aufnehmend, nicht mit sich beschäftigt sein	sehr gut geeignet, Dabeisein wird gefordert, kein rationales Aufnehmen (vgl. Erlebnisfeld)
Training	planmäßige Funktionsübung – Ziel: individuelle Höchstleistung – körperlich und geistig (autogenes Training) – auch im Bereich der Sinne Training sehr wichtig	Schmitz, Kane/ Kane, Frostig, Reinartz	Reagieren auf Aufforderung. Wir binden eine Schleife. Ich kann den Elektroherd einschalten. – körperliche Ertüchtigung – Wahrnehmungstraining	für Verstärker zugänglich, konditionierbar, lernbereit, motorisch/ sensorisch flexibel	sehr geeignet aufgrund der Konsequenz und Struktur des Lernens

115

Methodi-sches Modell	Kennzeichen des betreffenden meth. Modells und Zielsetzung	Autoren	Vorhaben bzw. LZ, die bewältigt werden können	Anforderungen an den Schüler	für GB geeignet bzw. nicht geeignet
Program-mierter Unterricht	Information durch Lehrprogramm – Individualisierung des Lernprozesses – Ersatz des Lehrers durch U-Technologie	Skinner, Corell, Williams, Zil-freund, Crowden	Lehrinhalte, die in Form von Programmen erlernt werden können und abfragbar sind, Erlernen von Rechnen, aber auch Farben/ Formen	fähig zur Alleinarbeit, ausdauernd, fähig zu optischer, akustischer, motorischer Aufgaben-Verstärkung	anspruchs-voll, weil Ausdauer und Alleinarbeit vorausgesetzt wird
Themen-zentrierte Interaktion	Die Schülerpersön-lichkeit ist neben dem Stoff, der Sache gleichermaßen wichtig. 10 Regeln! Hat hohe sonder-pädagogische Relevanz.	R. Cohn	Eigentlich starke Tendenz zur Methode, nicht mehr ausschließlich ziel-/sachorien-tiert, daher: keine eigenen Unterrichts-beispiele	Sprechfähig-keit, Bewußt-sein eigener Empfindun-gen und Erlebnisse, Darstellungs-bereitschaft, Problem-orientiertheit	sehr wertvoll, aber nur für sprechfähige Geistigbehin-derte der Mittel-, Ober- und Werkstufe
Meditation	Sich in einen Gegen-stand, in ein optisches oder akustisches Ereignis vertiefen, starke Ähnlichkeit zur Erlebniseinheit, doch mehr Bewußtheit in der Einstellung zur Mitte	Dürk-heim, Leiste, Ruhbach, Tillmann	Das Licht. Das blaue Tuch. Wir hören Musik. Schönes Obst.	je nach der kognitiven und sprachli-chen Höhe des Medita-tionsgegen-stands, Zuwendungs-fähigkeit, relative Bewußtheit	wichtig, gut geeignet, aber an-spruchsvoll, setzt einen für meditati-ve Elemente aufgeschlos-senen Lehrer voraus
Objekt-erkundung	Sich einem Gegen-stand wahrnehmend, analysierend, erfor-schend, erprobend zuwenden und sich mit ihm auseinander-setzen. Funktionen, Einsich-ten, Begriffe erwer-bend	Aebli, Denzel, Seidl/ Hüffner, Knerr	Mein Pausen-brot. Die Zitronen-presse. Mein Anorak. Die Taschen-lampe. Meine Finger-nägel. Plastikbeutel und Einkaufs-korb im Vergleich	Wahrneh-mungsfähig-keit, Diffe-renzierungs-fähigkeit, Denkleistun-gen, wenn Eindrücke katalogisiert werden sollen	für Geistigbe-hinderte sehr wichtig und geeignet, erschließt Umwelt, regt zum Denken an, bildet Grundlage für Begriffe usw.

4.7.2.1 Training – Therapie

Gerade bei Menschen mit schweren geistigen Behinderungen lassen sich herkömmliche methodische Modelle nur sehr bedingt verwenden. Sie müssen ergänzt werden durch andere Verfahren. Es geht dabei um Verhaltens-Aufbau und um Verhaltens-Änderung. Trainings sind nun vielfach dadurch gekennzeichnet, daß sie durch systematisches Üben körperliche, geistige und emotionale Fähigkeiten aufbauen oder verstärken, "unerwünschtes" Verhalten oder "Fehlverhalten" abbauen. Das geschieht durch Therapien oder durch Funktionstrainings. Einige dieser Trainings sind in Punkt 4.5.3 bereits angesprochen worden.

Verhaltensaufbauprogramme liegen z. B. von Kane/Kane (1976), Schmitz (1976) oder Richter (1980) vor. Sie sind nach folgendem Muster aufgebaut:

– Zielsetzung und Verhaltensbeobachtung.
– Verhaltensmodifikatorische Grundannahmen für Lernen: positive Verstärkung, Löschung, Entzug positiver Verstärker, Bestrafung.
– Entwurf eines Planes für den Verhaltensaufbau: Verhaltensformung (shaping), Lernen durch Hilfestellung, Lernen am Modell oder Lernen nach Anweisung.

Auf diese Art und Weise werden bei Kane/Kane die Fähigkeiten trainiert, auf die Toilette zu gehen, bei Aus- und Anziehen mitzuhelfen oder möglichst selbständig zu essen. Bei Richter bildet die Körperhygiene den Schwerpunkt: Hände und Gesicht waschen, Zähneputzen, Haare bürsten. Ähnliche Programme liegen aus den USA vor, etwa von Anderson et al. (1974), Bender/Valletutti (1976) oder das Project MOORE (1974, 1975). Siehe hierzu Adam (1977) oder Straßmeier (1979). In dieser "Reinform" werden Trainings heute kaum noch durchgeführt, Elemente sind jedoch bei verschiedenen neueren Konzepten vorzufinden.

Weniger stark vom Pädagogen/Therapeuten gelenkt sind eine Reihe von anderen Therapieverfahren. Stark zugenommen hat dabei die Zahl der Therapieverfahren, die über den Körper Zugang zu behinderten Kindern anzubahnen versuchen. Es ist faktisch zu einem "Boom" körperorientierter Verfahren gekommen: "die drei v" der neuen Körperlichkeit: veni, vidi, vici (Dzikowski 1990, 14). Im Rahmen "multimodaler Therapiekonzepte" legte man den Glauben an nur eine richtige Therapieform ab. Bekannt geworden sind, um nur einige zu nennen:

– Integrative Körpertherapie von Besems,
– Musik-Körpererfahrungstherapie von Facion,
– Körperzentrierte Interaktion von Rohmann et al.
– Basale Kommunikation von Mall (wobei sich diese Form nicht als Therapie versteht),
– Sensomotorische Kooperation von Schönberger, Jetter, Praschak,
– Musiktherapeutische Ansätze im Pränatalraum von Vogel,
– Sensorische Integrationstherapie von Ayres bis hin zum
– Snoezelen, das nicht als Therapie, sondern als Freizeitaktivität für Menschen mit schwersten geistigen Behinderungen gedacht war, sowie der
– sehr umstrittenen Haltetherapie nach Welch, in Deutschland vertreten durch Prekop.

Diese sehr heterogene Zusammenstellung vereinigt Verfahren, denen gemeinsam ist, daß über Körperkontakt auf den behinderten Menschen Einfluß genommen wird – von der einfühlsamen Beziehungsaufnahme bis zu "gewaltsamen" und daher abzulehnenden Verfahren. Die Theorie, die dahintersteht, nimmt an, daß Körperkontakt ein Grundbedürfnis für die Entwicklung sozialer Verhaltensmuster ist, dieses Bedürfnis aus den verschiedensten Gründen bei Kindern mit geistiger Behinderung aber nicht befriedigt wurde, so daß es auf der therapeutischen Eins-zu-eins-Ebene nachgeholt werden müsse. Andere Variablen spielen zwar auch eine bedeutende Rolle, werden aber weniger ins Zentrum der Therapiekonzepte gerückt: Variation von Nähe und Distanz, Mimik, Gestik, Blickkontakt u. a.

Eine Übersicht über die genannten Verfahren findet man bei Rohmann/Elbing (1990), Dank (1988) und Staatsinstitut für Schulpädagogik (1992).

4.7.2.2 Lehrgang

Der Begriff Lehrgang wird gebraucht, wenn im Rahmen des Unterrichts besondere Aufgabenbereiche isoliert werden, um sie, gesondert, als Kurs zu erarbeiten. Typisch dafür sind etwa ein "Leselehrgang" oder das Erlernen einer motorischen Fertigkeit. Kennzeichnend ist weiter, daß die Aufgabenstellung vom Ziel her zwar eindeutig bestimmt ist, die Struktur aber so komplex ist, daß Teilaufgaben formuliert und daß die Aufgaben gegliedert werden müssen. Diese "Frakturierung" muß die "Kohärenz der Lehrstoffe und die Fassungskraft der Schüler als gleichrangige Bedingungen respektieren" (Horney 1970, 248). Je differenzierter Unterricht organisiert wird, um so bedeutender werden Lehrgänge (auch klassen-übergreifend). Die Kennzeichnung von Topsch umschreibt Lehrgänge als "eine bestimmte im voraus festgelegte Ordnung oder Form", in der die "Einzelinhalte eines Bereiches zum Zwecke des Lehrens aufeinanderfolgen, Lehrgänge ... also über einen größeren Zeitraum hinweg vorausgeplant" sein können und "ohne wesentliche inhaltliche oder organisierte Änderung wiederholt zur Anwendung kommen" (Topsch 1986, 517). Neben der Eigengesetzlichkeit des jeweiligen zu vermittelnden Sachverhaltes gilt es, die Gesetzmäßigkeiten des Lernens zu berücksichtigen, die sich aus der "Analyse des vermuteten Lernvermögens sowie der alters- und entwicklungsgemäßen Aneignungs- und Verarbeitungsstrategien ergeben" (Topsch 1986, 518).

Lehrgänge bedürfen einer umfangreichen und exakten Planung. So müssen

– der Vorgang selbst gemäß des Ablaufs der Handlung,
– die beanspruchten und vorauszusetzenden Fähigkeiten,
– evtl. Vorübungen und
– die sich aus den vorausgegangenen Schritten ergebenden Lernziele für die Lernphase analysiert werden (siehe Fischer 1981, 165).

Als Beispiel für lehrgangsmäßiges Vorgehen soll der Aufbau für das Erlernen des "Schneidens mit dem Messer" aus dem Buch "Wir lernen in der Küche" angegeben werden (Fischer u. a. 1979, 100 f) (siehe Seite 119).

Übersicht zur Grundfertigkeit "Schneiden mit dem Messer"

Beschreibung der einzelnen Stufen in der Fertigkeiten-Terminologie	Nahrungsmittel* mit deren Hilfe die Technik gesteigert wird	Begründung – Stichpunkte für Nahrungsmittelreihenfolge	Messerart	allgemeine Merksätze
1. **Grundlegende Vorübungen = Luftübungen**, die vor Beginn jedes Schneidevorganges in der 2. Art (Schneiden in Scheiben) durchgeführt werden: Haltehand hält das jeweilige Nahrungsmittel, Aktionshand hält das Messer (→ Erkennen der Schneide) und bewegt es – gleich einer Säge – hin und her – über dem Nahrungsmittel in der Luft				"Sägen, nicht drücken!" "Hin und Her wie beim Buchstaben 'S'!"
2. **einfache, an- gewandte Art:** *Schneiden in Scheiben!*	Gurke (roh + Essiggurke)	→ fest, gut zu halten, rutscht kaum!	kleines Schneidemesser	"Messer an – Finger weg!"
	Banane	→ weich, erst schälen		"Sägen, nicht drücken!"
	Karotten	→ sehr fest		
	Semmel	→ nicht so gut zu halten, Messer rutscht leichter ab, Scheiben lappiger	Brotmesser	"Sägen, damit es eine glatte Schnittfläche gibt!"
	Lauch	→ Blätter zusammenhalten		"Dünne Scheiben schneiden!"
3. **Gesteigerte Art:** *Halbieren*	Zitrone	→ leicht die Mitte der Frucht (Bauch) zu sehen		"Tunnelgriff anwenden, d.h. Messer steht im rechten Winkel zur Hand oder Hand = Tunnel, Messer = Zug."
Halbieren und Vierteln evtl. Weiter-Schneiden in Scheiben	Apfel	→ gut zu trennen, große Schnittfläche als Auflage, erst ausbohren, evtl. in Scheiben weiterschneiden	kleines Schneidemesser	"Zweimal Tunnelgriff anwenden!"
	rohe Kartoffel	→ schwer zu halten, glitschig!		"Immer auf die Schnittfläche legen!"
	Zwiebel	→ Mitte schlecht zu finden, sehr rutschig, Schalenteile zusammenhalten		"Zu dicke Scheiben im Tunnelgriff durchschneiden!"
	gekochte Kartoffel	→ vorsichtig halten, sehr weich		"Gekochte Kartoffel nicht drücken!"
	Orange	→ Halbieren + Vierteln mit der Hand, schwieriges Scheibenschneiden (Fruchtstruktur!)	Tomatenmesser	
	Tomate	→ sehr glatt, rutscht, ist weich		"Nur feste Tomaten in Scheiben schneiden!"
4. **Differenzierte Arten:** *Formen schneiden* wie Streifen + Würfel	Käse	→ halbfest mit Löchern	Fleischmesser	
	Wurst/Fleisch	→ weich, faserig		"Zum Fleischschneiden Holzbrett verwenden!"
große Scheiben schneiden	Brot/Kuchen	→ große Schneidefläche, schlecht zu halten, Messer rutscht leicht ab	Brotmesser	"Messerspitze darf nicht im Brot verschwinden!" "Kerbe vorschneiden!"
fein schneiden bzw. "hacken"	Kräuter, Nüsse	→ schwer, Teile zusammenzuhalten	kl. Messer, Wiegemesser	"Finger nah am Messer – Vorsicht"!

119

4.7.2.3 Objekterkundung

Die Objekterkundung ist ein Verfahren, bei dem die Schüler durch von außen gesteuerte Tätigkeiten oder Handlungen oder durch selbstgesteuerte Manipulation Objekte der Umwelt differenzierter verstehen und begreifen lernen. Die Gegenstände sind dabei Träger von Information: von Eigenschaften, von Vorgängen oder Handlungen, die damit durchgeführt werden können. Sie besitzen evtl. Symbolgehalt und sind Teil bestimmter "Alltagswelten". Bei der Objekterkundung geht es um

– Gliedern eines Objektes in seine Teile,
– Erfassen der Beziehungen der Teile zum Ganzen,
– Bestimmen von Eigenschaften eines Objektes und
– Erfassen der Beziehungen zwischen Eigenschaft und Objekt
  (siehe Mießler 1978, 68).

UNTERRICHTSBEISPIEL 8:

Objekterkundung

Thema: "Wir lernen den Fotoapparat kennen"

Einordnung in das Gesamtthema:

- Wir fahren ins Schullandheim und wollen uns eine Erinnerungsmappe anlegen.
- Wir lernen verschiedene Fotoapparate kennen.
- Unser Fotoapparat.
- Wir fotografieren.
- Wir versuchen, Motive auszuwählen und Gestaltung zu verbessern.

Ziele: Die Schüler sollen

- wissen, daß es verschiedene Apparate gibt,
- ihren eigenen wiedererkennen,
- wichtige Teile des Fotoapparates benennen können,
- die Teile am eigenen Apparat wiederfinden.

Vorgehen:

1. Zielangabe:

   Wenn wir im Schullandheim sind, wollen wir ein Erinnerungsalbum anlegen. Dazu machen wir auch Fotos. Damit wir das besser können, werden wir einen Fotokurs durchführen.

2. Partnerarbeit:

   Setzt euch zusammen und zeigt eure Fotoapparate. Vergleicht sie.

3. Stuhlkreis:

   Erzählt, was ihr herausgefunden habt – Die Apparate sehen verschieden aus. Legt alle Apparate in die Mitte: Wo ist dein Apparat? Woran erkennst du ihn?

Objekterkundung im engeren Sinn:

Wir schauen uns einen Apparat genauer an (Box) und benennen die Teile:

Der Fotoapparat hat einen Sucher, ein Objektiv, einen Auslöser, einen Hebel zum Spannen

4. Einzelarbeit am Tisch

Differenzierung:

Gruppe 1: Arbeitsblatt anmalen
Gruppe 2: Teile ausschneiden und zuordnen – anmalen
Gruppe 3: Teile beschriften – anmalen

Die Auseinandersetzung mit Objekten verläuft vielfach entsprechend der Entwicklung einer geistigen Tätigkeit nach Leontjew in den schon in Kapitel 4.1.3 genannten Stufenfolgen:

sinnlich-wahrnehmende (aufnehmende) Stufe
handelnd-aktive (erlebend – erprobende) Stufe
bildlich-darstellende (abbildende) Stufe
begrifflich-abstrakte (verbalisierende) Stufe

Arbeitsaufgabe 16:

Versuchen Sie, bei obigem Beispiel diese Stufen zuzuordnen.

Schülern mit einer geistigen Behinderung müssen Hilfen gegeben werden, damit ein Objekt in seine Teile gegliedert werden kann. Dazu müssen die Teile differenziert wahrgenommen und voneinander abgehoben werden können. Deutlich abgegrenzte Teile werden besser ausgegliedert, also darf die Anzahl der Teile nur begrenzt sein. Vor allem bei einem differenzierteren Objekt (wie es z. B. ein Fotoapparat ist) müssen die gezielt herausgegriffenen Teile begrenzt werden und bewußt gemacht werden, vorerst "unwichtige" Teile werden weggelassen und evtl. später noch eingeführt. Wichtig sind auch die Beziehungen der Teile untereinander. Schüler mit geistiger Behinderung analysieren häufig planlos, beschäftigen sich mit einzelnen Teilen ausschließlich und übersehen andere. Hier bietet die Objekterkundung Möglichkeiten, genauer hinzuschauen und weitere Einzelheiten wahrzunehmen. Handelnder Umgang mit den Dingen erschließt Eigenschaften und Funktionen sowie eine differenziertere Wahrnehmung der Teile. Wichtig ist aber die abstrahierende Stufe durch Darstellung auf der bildlichen Ebene und durch Verbalisieren. (Literaturhinweise: Fischer 1981, 173 ff, und Mießler 1978, 69 ff)

4.7.2.4 Unterrichtsgang

Der Unterrichtsgang ist "eine durch die Prinzipien der Anschauung, der Lebensnähe und der originalen Begegnung getragene, spezifische Gestaltungsform einer Stufe im Verlauf einer Unterrichtseinheit. Unterrichtsgänge sind notwendig, wenn

der im Unterricht anstehende Sachverhalt entweder ein standortgebundenes Objekt
… darstellt oder wegen seines nur außerhalb der Schule bestehenden Struktur- und
Lebensgefüges nicht im Klassenraum vor Augen gestellt werden kann … und wenn
durch eine nur mediale Vermittlung die sinnliche und psychische Aneignung zu sehr
reduziert würde" (Horney 1970, 1263).

Anschaulichkeit und Lebensnähe sind überwiegend durch unmittelbare Begegnung
und Auseinandersetzung mit der Wirklichkeit gegeben.

Abb. 13: Marie Marcks: Lebensnaher Unterricht

Der Unterrichtsgang (oder synonym gebraucht die "Erkundung") ermöglicht

– "ganzheitlich-sinnliche Anschauung,
– gründliche Information vor Ort,
– Erfahrung und Erweiterung eigener Kompetenzen im Umgang mit der Wirklichkeit unter Einschluß emotionaler und sozialer Belange" (Köck/Ott 1994, 183).

Wir haben festgestellt, daß die Fähigkeit zur Übertragung des Gelernten in neue
Situationen bei Kindern mit geistiger Behinderung wenig ausgebildet ist. Daher
müssen konkrete Einzelerkenntnisse und Einzelfertigkeiten vermittelt werden. Lern-
orte außerhalb der Schule bieten vielfältige Möglichkeiten zum Sammeln von Erfahrungen: öffentlicher Verkehr, Geschäfte, Natur, Museen, eine Schiffahrt oder
eine Bergtour, Teilnahme an einem Sportfest oder einem Konzert.

Die Schüler müssen auf die oft sehr komplexe und unübersichtliche, ungewohnte
und evtl. verunsichernde Realsituation vorbereitet werden. Dazu gehört eine Analyse der möglicherweise zu erwartenden Probleme der Schüler mit den Gegebenheiten, die sie vorfinden, Einstimmung der Schüler durch genaue Formulierung der

Zielsetzung des Unterrichtsganges (z. B. "Wir kaufen auf dem Markt Erdbeeren und machen eine Erdbeerspeise") und die Erfassung des Vorwissens der Schüler.

Eventuell wird es nötig sein, in der gewohnten Umgebung des Klassenzimmers Situationen im Rollenspiel vorzuüben (etwa das Verhalten an der Registrierkasse beim Einkaufen), auf Bildern oder Dias die zu erwartende Umgebung vorzustellen, Orientierungshilfen zu geben oder Kinder erzählen zu lassen, die mit solchen Situationen schon Erfahrungen gemacht haben. Das sollte jedoch nicht übertrieben werden. So erscheint es wenig sinnvoll, wenn in einer Klasse das "Sitzen auf dem Schlitten" vorgeübt wird, da die Realsituation – schräger Abhang, glatter Untergrund – doch sehr davon abweicht; oder (wie auch schon praktiziert), wenn das "Streicheln eines Hundes" an einem Stofftier in der Klasse "vorgeübt" wird – der richtige Hund ist größer, bewegt sich, erzeugt Ängste, bellt oder wedelt mit dem Schwanz!

Die Realsituation kann bei guter Vorbereitung fruchtbare Lernsituationen abgeben. Es kann aber auch sein, daß sich Lehrer und Schüler gemeinsam auf eine unbekannte Situation einstellen müssen:

– um den geplanten Besuch im Bergwerk durchführen zu können, muß statt der Fahrt mit dem Schulbus die Klasse mit dem Sessellift fahren, was für alle (leichter behinderte Schüler und v. a. Rollstuhlfahrer, aber auch Lehrer) eine neue Erfahrung ermöglicht und zur gemeinsamen Bewältigung herausfordert,
– eine Generalprobe im Fernsehstudio überrascht alle durch große Enge, überhitzten Raum, lautes Orchester u. ä.

Unterrichtsgänge sollten gut vorbereitet werden. Nicht immer aber ist das bis ins Detail zu planen. Auch originale Begegnungen bieten ihren Reiz. Solche Beispiele für das "kleine Glück" von Kindern durch Erlebnisse außerhalb des gewohnten Schulalltags findet man u. a. bei Peters (1982) in dem Buch "Lebensfreude im Schulalltag", bei Bäuml-Roßnagl (1990) oder Hoenisch/Niggemeyer/Zimmer (1973).

In einer erweiterten Form führt das zur **Erlebnispädagogik**. Als Erlebnis wird ein "beeindruckendes Geschehen im Bewußtsein oder als im Unterbewußtsein ablaufender Vorgang" bezeichnet (Gäumann u. a. 1988, 21), das "subjektive Innewerden von Vorgängen ... besonders von Inhalten (Erlebnissen), die als bedeutsam empfunden werden" (Brockhaus 1989, Bd. 5, 127).

Erlebnisse werden gekennzeichnet durch ihre

– Intensität (besonders eindringlich, wenn sie nicht erwartet wurden oder nicht vermieden werden können),
– Affektivität (Ergriffensein),
– Sinnlichkeit (Wahrnehmung),
– Aktivität,
– Spannung (Wechsel zwischen Erregung und Gelassenheit),
– Situationsgebundenheit (woraus herausragende Erinnerungen entstehen können),
– Subjektivität,
– Ich-Wirksamkeit (s. a. Ziegenspeck 1994).

4.7.2.5 Handlungsorientierter Unterricht

Handlungsorientierung wird häufig ins Zentrum der Forderung nach einem angemessenen Unterricht für Schüler mit geistiger Behinderung gestellt. Ist aber damit nicht ein zu hoher Anspruch an die Schüler gefordert? Wieweit sind sie zu handelnder Auseinandersetzung mit Objekten und Situationen fähig? Sehen wir uns dazu zuerst den Begriff *Handlung* näher an!

Arbeitsaufgabe 17:

Stellen Sie aus den folgenden Definitionen gemeinsame Elemente zur Bestimmung des Begriffs "Handlung" zusammen.

"Handeln weist Orientierung auf, wenn es durch den Sinn geleitet wird, den der Handelnde ihm in Hinblick auf seine Ziele und Interessen zuweist. Die Orientierung des Handelns an Gegenständen schließt Selektion und – gegebenenfalls – Wahl ein. Selektion wird möglich durch kognitive Unterscheidungen. (…) Damit Selektion zwischen unterschiedlich wertvollen Gegenständen zu einem Zeitpunkt möglich wird, bedarf es der Bewertung. Diese Bewertung orientiert sich ihrerseits an Wert-Normen, von denen drei Klassen unterschieden werden: (a) kognitive Normen, an denen sich das Handeln hinsichtlich der Gültigkeit seiner Unterscheidungen und Urteile orientiert, (b) (im weitesten Sinne des Wortes) ästhetische Normen, an denen das Maß der Befriedigung, das ein Gegenstand verspricht, abgeschätzt wird, und (c) moralische Normen, an denen die Folgen eines bestimmten Handelns beurteilt werden können." (Aus Graumann [Hrsg.]: Handbuch der Psychologie, Bd. 2: Allgemeine Psychologie. Göttingen 1965, 279.)

"Nach Danto (1977) bedeutet Handeln 'verursachen, daß etwas geschieht', im Unterschied etwa zu bloßem Tun oder zu Vorgängen wie Niesen oder Gähnen, Einschlafen oder Stolpern. Ähnlich definiert Wright (1977): 'Handeln heißt, intentional eine Veränderung in der Welt bewirken oder verhindern.' Mit Blick auf pädagogische Situationen formuliert Aebli (1990): 'Handlungen sind zielgerichtete, in ihrem inneren Aufbau verstandene (…) Vollzüge, die ein faßbares Ergebnis erzeugen.' In einer Handlung sind also Wahrnehmen, Denken, Tätigsein und Verantworten in einem allseitigen Wechselwirkungsprozeß miteinander verschränkt.

Nach Habermas (1988) dient Handeln allgemein 'der Bewältigung von Situationen'; ausgehend von

1) der Deutung einer vorgefundenen Situation,
2) vor dem Hintergrund der eigenen Lebenswelt (die den sichernden, vorinterpretierten Rahmen für den Zusammenhang der objektiven, sozialen und subjektiven Welt abgibt),
3) wird ein Handlungsplan entworfen und ausgeführt,
4) um ein definiertes Ziel zu erreichen.

Zielgerichtetheit bzw. Zweckmäßigkeit ist jedem Handeln eigen; der Handelnde erreicht seinen Zweck durch die Auswahl erfolgversprechender Mittel. (…)

Kommunikatives Handeln liegt vor, wenn ein kooperativer Deutungsprozeß vorgenommen wird. Die Handlung wird an der Verständigung orientiert." (Aus Köck/ Ott: Wörterbuch für Erziehung und Unterricht. Donauwörth 1994, 281.)

"Handlung, action, eine oft komplexe Abfolge von koordinierten und umweltbezogenen Bewegungen, die ein Individuum ausführt. Von dem bloßen Verhalten hebt sich die Handlung dadurch ab, daß sie auf die Erreichung eines Zieles gerichtet ist. Das Ziel kann in einer Veränderung der Umwelt oder in einer Veränderung der Situation des Individuums in seiner Umwelt bestehen. Die Erforschung des Handelns gehört zu den Aufgaben jeder Psychologie (Handlungspsychologie). Stets wird bei einem Handeln mit 'inneren' psychologischen Grundlagen gerechnet, auch dann, wenn diese nicht direkt beobachtbar und erforschbar sind. Solche Grundlagen bestehen einerseits in kognitiven Prozessen, d. h. in der Aufnahme, Speicherung und Verarbeitung von Informationen aus der Umwelt (Wahrnehmen, Lernen, Denken), andererseits in den mit diesen in Beziehung stehenden konativen (oder emotionalen) Faktoren (Bedürfnisse, Gefühle, Affekte). Die normale, kontrollierte Handlung geht aus einem geordneten Zusammenwirken kognitiver und emotionaler Faktoren hervor, wobei ein Abwägen verschiedener Motive bzw. zu erwartender Handlungsfolgen stattfindet. Man hat dies auch als 'Wahlhandlung' bezeichnet. Ihr gegenüber steht die direkt aus einem starken momentanen Antrieb folgende, zwar auch zielgerichtete, aber nicht durch kognitive Faktoren kontrollierte ('unüberlegte') sog. Trieb- oder Affekthandlung. (…)

Sowohl bei stark erhöhter Aktivation (affektive Erregung) wie auch bei stark erniedrigter (Schläfrigkeit) sind z. B. Reaktionszeiten erheblich verlängert. Bei höchsten Erregungsgraden ist die Orientierungsfähigkeit weitgehend aufgehoben (Panik), da kognitive Funktionen nicht mehr zum Zuge kommen. Viele Handlungen im Alltag sind weitgehend 'automatisiert', so daß weder ihre Antriebe noch ihr Vollzug deutlich bewußt werden." (Aus Dorsch, F.: Psychologisches Wörterbuch. Bern 1982, 270.)

Handlungen sind also komplexe psychophysische Phänomene, die gekennzeichnet sind durch: … (Führen Sie einige Kennzeichnungen von Handlungen auf!)

Sehen wir uns auch noch den Begriff **Handlungsorientierter Unterricht** an.

- "Handlungsorientierter Unterricht ist ein Unterrichtskonzept, nicht bloß Unterrichtsprinzip.
- Durch Selbsttätigkeit zur Selbständigkeit. Handlungskompetenz wird nur durch Handeln erworben, nicht durch Reden über Handeln. (…)
- Verantwortetes Handeln erfordert die Freiheit der Planung und Mitgestaltung des Unterrichts durch die Schüler. (…)
- Handlungsorientierter Unterricht begünstigt ganzheitliches Lernen in realen Handlungszusammenhängen. (…)
- Handlungsorientierter Unterricht zielt auf sinnvolle, einsichtige und selbstverantwortete Handlungsergebnisse.(...)
- Handlungsorientierter Unterricht ist zielorientierter Unterricht. (…)
- Handlungsorientierter Unterricht nimmt Anleihen für die Unterrichtsstrategie von den Handlungstheorien, die menschliches Lernen vor allem unter folgenden Gesichtspunkten untersuchen:

1. Ziel des Handelns …
2. Bedingungen, unter denen sich das Handeln vollzieht …
3. Die Bewertung von angestrebten Zielen und von aufzuwendenden Mitteln und ihre vergleichende Gegenüberstellung. (…)

- Handlungsorientierter Unterricht ist am leichtesten in Situationen zu verwirklichen, die das Handeln zwingend herausfordern. (…)" (Aus Köck/Ott: Wörterbuch für Erziehung und Unterricht. Donauwörth 1994, 282.)

Wie sieht nun dieses Prinzip "Handlungsorientiertes Lernen" in der Schule für Geistigbehinderte aus?

Definition:

> "Handlungsorientierter Unterricht ist ein ganzheitlicher und SchülerInnenaktiver Unterricht, in dem die zwischen dem Lehrer/der Lehrerin und den SchülerInnen vereinbarten Handlungsprodukte die Organisation des Unterrichtsprozesses leiten, so daß Kopf- und Handarbeit der SchülerInnen in ein ausgewogenes Verhältnis zueinander gebracht werden." (Meyer 1993, 27)

Ziel:

Der Rahmenplan für Unterricht und Erziehung in der Sonderschule für Geistigbehinderte Berlin formuliert z. B. das Ziel "Handlungsfähigkeit", indem er ausdrückt, daß der Geistigbehinderte zu einem entsprechenden selbständigen Handeln innerhalb der Gesellschaft geführt werden soll. Unter Handeln wird ein bewußtes, kontrolliertes, zielgerichtetes Tun verstanden.

Nach Speck verwirklicht sich der Mensch prinzipiell in seinen Handlungen, weshalb der Unterricht bei Geistigbehinderten radikal mit dem Aktivitätsprinzip ernst machen müsse. Damit werde dem Kind dauernd Gelegenheit geboten, durch Handeln Erfahrungen zu sammeln. Das handlungsorientierte Lernen stellt eine Hilfe auf dem Weg zur Selbständigkeit dar.

"Der handlungsbezogene und am Projekt orientierte Unterricht entspricht dem praxisgeleiteten und situationsverhafteten Lernen des geistigbehinderten Schülers. Er geht von Bedürfnissen, Interessen, Erfahrungen und Ansprüchen der Schüler aus" (KMK-Empfehlungen 1980, 8). Handlungsorientierter Unterricht berücksichtigt das in der Regel situations- und handlungsbezogene Lernen von Schülern mit geistiger Behinderung in besonderer Weise.

Voraussetzungen:

Zunehmende Unabhängigkeit läßt sich nur erreichen, wenn dem Schüler Möglichkeiten zum selbständigen Handeln zugestanden werden. Dies ermöglicht jene Erziehung, die sich bei aller Notwendigkeit zur Lenkung in bestimmten Grenzen überflüssig zu machen versucht und Entscheidungen und Verantwortung an den Geistigbehinderten abgibt.

Realisation bei Geistigbehinderten:

Kennzeichen eines handlungsorientierten Unterrichts ist, daß er am leichtesten in Situationen zu verwirklichen ist, die das Handeln zwingend herausfordern. Handlungskompetenz wird nur durch Handeln erworben, nicht durch Reden über das Handeln. Handlungsorientierter Unterricht wird unisono zu einer zentralen Methode in der Schule für Geistigbehinderte stilisiert. Da es jedoch diesen Schülern häufig schwerfällt, Ziele zu antizipieren, Bedingungen auszumachen, unter denen sich das Handeln vollzieht und schließlich die Bewertung der angestrebten Ziele mit den aufzuwendenden Mitteln zu vergleichen, müssen viele Möglichkeiten gesucht werden, in denen die Kinder und Jugendlichen mit geistiger Behinderung in realen Handlungszusammenhängen ganzheitlich lernen können. Das kann gefordert werden, indem der Unterricht

– Bedürfnisse, Interessen, Erfahrungen und Fragen der Schüler berücksichtigt,
– die Schüler an der Formulierung von Handlungszielen beteiligt,
– der Lehrer nicht nur Aufträge erteilt, sondern sie Aufgabenstellungen und -lösungen finden läßt,
– die Schüler an der Planung und Realisation nach Maßgabe ihrer Möglichkeiten beteiligt oder zumindest über geplante Ziele informiert,
– die Schüler in Partner- und Gruppenarbeit angemessene Aufgaben eigenständig erfüllen läßt und nicht jede Aufgabe in "Häppchen" zerlegt,
– den Schülern mehr Freiheit läßt, um auch Grenzen der physischen und sozialen Umwelt selbständig zu erkennen und zu erfahren.

Abb. 14: Handlungsbezogener Unterricht (Hickel 1980)

Phasen im handlungsorientierten Unterricht:

– Ermitteln bzw. Anknüpfen an aktuellen und zukünftigen Bedürfnissen und Erfahrungen der Schüler,
– Zielentscheidung und Zielformulierung (überschaubare Ziele, die meistens vom Lehrer formuliert werden; sie sollten aber dem Schüler erklärt werden),
– Planungsphase,
– Aktions- und Durchführungsphase,
– Beurteilung der Durchführung (wurde das Ziel erreicht?).

Themenbereiche im handlungsorientierten Unterricht könnten sein:

– Lebenspraktische Vorhaben (Themen aus dem Bereich der Selbstversorgung und Hauswirtschaft),
– Erkundungs- und Orientierungsvorhaben ("Kaufhaustour", Verlaufen in der Stadt, Erkundung einer Müllkippe)
– Kontakt- und Unterhaltungsvorhaben (gemeinsame Tätigkeiten wie Feste feiern, Rollenspiele, Partnerklassen),
– Veränderungs- und Gestaltungsvorhaben (im Klassenzimmer, auf dem Schulhof).

Im Verlauf eines Schuljahres sollten alle Bereiche in gleichem Maße berücksichtigt werden, um Einseitigkeit zu vermeiden.

Handlungsorientiertes Vorgehen kann vom zeitlichen Umfang her sehr unterschiedlich aussehen: vom kleinen, gemeinsam geplanten und durchgeführten Vorhaben im Rahmen einer Unterrichtssequenz über Wochenthemen bis hin zu großangelegten projektartigen Aktivitäten. Es sollen hier nur kurz drei Varianten vorgestellt werden: die Handlungseinheit – das Vorhaben – das "Projekt".

4.7.2.6 Handlungseinheit

Diese von Rabenstein und Haas 1971 vorgestellte Unterrichtsform wird zwar nicht dem projektorientierten Unterricht zugeordnet, weist aber viele Kennzeichen dieser Methode auf: sie vollzieht sich an den Gegenständen aus der Umwelt des Kindes, die für das Kind bedeutsam sind; die Handlungseinheit (HE) hat oft ein kleines Werk zum Gegenstand oder einen Handlungsvollzug; jede HE ist aus mehreren Handlungsschritten aufgebaut, komplexe Erscheinungen der Umwelt werden so weit vereinfacht, daß die Struktur des Sachverhaltes sichtbar wird; nach der gemeinsamen Planung der Handlungsschritte werden die Schüler aktiv: Gegenstände werden hergestellt, untersucht, verändert oder verwendet. Im Gegensatz zum Vorhaben sind jedoch zwei Einschränkungen zu machen: die Auswahl und vorbereitende Gestaltung der Handlungseinheiten ist Sache des Lehrers, und das Miteinanderhandeln von Lehrern und Schülern wird nicht als erster Schritt auf dem Weg zu mehr Selbständigkeit gesehen, sondern als vollgültiges Unterrichtsverfahren (hier für die Grundschule gedacht!). Daher rührt wohl auch die Beliebtheit, die dieses Modell in der Schule für Geistigbehinderte gewann, auch wenn Fischer warnt, diesem Modell gegenüber zurückhaltender zu sein, als dies meist zu beobachten ist. Die Handlungseinheit lasse sich nämlich "zwar gut vor Geistigbehinderten zelebrieren, jedoch ohne sie zu dem beabsichtigten Lernerfolg zu führen" (Fischer 1981, 163). Kennzeichen des Modells sind bei Fischer in einer Übersicht zusammengetragen.

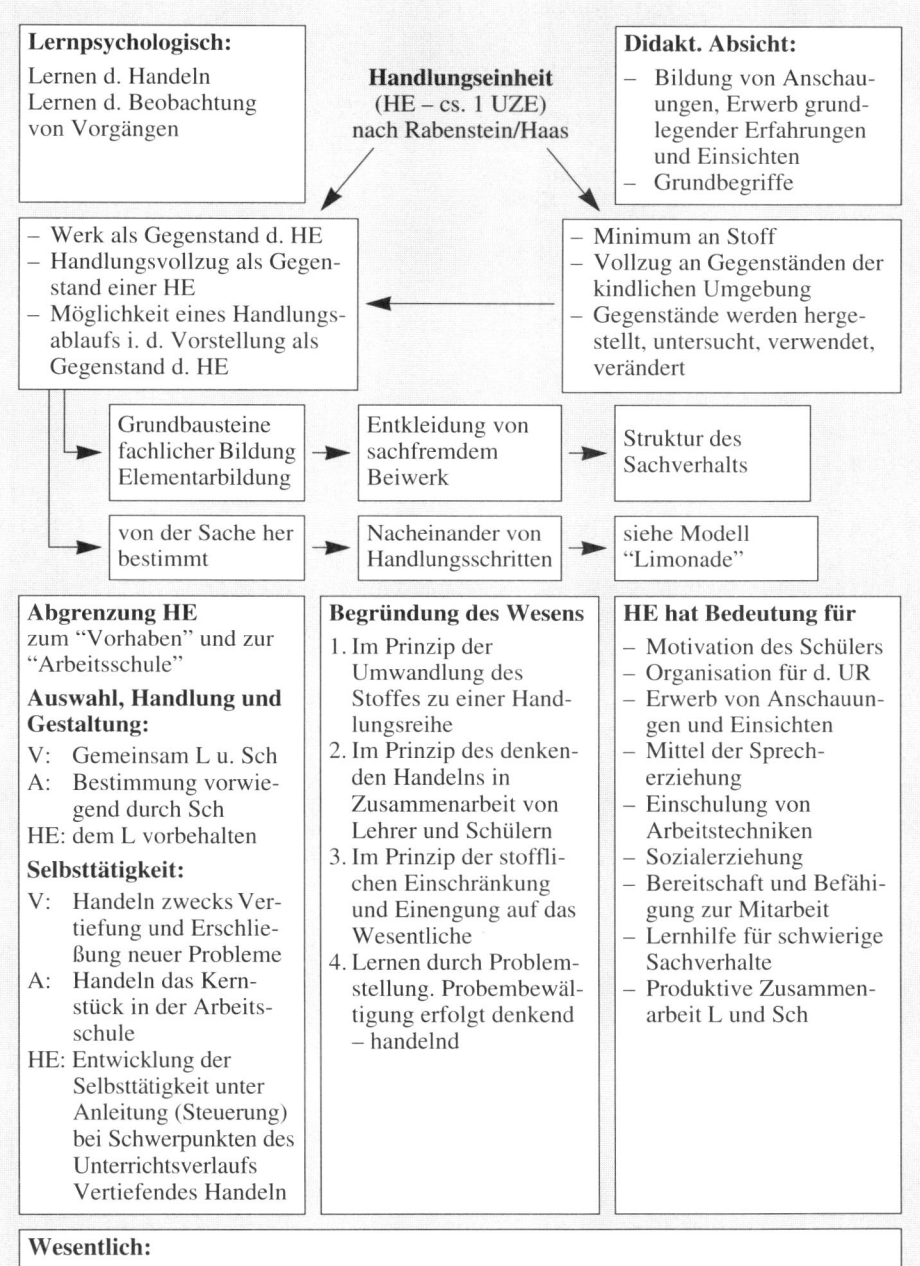

Lernpsychologisch:
Lernen d. Handeln
Lernen d. Beobachtung
von Vorgängen

Handlungseinheit
(HE – cs. 1 UZE)
nach Rabenstein/Haas

Didakt. Absicht:
– Bildung von Anschau-
  ungen, Erwerb grund-
  legender Erfahrungen
  und Einsichten
– Grundbegriffe

– Werk als Gegenstand d. HE
– Handlungsvollzug als Gegen-
  stand einer HE
– Möglichkeit eines Handlungs-
  ablaufs i. d. Vorstellung als
  Gegenstand d. HE

– Minimum an Stoff
– Vollzug an Gegenständen der
  kindlichen Umgebung
– Gegenstände werden hergestellt, untersucht, verwendet,
  verändert

Grundbausteine
fachlicher Bildung
Elementarbildung → Entkleidung von
sachfremdem
Beiwerk → Struktur des
Sachverhalts

von der Sache her
bestimmt → Nacheinander von
Handlungsschritten → siehe Modell
"Limonade"

Abgrenzung HE
zum "Vorhaben" und zur
"Arbeitsschule"
**Auswahl, Handlung und
Gestaltung:**
V: Gemeinsam L u. Sch
A: Bestimmung vorwie-
     gend durch Sch
HE: dem L vorbehalten
Selbsttätigkeit:
V: Handeln zwecks Ver-
     tiefung und Erschlie-
     ßung neuer Probleme
A: Handeln das Kern-
     stück in der Arbeits-
     schule
HE: Entwicklung der
     Selbsttätigkeit unter
     Anleitung (Steuerung)
     bei Schwerpunkten des
     Unterrichtsverlaufs
     Vertiefendes Handeln

Begründung des Wesens
1. Im Prinzip der
   Umwandlung des
   Stoffes zu einer Hand-
   lungsreihe
2. Im Prinzip des denken-
   den Handelns in
   Zusammenarbeit von
   Lehrer und Schülern
3. Im Prinzip der stoffli-
   chen Einschränkung
   und Einengung auf das
   Wesentliche
4. Lernen durch Problem-
   stellung. Probembewäl-
   tigung erfolgt denkend
   – handelnd

HE hat Bedeutung für
– Motivation des Schülers
– Organisation für d. UR
– Erwerb von Anschauun-
  gen und Einsichten
– Mittel der Sprech-
  erziehung
– Einschulung von
  Arbeitstechniken
– Sozialerziehung
– Bereitschaft und Befähi-
  gung zur Mitarbeit
– Lernhilfe für schwierige
  Sachverhalte
– Produktive Zusammen-
  arbeit L und Sch

Wesentlich:
1) An einem Minimum von "Stoff" soll ein Maximum an "Bildung" erreicht werden
2) Die Handlungseinheit eignet sich nicht für die Schüler, die noch nicht handeln können

Abb. 15: Handlungseinheit (Fischer 1981, 163)

Zur Verdeutlichung des Umfanges und der Schwerpunkte seien Themen für die erste bis vierte Grundschulklasse aufgeführt, die auch in Schulen für Geistigbehinderte relevant sein können (integrativer Aspekt):

Wir basteln einen Faschingshut.	Horst fängt Sonnenstrahlen.
Peter wäscht sich.	Wir legen ein Blumenbeet an.
Erich putzt seine Schuhe.	Wir backen Brot.
Wir basteln ein Adventslicht.	Ursels Fahrrad rostet.
Wir setzen einen Ableger ein.	Wir bauen einen Drachen.
Wir basteln Kastanientiere.	Wir lassen unser Rindenschiff fahren.
Wir hängen eine Meisenglocke auf.	Wir stellen eine Sonnenuhr her.
Wir dichten die Klassentür ab.	Wir legen einen Kalender an.
Wir stellen eine Tischlampe her.	Ein Luftballon trägt einen Brief davon.

(Aus Rabenstein/Haas 1971, 44 f)

4.7.2.7 Vorhaben

Vorhaben, etwas umfangreichere Unterrichtsaktivitäten als die eben beschriebene Handlungseinheit, aber nicht so ausgedehnt wie größere Projekte, zählen zu den Methoden "handelnden Lernens". Sie sind handlungs- und interessenbezogen, schüleraktiv ...

"In der Vorhabengestaltung wird zwar Wert auf die Selbständigkeit des Schülers gelegt, die Dominanz des Lehrers bleibt an wichtigen Stellen des Vorhabens aber deutlich erhalten. Das Projekt zielt hingegen auf alleinige Selbständigkeit des Schülers, da der Lehrer von Einflußmöglichkeiten absieht" (Buchka 1985, 2). Das Vorhaben wird gemeinschaftlich geplant, durchgeführt und vollendet und soll aus dem Bedürfnis des kindlichen und jugendlichen Lebens erwachsen, es könnte als "kleines Projekt" bezeichnet werden. Johannes Kretschmann und Otto Haase (1948) prägten den Begriff. Er wird verwendet, um "einen Unterricht zu charakterisieren, in dem das angestrebte Handlungsergebnis (der Bau eines Dorfmodells, eines Gewächshauses, eines Spielplatzes; ein Laienspiel, ein Elternabend, die Herstellung einer Klassenzeitung) den selbständigen Lernprozeß der Schüler steuert" (Meyer 1987, 146).

Die angegebenen Themen sind zwar in der Schule für Geistigbehinderte wohl eher als Projekt zu bezeichnen (vom Umfang, der Überfachlichkeit, der Komplexität her), wegen der stärkeren Lehrersteuerung und des geringeren Umfanges der Unterrichtssequenzen, der Schüleraktivität (Versuch, die Ideen der Arbeitsschule zu verwirklichen) und der Lebensbedeutsamkeit der Themen spricht man aber hier vorwiegend von Vorhaben.

Die Planungsschritte zu diesem Verfahren stellt Buchka in folgender Übersicht dar (1985, 8):

Planungsebenen zum projektorientierten Unterricht

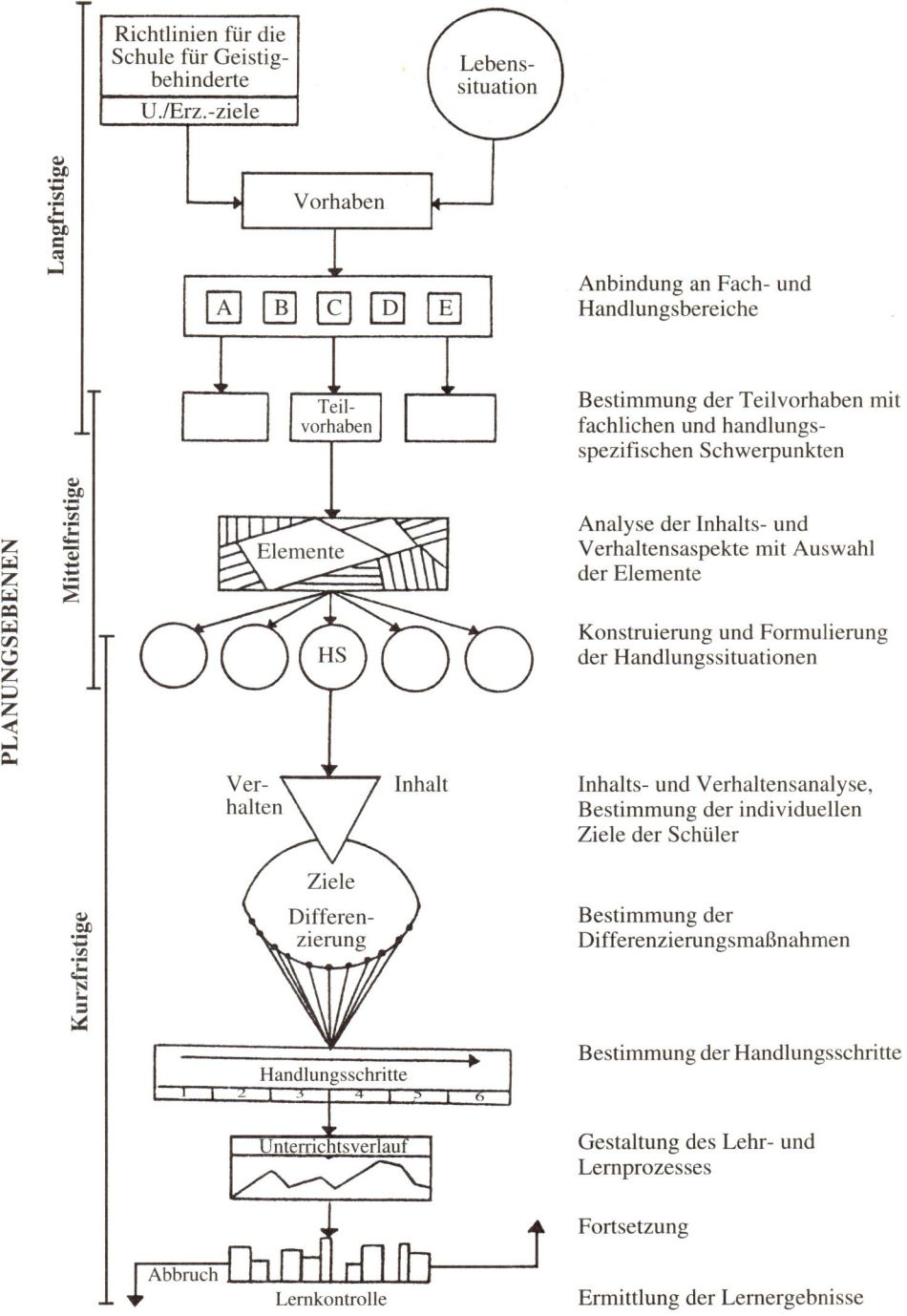

Abb. 16: Planungsebenen zum projektorientierten Unterricht (Buchka 1985, 8)

Die langfristige Planung kann sich am Lehrplan oder den Richtlinien orientieren bzw. an den Lebenssituationen. Letztere werden aus Informationen der Eltern erschlossen (Hausbesuche, Feste, Elternabende, Gesprächskreise) oder durch Äußerungen der Schüler (Morgenkreis, Beobachtungen der Schülerbedürfnisse oder Probleme bei lebenspraktischen Verrichtungen), Situationen aus dem Leben der Schule ergeben sich aus jahreszeitlichen Traditionen oder der Schultradition bzw. Angeboten im Bildungs- und Freizeitbereich.

Bei der mittelfristigen Planung gilt es

– Verhaltensaspekte zu beachten (erleben, erfahren, erkunden, kognitiv erarbeiten, pragmatisch bearbeiten, kreativ gestalten, kooperieren, kommunizieren) sowie
– Inhaltsaspekte (Gesetze, Strukturen, Schichtungen, Exemplarisches, Repräsentatives, Lernzusammenhang, Sachzusammenhang, Fachzusammenhang) (Buchka 1985, 13; s. a. Klafki 1964).

Die kurzfristige Planung destilliert aus der Handlungssituation sowie der Inhalts- und Verhaltensanalyse Zielvorstellungen für einzelne Schüler heraus und legt Differenzierungsmaßnahmen fest: unterschiedliche Zeitmaßstäbe, Quantität und Qualität der Ziele, Wege zum Ziel, Lehrerhilfen, Medienangebot, Verstärker, vorstrukturierte Arbeitsunterlagen, soziale Organisation und Lernkontrollen.

Arbeitsaufgabe 18:

Sie wollen den Schülern Techniken (oder eine Technik) des *Klebens* beibringen. Formulieren Sie das Vorgehen

a) in der Form eines Lehrganges,
b) in der Form einer Handlungseinheit,
c) in der Form eines größeren Vorhabens.

4.7.2.8 Projekte

Wenden wir uns zuerst dem Begriff "Projekt" zu. Darunter wird sehr Verschiedenes verstanden, bündelt man aber die häufigsten Bestimmungsmerkmale, so kommen eine Reihe von Gemeinsamkeiten heraus. Die Schüler sollen

– "ihren Neigungen und Interessen entsprechend Themen bestimmen und sich Aufgaben selbst stellen,
– sich aus eigenem Antrieb – ihren Fähigkeiten gemäß – Ziele setzen,
– lernen, zielstrebig mitgestaltend oder verändernd initiativ zu werden,
– Wege zum Erreichen der Ziele entwickeln und die notwendigen Arbeiten selbst ausführen,
– ihre Fähigkeiten entfalten und erproben und dabei sowohl Erfolgserlebnisse als auch Grenzen ihres Leistungsvermögens kennenlernen,
– die Notwendigkeit arbeitsteiliger Tätigkeiten erkennen und erfahren, daß zur Lösung bestimmter Aufgaben kooperatives Handeln notwendig ist, und dabei lernen, eigene Fähigkeiten innerhalb der Gruppe einzuschätzen und einzusetzen,
– ihre Anliegen artikulieren und vertreten lernen und sich in sachlicher Diskussion üben,

– bei auftretenden Spannungen und Konflikten selber Wege zu ihrer Lösung finden,
– selbständig Informationen einholen, sammeln, ordnen, auswerten und sie kritisch beurteilen und einsetzen,
– das eigene und das gemeinsame Tun am Arbeitsergebnis reflektieren" (Struck 1980, 549).

Wenn man sich das Lernverhalten von Schülern mit geistiger Behinderung vorstellt, ihre sprachlichen, sozialen oder imaginativen Fähigkeiten, so versteht sich von selbst, daß diese Hochform von schülerinitiiertem, selbstgesteuertem Lernen nicht in der Schule für Geistigbehinderte angewendet werden kann. Man spricht daher von einer Unterrichtsform, die dem Projektgedanken angenähert ist, sich am Projekt orientiert. Ebenfalls von Struck stammt eine Kennzeichnung dieser Unterrichtsform:

Projektorientierter Unterricht ist demnach

– handlungsorientiert (Erkennen, Beobachten, Konstruieren, Herstellen),
– berücksichtigt den Lebenszusammenhang,
– geht induktiv vor (im Gegensatz zum Lehrgang),
– ist fächerübergreifend oder überfachlich,
– ist auf Gruppenarbeit angewiesen und ermöglicht so soziales Lernen,
– beabsichtigt mehr exemplarisches Lernen als Systematisierung,
– geht von einer gemeinsamen Aufgabe für die Gruppe aus,
– ist auf ein vorweisbares oder vorführbares Ergebnis als Werk gerichtet,
– orientiert sich an den Möglichkeiten und – z. T. durch das Projekt erst geweckten – Interessen der Schüler,
– wird vom Lehrer mit Blick auf mögliches Interesse der Schüler und auf die Möglichkeit der Vollendung hin ausgewählt (zit. nach Buchka 1985, 2).

Noch mehr Gelegenheit zur thematischen Differenzierung "bietet ein aus den Interessen der Schüler erwachsender, meist fächerübergreifender Projektunterricht". Hier können Schüler "sich gemäß ihren Interessen, Fähigkeiten und Fertigkeiten zu arbeitsteiligen Gruppen zusammenfinden und ihren Teil zu dem gemeinsamen Werk beitragen. Ein solcher Unterricht trägt dazu bei, daß die Schüler

– aktiv und selbständig arbeiten,
– lernen zu kooperieren und einander zu helfen,
– sich für ihre Arbeit selbst verantwortlich fühlen,
– fähig werden, über ihre eigenen Interessen unter Berücksichtigung der anderen Kinder Klarheit zu gewinnen,
– angeleitet und aufgefordert werden, nicht nur einfach zu wählen, sondern ihre Wahl auch angemessen zu begründen,
– sich und ihre Wünsche akzeptiert fühlen,
– sowohl selbstkritischer als auch selbstbewußter und fähiger zu demokratischem und sozialem Handeln werden" (Meyer-Willner 1979, 70).

Nach Feuser bieten nur in Projekten angelegte Lern- und Unterrichtseinheiten "die Chance, an dem jeweils spezifischen Erfahrungshorizont und der Bedürfnislage der Schüler anzuknüpfen und sie im Sinne des … didaktischen Feldes in offenen und kooperativen Lernformen zusammenzuführen" (in Handbuch der Integrationspädagogik 1988, 176).

Also doch Projekte in der Schule für Geistigbehinderte? Mit den genannten Einschränkungen ja. So bedarf die Idealform des Projekts bei ihrer Anwendung bei Geistigbehinderten entsprechender Anpassungen: Lehrer und andere Mitarbeiter werden öfter eingreifen, einzelne Phasen strukturieren und den Verlauf lenken müssen. Dennoch sollte der Grundsatz gelten: "Nur so viel anordnen wie nötig, der Entscheidungsfähigkeit und Selbsttätigkeit der Schüler so viel anvertrauen wie möglich" (Staatsinstitut 1990, 78).

Zwei Beispiele aus dem Modellversuch LOGESCH (Straßmeier u. a. 1990, 496 f) sollen projektartiges Vorgehen verdeutlichen.

Das erste Beispiel stammt von Herrn Chorbacher aus Neuendettelsau (Oberstufe mit 7 relativ guten Schülern und einem schwerbehinderten Jungen):

Thema: Wir sortieren Abfall

GZ: Verwertbare Abfälle kennen und sammeln
       Grundlegende Materialerfahrungen machen
       Materialien untersuchen und unterscheiden

Lernbereiche/Lehrziele:	Themen:
Sprache und Lesen, Selbstversorgung	Wir kaufen umweltbewußt ein (Einkaufstasche, Pfandflaschen, wenig Verpackung, Produkte aus Altpapier)
Kennzeichnung Symbollesen	Unterrichtsgänge zur Müllhalde, Papiersammelstelle (Glas-, Blech-, Alu- und Kunststoffcontainer)
	Müllsammeln im Pausenhof, Wald usw. (Kompostierbare Abfälle, Probe im Kompost, Magnetprobe Blech, Aluminium)
	Filme zum Transport des Mülls über Müllhalde, Müllverbrennung
	Recycling (Glas, Papier)
	Handlungsorientierte Unterrichtsvorhaben:
Symbollesen Vergleichen und Beobachten	– Wir bauen eine kleine Müllhalde/ einen kleinen Kompost im Klassenzimmer
Werken	– Wir schöpfen Papier (Werken – Papier)
Werken	– Wir bauen einen Kompostkasten (Werken, Holz)

Das zweite stammt aus Cham (Herzausstellung); bearbeitet wurden sie von Frau Frank und Frau Schmidt.

Für die Herzausstellung (nach einer Anregung von Frau Storkenmeier) wurden Gegenstände gesammelt, die herzförmig waren bzw. auf denen ein herzförmiges Ornament erkennbar war. Aus dieser Ausstellung ergab sich dann das Motto für den Faschingsball. Der Werkstufenball fand abends statt.

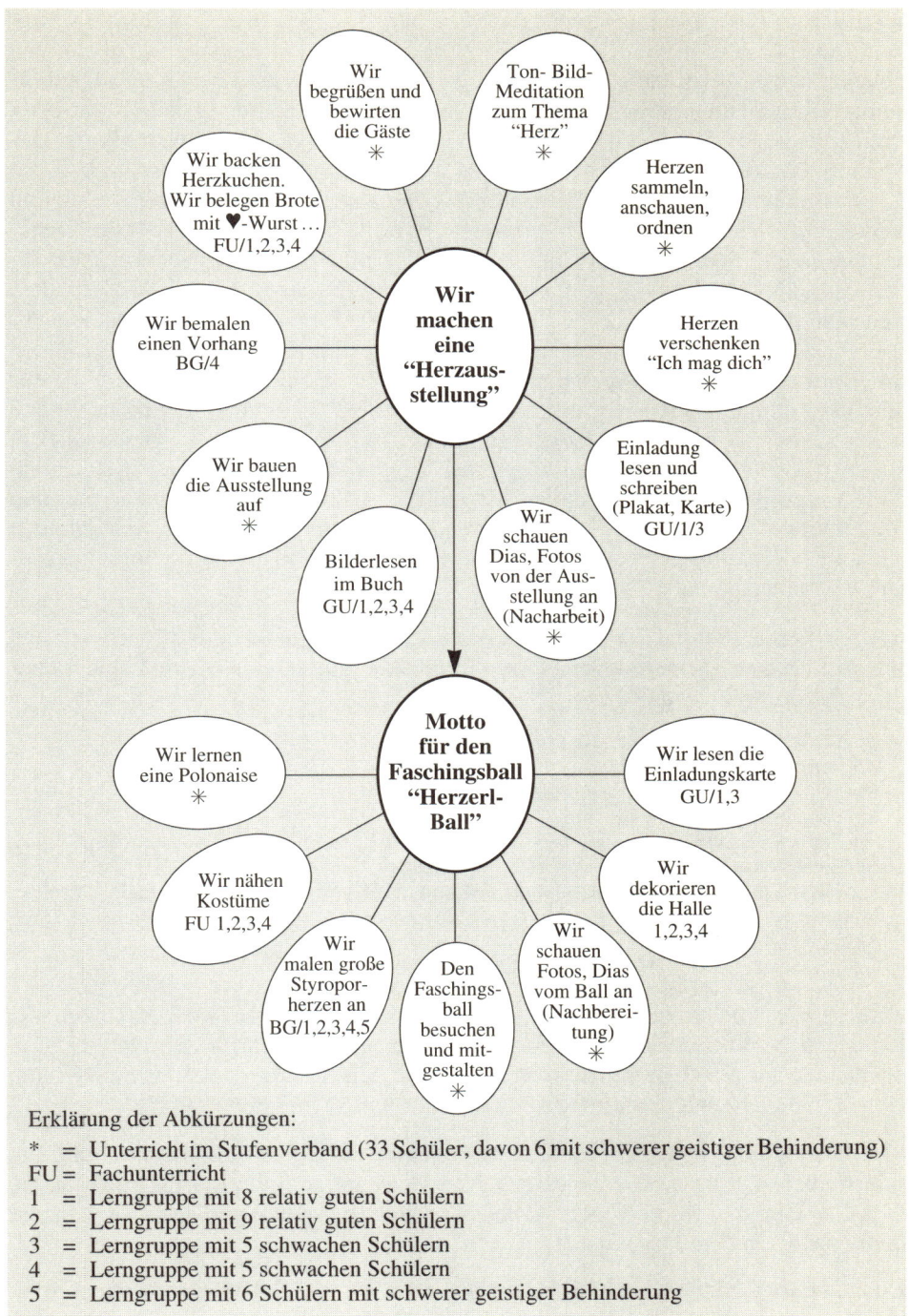

Erklärung der Abkürzungen:

*   =   Unterricht im Stufenverband (33 Schüler, davon 6 mit schwerer geistiger Behinderung)
FU =   Fachunterricht
1   =   Lerngruppe mit 8 relativ guten Schülern
2   =   Lerngruppe mit 9 relativ guten Schülern
3   =   Lerngruppe mit 5 schwachen Schülern
4   =   Lerngruppe mit 5 schwachen Schülern
5   =   Lerngruppe mit 6 Schülern mit schwerer geistiger Behinderung

Abb. 17: Projektplanung (Herzausstellung)

4.7.2.9 Spiel

Spielerisches Lernen nahm schon seit den Anfängen der Förderung geistigbehinderter Schüler einen breiten Raum im Unterricht ein. So wurde in den "Richtlinien für Bildungsschwache Kinder in Baden-Württemberg" (1968, 562) formuliert: "Das Spiel in jeder Form gibt dem Kind die Möglichkeit, sich selbst und seine Umwelt zu erfassen und zu begreifen. Außerdem werden durch das Spiel Hemmungen und Verkrampfungen gelöst sowie gestaute seelische Regungen und Aggressionstendenzen abreagiert. Deshalb hat das Spiel auf allen Stufen der Sonderschule für Bildungsschwache Kinder und Jugendliche seine Bedeutung." Im "Bayerischen Lehrplan für Geistigbehinderte" (1971, 178) wurde formuliert: "Das Lernen in der Unterstufe trägt vorwiegend spielend-handelnden Charakter ... Die verschiedenen Spielformen führen zum Verstehen und Bewältigen kleiner Aufgaben hin, die aus dem Gesamtunterricht erwachsen." Schließlich heißt es in dem "Lehrplan für den Unterricht der Schule für Geistigbehinderte in Bayern" (1982, 93): "Es entspricht einem menschlichen Grundbedürfnis, sich spielerisch mit der Umwelt auseinanderzusetzen. Das Kind lernt dadurch vielfältige Möglichkeiten kennen, sich und seine Umwelt zu erfahren; Spiel bietet auch Gelegenheiten, soziale Beziehungen einzuüben, Kreativität zu entwickeln und sich zunehmend an die Bedingungen der Umwelt anzupassen."

Spielen-Lernen wird als Ziel des Unterrichts bei Geistigbehinderten gesehen, Spiel selbst aber auch als methodischer Weg in der Aneignung von Wirklichkeit. Kennzeichen von Spiel sind u. a.:

– Spielen erfordert einen freien Raum, wie es selbst frei von fremden Zwecken ist,
– Spielen ist in sich zielgerichtet,
– Spielen findet in einer Scheinwelt statt,
– Spielabläufe sind mehrdeutig und offen,
– Spielen schafft eine handelnde Auseinandersetzung mit den Mitspielern oder dem Spielobjekt,
– Spielen erfordert die Anerkennung von Spielregeln,
– Im Spielen müssen gleiche Rechte und Gewinn- und Beteiligungschancen für alle Mitspieler bestehen,
– Spiele erfüllen sich in der Gegenwart,
– Spielen macht Spaß (s. Meyer 1987, 342 f).

Formen von Spielen im Unterricht sind bei H. Meyer (1987, 348/49) zu finden, die Einsatzmöglichkeiten und die Beurteilung von Spielformen für den Unterricht in der Schule für Geistigbehinderte finden Sie in dem Lehrbrief der Fernuniversität Hagen "Spielerziehung und Kreativitätsförderung" (Straßmeier 1982).

Spiel ermöglicht dem Menschen, erste Objektbeziehungen aufzunehmen und basale Funktionen zu schulen: gezielte Handbewegungen, Greifen und Loslassen, Klopfen, Hin- und Herbewegen, Babbeln, Lallen, Reproduzieren von visuellen und taktilen Reizen (Funktionsspiel).

Das geistigbehinderte Kind muß "auf spielerische Weise Gelegenheit erhalten, grundlegende sensomotorische, später auch kognitive Techniken zu erwerben, insbesondere hinsichtlich der Körper- und Handgeschicklichkeit, der Aufmerksamkeit, der

JNTERAKTIONSPIELE:

eher gering verregelt   eher hoch verregelt – konkurrenz- und wettkampfbezogen

"freies Spiel":

- Spielen mit Spielzeug
- Spielen im Sandkasten, auf dem Spielplatz
- Spielen mit Puppen, im Kaufmannsladen
- "Doktorspiele"
- usw.

Kindliche Simulation sozialer Wirklichkeit / noch keine bewußte Unterscheidung von "Arbeit" und "Spiel"

Sport- und Mannschaftsspiele:

- Fußball, Fußball, Fußball, Fußball, Fußball, Fuß-, Fußball, Fu-, Fußball, Fußba

Regelspiele:

- Räuber und Gendarm
- Plumpsack
- Verstecken
- Reise nach Jerusalem

Gesellschaftsspiele:

- Brettspiele (Monopoly usw.)
- Würfelspiele
- Kartenspiele (Skat usw.)
- Geschicklichkeitsspiele (Mikado, Scree usw.)
- Beobachtungsspiele ("Lügen-Meyer")
- Kimspiele

Spielfeste und Spielaktionen (Schulfeste, Feiern, Spielnachmittag, Schatzsuche, Rallye, Mitmachzirkus)

Denk- und Strategiespiele: - Schach

- Knobeleien ("Turm von Hanoi", Streichholzspiele)
- Computerspiele usw.

Lernspiele:

- "Stadt, Land, Fluß"
- Memory, Puzzle usw.

Spannung, Spaß, Erholung

Alle können mitspielen; eine Unterscheidung von Spielern und Beobachtern / Zuschauern entfällt. Häufig geht es um Gewinnen oder Verlieren; "Spiele ohne Sieger und Besiegte" werden aber immer wichtiger.

Abb. 18: Spielformen in der Schule (Meyer 1987)

SIMULATIONSSPIELE:

eher gering verregelt  eher hoch verregelt

Rollenspiele:

- offenes Rollen-
  spiel
- Soziodrama
- Rollengespräch
- Psychodrama
- Standbild

Spielen als Selbst-erfahrung und Pro-behandeln in psy-chosozialen Konflikt-situationen

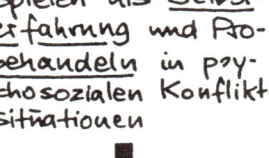

Arbeit an Haltungen

Planspiele:

- gelenktes Rollen-
  spiel
- Planspiel
- Fallmethode
- Entscheidungsspiel
- Konfliktspiel
- Unternehmensspie-
  le
- Computersimula-
  tion

Spielen als zweck-ra-tionale Simulation politischer, sozialer oder ökonomischer Konflikte

Entschei-dungs-training

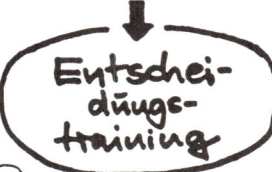

Eine Unterscheidung von Spielern und Be-obachtern ist möglich aber nicht konstitu-tiv. Die Spieler spie-len eine vorgegebene Rolle bzw. verfolgen eine Spielstrategie, aber diese Rolle wird durch die eigenen Haltungen über-formt

SZENISCHES SPIEL:

eher <u>lockere</u>
Anbindung an
die Spielvorlage

eher enge An-
bindung an die
Spielvorlage

<u>freies Darstel-
lendes Spiel:</u>

- Stegreifspiel
- Pantomime
- Standbild
- Statuentheater
- Zeitungstheater
- Clownspiele
- Zauberei, Gaukelei
- Tanz

Spielen als lustbetonte, kreative, körperliche Umsetzung einer Spielidee

Theater:

- Laienspiel
- Bühnentheater
- Straßentheater
- Figurentheater
  (Kasperle, Mario-
  netten)
- Revüe
- Kabarett
- Musical
- Hörspiel
- usw.

Spielen als szeni-
sche Umsetzung einer
Textvorlage / Regie an-
weisung / Notation usw.

zielt auf

Aufführungen

mit gründlicher Übung und
Vorbereitung und mit mehr
oder weniger hohem künst-
lerischem Anspruch: z. B.
- Elternabende
- Schulfeiern
- Projektwochen-Prä-
  sentationen usw.

Die Unterscheidung von Spielern und Zuschauern ist konstitutiv. Es gibt eine
Bühne, Requisiten, Verkleidung usw.

Wahrnehmung, des Behaltens, des Unterscheidens, Sortierens und Zuordnens von Formen, Farben, Räumen, Mengen und sonstigen Materialien sowie des Bauens mit verschiedenen Elementen" (Speck 1993, 191).

Spiel wird damit weitgehend zum Unterrichtsprinzip. Es

– berücksichtigt die Lerneigentümlichkeit geistigbehinderter Kinder,
– bietet Kompensationsmöglichkeiten,
– trägt zur Ich-Stärkung und zu einem besseren Selbstbild bei und
– fördert sozial-integrative Bemühungen.

4.7.2.10 Materialgeleitetes Lernen – Freiarbeit

Unter Materialgeleitetem Lernen versteht man ein Unterrichtskonzept, "bei dem der Lehrer Lernprozesse zwischen Kind(ern) und geeignetem Material initiiert und sich dabei gleichzeitig schrittweise zurücknimmt, um die Konzentration des Kindes auf den Gegenstand in einer lernwirksamen Umgebung und die ablaufenden Lernprozesse möglichst wenig zu stören" (Akademie für Lehrerfortbildung 1991, 9).

Diese "vorbereitete Umgebung" mit "geeignetem Material" wird meist arrangiert in bestimmten Phasen des Unterrichtsvormittags, die als Freiarbeit bezeichnet werden. "Freie Arbeit stellt eine im Wochenablauf einer Klasse feste, täglich (meist zu Beginn des Unterrichtstages) wiederkehrende Phase freier, selbstgewählter und selbstgesteuerter Aktivitäten dar, deren Dauer sich nach der Altersstufe und nach dem Entwicklungsstand des Arbeitsverhaltens richten. Sie bedürfen einer geplanten, gezielten und sukzessiven Anbahnung und Hinführung sowie einer ständig reflektierten Durchführung" (Müller 1989, 99).

Freiarbeit, speziell das Materialgeleitete Lernen, wird vielfach in Unterrichtskonzepten verwirklicht, die nach den Prinzipien der Montessori-Pädagogik arbeiten. Neise (1984) untersuchte Wirkungen Montessori-orientierten Unterrichts bei Geistigbehinderten und fand Leistungssteigerungen in Intelligenz- und Motorik-Bereichen, sowie im passiven Wortschatz, die diejenigen der Kontrollgruppe übertrafen. Biewer legte 1992 eine ähnliche Untersuchung vor, wobei die Strukturierung des Lernrhythmus im Zentrum der Betrachtungen stand. Es zeigte sich, daß die Strukturierung individuell sehr verschieden war, daß sich aber kein grundsätzlicher Unterschied in der Arbeitsweise von nichtbehinderten und geistigbehinderten Schülern ergab. "Das betrifft solche für diesen Ansatz so charakteristische Phänomene wie die Stille und die konzentrierte Versenkung in den Arbeitsgegenstand, aber auch Problemverhalten, wie z. B. unangemessene Materialauswahl" (Biewer 1992, 170). Es ergab sich ein 12- bis 17-Minuten-Rhythmus im Wechsel des Materials, die langfristigen Rhythmen waren aber individuell sehr verschieden. Neben "Material probieren" wurden leichtere Materialien zur Erholung benutzt. Im Klassenverband war der Bereich Sprache und Mathematik vorherrschend. Zum Makrorhythmus stellte Biewer fest:

- Die Kinder nehmen meist das ihnen angemessene Material.
- Bessere Kinder spornen an, das schwierige Material zu nehmen.
- Kontakt verkürzt die Beschäftigungsdauer und führt zu häufigerem Materialwechsel.
- Schwächere Schüler bevorzugen eher Einzelarbeit bzw. werden weniger als Arbeitspartner gesucht.
- Bessere Schüler arbeiten öfter zusammen.
- Bessere Schüler wechseln häufiger die Materialbereiche.

Im Mikrorhythmus konnte festgestellt werden:

- Etwa zwei Drittel der Arbeitszeit war geordnete Arbeit.
- Nach konzentrierter Beschäftigung folgt wechselnde Materialwahl weit unter Niveau.
- Pro Tag werden im Schnitt 3 bis 4 Materialien gewählt.

FREIARBEIT	Name:		Bl.:
Datum	Arbeit	Sozf.	Beobachtungen

Aus der Unterrichtspraxis entstandene Erkenntnisse berichtet Feser (1995), der ebenfalls die Materialien für Mathematik, Lesen/Schreiben und Sachunterricht für geeignet zum Einsatz bei Schülern mit geistiger Behinderung hält. Zur Einführung Materialgeleiteten Lernens empfiehlt er

– Einführung, Übung und Sicherung von Arbeitsweisen und -techniken, die selbständige Aktivitäten erfordern und fördern sowie Selbstkontrollen beinhalten.
– Erforderliche Ordnungsformen langsam anbahnen und einschleifen.
– Das erforderliche Sozialverhalten besprechen und einsichtig machen (53 f).

Zielsetzungen solcher "Freiarbeitsphasen" im Unterricht sind:

– Individuelles Lernangebot in verschiedenen Lernbereichen bereitzustellen,
– Verschiedene Lernangebote zu wiederholen, zu vertiefen oder auszuweiten,
– Leistungsspitzen gezielt zu fördern,
– Lerndefizite gezielt abzubauen,
– Selbstbestimmtes Lernen zu ermöglichen,
– Die Fähigkeit zum Auswählen zu fördern,
– Partnerarbeit anzuregen,
– Selbstkontrolle zu ermöglichen und
– Probleme zu erkennen und Hilfen bei Lehrer oder Mitschülern anzufordern.

Wichtige organisatorische Maßnahmen:

Das Material soll jeweils nur einmal vorhanden sein, so daß sich die Schüler abstimmen müssen. Zusätzliches Material sollte sukzessive eingeführt werden, nicht mehr sinnvolles Material wieder entfernt werden. Individuelles Material (Arbeitsblätter, Arbeitsaufträge) kann in persönlichen Schubläden aufbewahrt werden. Auswahl und Qualität der von den Schülern bearbeiteten Materialien sollen in Beobachtungsbögen dokumentiert werden (siehe Seite 141).

Der Lehrer hat eine andere Rolle als sonst:

Er stellt Materialien bereit, paßt vorhandene Materialien individuell an, berät bei der Auswahl von Lerninhalten, gibt individuell Hilfen, regt partnerschaftliches Lernen an, kontrolliert Lernprozesse und -ergebnisse, dokumentiert diese und wertet Lernprozesse aus, um geeignetes neues Material bereitzustellen. Eine Fülle von Anregungen finden sich in dem Band "Materialgeleitetes Lernen" der Akademie für Lehrerfortbildung Dillingen (1991).

4.7.2.11 Computerunterstütztes Lernen

Den Schülern mit geistiger Behinderung begegnet die Computertechnik in vielen Bereichen des Lebens: Zu Hause arbeiten Eltern oder Geschwister an einem PC, Computerspiele sind in vielen Haushalten vorzufinden, in der Werkstatt für Behinderte werden die Schüler evtl. mit CNC-Maschinen konfrontiert. Daher ist es wichtig, diesen Bereich mit einzubeziehen. Der Computer kann dabei einen Lerngegenstand darstellen ("Lernen über den Computer") oder als Medium fungieren

("Lernen mit dem Computer"). An der Schule für Geistigbehinderte ist der Computer nämlich "zuallererst ein didaktisch-methodisches Hilfsmittel, erst dann Unterrichtsinhalt" (Staatsinstitut für Schulpädagogik 1995, 11). Letzteres soll hier etwas näher herausgestellt werden. Der Computer kann in diesem Sinn als Motivationshilfe oder zur Repräsentation dienen, zur Förderung selbständigen Lernens (beim Probieren, Untersuchen, Üben), er verhilft zur Invidiualisierung und Differenzierung und eröffnet weitere Möglichkeiten der Freiarbeit.

Im einzelnen kann in folgenden Schritten vorgegangen werden:

a) Einzelfallhilfe – Computer als Kommunikationsmittel

Hier geht es primär nicht um die Vermittlung von Grundwissen oder Grundfertigkeiten als Basis für die Arbeit mit dem Computer, sondern den Schülern sollen Möglichkeiten eröffnet werden, sich mit dem Medium auseinanderzusetzen:

— Bedienung eines Schalters, worauf ein bestimmter Effekt erzeugt wird (optische oder akustische Signale), der aber noch nicht mit der eigenen Aktion in Verbindung gebracht wird (Ursache-Wirkung-Relation): hier ist vor allem der Einsatzort für schwer mehrfachbehinderte Schüler, die etwa bei Sinnesschädigung spezifische Reize erzeugen können.
— Bewußtes Bedienen eines Schalters, um einen Effekt hervorzurufen. Dabei ist die Ursache-Wirkung-Beziehung schon erfaßt.
— Entscheiden zwischen verschiedenen Möglichkeiten – Zuordnung entsprechender Schalter. Verständnis für die Funktion bestimmter Schalter wird entwickelt, Programme können gestartet werden bzw. durch die Bedienung verschiedener Tasten gesteuert werden.

Der Einstieg wird je nach Vermögen der Schüler auf unterschiedlichen Niveaus erfolgen.

Als Kommunikationsmittel kann eine vereinfachte Form des Computers durch die Anordnung eines Ja-Nein-Entscheidungspaares (große, farbig gestaltete Tasten) durch Abfragen bei nichtsprechenden Schülern deren Wünsche erforschen. Entscheidungen können so eindeutiger vermittelt werden. Eine Weiterführung könnten Bildsymbole darstellen, die bestimmte inhaltliche Bedeutungen haben (etwa Bliss- oder Löb-Symbole). Als weitestgehende Anwendung dient der Computer zur sprachersetzenden Kommunikation etwa durch ("gestützte") Kommunikation in Form von schriftlich fixierten Mitteilungen.

b) Der Computer im Klassenunterricht – Möglichkeiten für die Differenzierung

Nach einer Einführung in die Arbeit am Computer – evtl. durch einen Wahlkurs in Informationstechnischer Grundbildung (ITG) – können geeignete Programme zur Differenzierung bei Übungsphasen eingesetzt werden.

Für Freiarbeit bietet sich das LOS-System mit Disketten an, bei dem die Start-Datei auf der Festplatte installiert ist und die Programme auf Disketten gespeichert sind, die in einem Karteikasten übersichtlich geordnet (evtl. mit Farbpunkten gekennzeichnet) den Schülern die Möglichkeit eröffnet, selbständig Übungs- und Anwendungsprogramme auszuwählen, zum Beispiel für Rechnen, Spielen, Malen, Wahrnehmungsschulung oder Schachunterricht. "Die meisten Schüler beherrschen das LOS-System rasch ... Sie beweisen sorgfältigen Umgang mit dem System" (Staatsinstitut für Schulpädagogik 1995, 78).

Als Möglichkeit des individualisierenden Lernens und Übens bietet sich das Medium Computer ebenso an wie als Anlaß zum Austausch von Erfahrungen mit verschiedenen Programmen. Der PC regt hierbei zu mehr Kommunikation an, als daß er vereinzelt.

c) Der Computer als Mittel zur Förderung in verschiedenen Lernbereichen

Im Bereich der Motorik ist vor allem die Schulung der Feinmotorik zu nennen, die durch die Bedienung von Schaltern, der Tastatur oder der Maus gefordert wird. Durch die Adaptation an die besonderen Bedürfnisse körperbehinderter Schüler wird auch diesen ermöglicht, die Wirkungen eigenen Handelns auf dem Bildschirm wahrzunehmen (Denkschulung).

Bei der Wahrnehmungsschulung ermöglicht der Computer die Darstellung von Bewegung, von zeitlichen Abläufen oder der Manipulation räumlicher Gegebenheiten, "die Rückmeldung über Aktionen und erneute (Re-)Aktionen des Schülers, das Ansprechen mehrerer Sinneskanäle bei Multimedia-Anwendungen, die Steuerung anderer Geräte zur Wahrnehmungsförderung, etwa Vibrationswürfel" (Staatsinstitut für Schulpädagogik 1995, 35).

Vor allem für die Unterstützung des Leselernprozesses und des Aufbaus elementarer mathematischer Kenntnisse liegen eine Reihe von Programmen vor, die im Unterricht der Schule für Geistigbehinderte sinnvoll eingesetzt werden können. Es bietet sich aber auch an, daß der Lehrer nur Programmelemente verwendet und weitere Bausteine dazu schreibt, die er auf den Unterricht abstimmt.

d) Der Computer als Medium zur Unterrichtsgestaltung

Als Ergänzung zu Arbeitsblättern lassen sich Aufgaben des Zuordnens, des Klassifizierens, der Begriffbildung oder der Analogiebildung gut mit dem Computer gestalten, vorausgesetzt die Lehrkraft hat sich das nötige Wissen zur adäquaten Programmierung und Ausgestaltung angeeignet. Ein guter Scanner sollte dazu zur Verfügung stehen, um entsprechende Vorlagen zu erstellen. Eine weitere Entwicklungsmöglichkeit ist auch beim Einsatz multimedialer Systeme zu erwarten, bei denen Bild- und Tonträger kombiniert eingesetzt werden können.

In Projekten kann der Computer z. B. bei der Gestaltung einer Schülerzeitung einbezogen werden, beim Herstellen von Glückwunschkarten u. v. m. (siehe dazu Staatsinstitut für Schulpädagogik 1995, 81 f).

e) Der Computer als Hilfe zur Lebensbewältigung

Schüler mit geistiger Behinderung begegnen in vielen Situationen dem neuen Medium Computer. Hilfen zum Umgang damit kann die Schule geben, wenn sie die Möglichkeiten aufzeigt, sich mit Computerspielen zu beschäftigen – was unter integrativem Aspekt bedeutungsvoll ist –, digitalisierte Geräte zu bedienen (Videorecorder, Haushaltsgeräte) oder als Vorbereitung zur Arbeit an CNC-gesteuerten Maschinen in der Werkstatt für Behinderte. Wieweit hier Schüler mit geistiger Behinderung zu relativ selbständigem Bedienen kommen können, müssen die Erfahrungen zeigen. Es ist hier ein Satz von Plinius d. Ä. (23 – 79 n. Chr.) angebracht: "Hält man vieles nicht für unmöglich, ehe es verwirklicht worden ist?"

4.7.2.12 Übung – Stationenarbeit

Das Arbeiten mit verschiedenen Stationen, die von allen Schülern durchlaufen werden müssen, wird in der Schule für Geistigbehinderte noch wenig praktiziert. Dabei bieten sich vor allem in Übungsphasen solche abwechslungsreichen Aktivitäten an:

- die Schüler lernen spielerisch,
- es ist viel Bewegung dabei,
- Partner müssen zusammenarbeiten,
- sie kontrollieren sich gegenseitig,
- durch den Wechsel werden solche Übungen nicht langweilig.

Wie bei materialgeleitetem Lernen oder offenen Lernformen müssen hier auch sukzessive die Stationen erweitert werden, damit die Schüler den Überblick nicht verlieren. Der Lehrer kann Hilfen geben und ist für solche Schüler zu erreichen, die Probleme haben.

Beispiele für Stationenarbeit finden sich für schwerbehinderte Schüler auf Seite 83 (Bewegt werden) und im nachfolgenden Unterrichtsausschnitt, bei dem der gesamte Verlauf geschildert werden soll, weil die Variationen der Übung hier sehr schön nachzuvollziehen sind und zum Schluß die Stationenarbeit steht.

UNTERRICHTSBEISPIEL 9

Unterrichtsstunde im Fach: Lesen/Schreiben in einer Mittelstufe im Leistungsbereich des Übergangs zur Lernbehindertenschule

Thema: "Gedicht"

Einstieg: Wiederholung

Turm	Maus	gehen	Schaum
Wurm	Haus	stehen	....

Zuerst läßt die Lehrerin die Begriffspaare von den Schülern vorlesen, wobei das letzte fehlende Wort "Baum" von den Kindern mühelos ergänzt und an die Tafel geschrieben werden kann. In der vorhergehenden Stunde war das Thema "Reimwörter" besprochen worden; die Wiederholung des Begriffs geht ziemlich schnell vonstatten. Ebenfalls als Wiederholung stellt Frau W. die Frage, ob man das denn nur hören oder auch sehen kann, wenn sich zwei Wörter reimen. Rasch kommt die Antwort der Schüler, daß bei Reimwörtern das Ende des Wortes gleich ist. Die Lehrerin holt nun einige Schüler an die Tafel, um jeweils das Wortende unterstreichen zu lassen. Hier haben die Schüler zum Teil noch große Schwierigkeiten; oft werden nur einzelne Buchstaben oder aber gleich das ganze Wort unterstrichen. Damit ist die Wiederholung der letzten Stunde abgeschlossen. Jedem Schüler ist offensichtlich klar, was ein Reimwort ist.

Erarbeitung

Zum Einstieg in ein weiterführendes Thema, nämlich "Gedicht", spielt die Lehrkraft verschiedene Tiere vor, die die Kinder mit großem Eifer erraten: Känguruh, Vogel, Adler, Schlange, Krokodil, Löwe, Maulwurf, Pinguin. Abbildungen dieser Tiere befestigt sie sodann an der Mitteltafel. Nun holt sie Wortkarten mit verschiedenen Verben hervor, die die Schüler zunächst laut vorlesen und dann dem Tier zuordnen, zu dem es am besten paßt. Die Kärtchen werden über dem jeweiligen Tier an der Tafel befestigt. Dieses Ratespiel, verbunden mit Bewegung, weil die Kinder oft Kärtchen an der Tafel befestigen müssen, macht ihnen sichtlich Spaß. Nun liest die Lehrkraft kurze Verse vor, die jeweils ein schon an der Tafel hängendes Verb enthalten. Die Kinder befestigen den Vers unter dem Bild des Tieres. Wenn das Gedicht vollständig an der Tafel hängt, schreibt die Lehrerin die Überschrift:

"Was Tiere können"

Sie fragt nach der Besonderheit der Verben. Nach dieser erneuten Wiederholung des Begriffs "Reimwort" erklärt sie den Schülern, daß man eine Geschichte, in der sehr viele Reimwörter vorkommen, "Gedicht" nennt. An dieser Stelle sei hier zur besseren Verdeutlichung einmal das vollständige Tafelbild abgedruckt (Seite 147).

Nach der Erarbeitung des Textes folgt nun eine Phase mit verschiedenen **Übungen**. Zunächst liest die Lehrerin das Gedicht noch einmal langsam vor, wobei ein Magnet anzeigt, wo gerade gelesen wird. Die Kinder bekommen den Auftrag, sich die Wörter zu merken, die ihnen schwerfallen. Die Genannten werden nochmals von den Schülern erlesen. Nun lesen einzelne Schüler jeweils den Vers vor, den Frau W. mit dem Magnet an der Tafel zeigt. Darauf folgt eine weitere Übung. Dazu werden die Magnetschilder mit den Versen von der Tafel abgenommen und an die Schüler verteilt. Diese müssen die Verse laut vorlesen und dann unter dem richtigen Tier befestigen. Dabei läßt die Lehrkraft auch Fehler zu, d. h. sie sagt nichts, als ein Schüler seinen Vers unter das falsche Tier heftet. Dadurch fördert sie innerhalb der Klasse die Kommunikation, da der Fehler von einigen anderen Kindern erkannt wird. Das Problem kann dann von der Klasse selbst gelöst werden. Anschließend folgt nun die Hausaufgabenbesprechung. Die Schüler bekommen ein Arbeitsblatt, auf dem das Gedicht abgedruckt ist. Außerdem erhalten sie noch ein Blatt mit den Abbildungen aller Tiere. Als Hausaufgabe sollen die Kinder die Tiere ausschneiden, neben den passenden Vers kleben und das den Eltern oder Erziehern vorlesen. Damit beendet Frau W. die Stunde und entläßt die Schüler in die Pause.

Was Tiere können

springen   *singen*   *tauchen*

Bild des Känguruhs   *Bild des Vogels*   *Bild des Krokodils*

Viele Tiere können   *andere möchten*   *Dann gibt's welche,*
springen,   *lieber singen.*   *die gut tauchen,*

----

fauchen

Bild des Löwen

und auch welche, die laut fauchen.

----

fliegen   *liegen*   *sehen*

Bild des Adlers   *Bild der Schlange*   *Bild des Maulwurfs*

Manche wollen   *and're bleiben*   *Manche können*
ganz gern fliegen,   *besser liegen.*   *sehr schlecht sehen,*

----

gehen

Bild des Pinguins

and're dafür richtig gehen.

Die folgende Stunde am Montag beinhaltet eine **Wiederholung** und **Einübung** des Erlernten. Dazu werden die Tun-Wörter aus dem Gedicht an die Tafel gehängt und von den Schülern vorgelesen. Die jeweils zu erlesenden Wörter werden dabei von der Lehrerin mit einem roten Magnetpunkt markiert. Eine weitere Übung zur Festigung des Erlernten besteht darin, daß ein Schüler ein Tun-Wort vorspielt, das die ganze Klasse dann erraten muß. Nun läßt Frau W. die Klasse die Wortpaare zusammenfinden (tauchen – fauchen, fliegen – liegen, …), um diese dann jeweils untereinander an der Seitentafel anzubringen. Dabei wird wieder der Begriff Reimwort wiederholt, ebenso wie die Tatsache, daß bei Reimwörtern das Wortende gleich ist. Die Schüler wissen noch, daß eine Geschichte mit vielen Reimwörtern "Gedicht" heißt. Nun befestigt die Lehrerin die Tierbilder zu dem Gedicht an der Tafel. Jedes Kind erhält nun einen Text und muß diesen dem richtigen Bild zuordnen. Anschließend lesen die Schüler einzeln das Gedicht laut vor, nehmen dann ihre Schreibhefte zur Hand und schreiben die Verse, die sie zuvor von der Tafel holen, in ihr Heft. Am Ende der Stunde stellt die Lehrerin die Hausaufgabe. Auf einem Arbeitsblatt ist zunächst wieder das Gedicht abgedruckt, jedoch fehlt hier jeweils das zweite Reimwort, das von den Schülern ergänzt werden muß. Ein weiterer Arbeitsauftrag lautet: Kreise Reimwörter ein! Die Schüler sollen aus vier Begriffspaaren die herausfinden, die sich reimen (Wurm – Turm, Sonne – Mond, nein – klein, Wurst – Brot). Die letzte Übung auf dem Arbeitsblatt wird noch weggelassen, da die Schüler bei der Vorbesprechung der Hausaufgabe noch große Probleme damit hatten, zu einem Wort ein Reimwort, dessen Anfangsbuchstabe gegeben ist, zu finden (laufen – k …, Maus – H …, nicht – W …, Wind – K …). Damit beendete Frau W. die zweite Stunde zum Thema "Gedicht".

Am Donnerstag folgt eine weitere **Übungsstunde** mit vertiefenden Aspekten. In dieser Stunde kann ziemlich individuell auf die einzelnen Schüler eingegangen werden, da von den sonst 5 Kindern (1 Mädchen, 4 Jungen) das lebhafteste fehlt. Am Anfang der Stunde steht die Hausaufgabenverbesserung. Jeder Schüler liest einen Vers vor. Damit wird kontrolliert, ob das fehlende Reimwort richtig ergänzt werden konnte. Auch die zweite Aufgabe des Arbeitsblattes wird von den Schülern richtig gelöst. Nun erarbeitet Frau W. mit der Klasse die dritte Aufgabe, bei der in der letzten Stunde Probleme aufgetaucht waren. Dazu schreibt sie die oben genannten Wörter an die Tafel und wiederholt für die Schüler, daß bei Reimwörtern das Ende des Wortes gleich ist. Durch Unterstreichen des Wortendes wird den Kindern dies auch optisch verdeutlicht. Nach relativ kurzer Zeit haben die Schüler die Schwierigkeit mit der letzten Aufgabe überwunden. Jeder Schüler liest nun einmal das ganze Gedicht vor, bevor die Lehrkraft ein weiteres Spiel zur Einübung des Erlernten erklärt. Dazu sitzen die Schüler im Kreis um einen Reifen. Um den Reifen sind die Wörter des Gedichts (allerdings reduziert auf vier Verse, da ja nur vier Schüler spielen) angeordnet, wobei die Wörter eines Verses jeweils eine bestimmte Farbe haben. Das Spiel verläuft nach den Spielregeln des Flaschendrehens. Der Schüler erhält die Wortkarte, auf die der Flaschenhals zeigt. Jedes Kind sammelt eine Farbe und muß aus den einzelnen Wörtern den Vers zusammensetzen. Die Schüler tauschen untereinander Wortkarten aus, um ihre Farbe komplett zu besitzen. Dies führt zu einer gewünschten Interaktion zwischen den Kindern. Die Lehrerin gibt wiederholt die Hinweise, daß am Ende eines Satzes ein Punkt ist, und daß ein Satz mit einem Großbuchstaben beginnt, um den Schülern beim Zusammenbauen der Sätze behilflich zu sein. Mit Unterstützung der Lehrerin schaffen es die Schüler, ihr Rätsel zu lösen. Anschließend begeben sich die Kinder wieder auf ihre Plätze und holen ihr Schreibheft heraus. Frau W. holt eine Schachtel mit Überraschungseierkapseln hervor, die mit den in Buchstaben zerlegten Verben des Gedichts gefüllt sind. Die Schüler setzen die Wörter zusammen und schreiben sie in ihr Heft. Dann nehmen sie die nächste Kapsel. Teilweise verrät die Lehrerin den ersten Buchstaben des Wortes, um den Schülern das Lösen zu erleichtern. Zur letzten Übung, die die Stunde schließlich abrundet, kommen die Schüler wieder vor an die Tafel. Auf der bislang eingeklappten Seitentafel hatte die Lehrkraft folgendes vorbereitet:

Unsinn?

Manche Tiere können springen.

Viele Vögel fauchen.

Die Schlange geht auf zwei Beinen.

Vögel fressen Körner.

Der Löwe lebt in Afrika.

Der Maulwurf kann gut sehen.

Der Löwe hat eine Mähne.

Pinguine können schwimmen.

Das Krokodil liegt im Sand.

Die Schüler werden aufgefordert, die unsinnigen Sätze durchzustreichen, was ihnen sichtlich Spaß macht. Durch diese Übung wird das Verständnis des Gelesenen bei den Schülern überprüft. Nach diesen zwei abwechslungsreichen, jedoch auch sehr anstrengenden Schulstunden freuen sich sowohl die Lehrerin als auch die Kinder auf die wohlverdiente Pause.

Das Gedicht "Was Tiere können" wurde bislang in fünf Unterrichtsstunden an drei Schultagen behandelt. Den Abschluß dieser fast zweiwöchigen Unterrichtseinheit bildet die Stunde am Montag. Dazu richtet die Lehrerin auf dem Flur sechs verschiedene **Stationen** ein, an denen die Schüler das Erlernte anwenden und noch einmal üben können. Meine Praktikumslehrerin sagte in einer Zwischenstunde einmal zu mir, daß man als Sonderschullehrerin im Geistigbehindertenbereich den alten, durchgekauten Stoff immer wieder als neuen verkaufen müsse. Die Schüler brauchen nämlich enorm viel Übung, bis sich der neu erlernte Stoff verfestigt. Um die Motivation der Schüler zu erhalten, liegt es folglich an der Lehrkraft, sich immer wieder neue Übungen auszudenken, um immer wieder ein und dieselbe Sache zu trainieren. Die Kreativität stelle die größte Herausforderung an den Lehrer dar. Die Übungen auf dem Gang verfolgen wie schon die vielen vorher beschriebenen "Spiele" das Ziel, von der eigentlichen Tätigkeit des Lernens abzulenken, mit dem Ergebnis, daß das Kind spielerisch und mit Spaß lernt. Die Lehrerin geht mit der Klasse von Station zu Station und erklärt die einzelnen Übungen. Nachdem sie eine Übung gemacht haben, markieren sie ihren Namen mit einer Wäscheklammer auf einem Pappkarton.

1. Station: In einem Reifen liegen Bilder zum Gedicht. Davor liegen acht Riesenlegos, auf denen durcheinander der Text des Gedichtes liegt. Die Aufgabe besteht nun darin, daß der Schüler die Bilder den Texten zuordnen muß.

2. Station: Der Schüler sitzt auf einem "Wackelbrett", um die motorische Geschicklichkeit zu schulen. Um ihn herum sind die Wörter in verschiedenen Farben angeordnet. Der Schüler soll nun vier Sätze bilden, wobei die Lehrerin betont, daß am Anfang des Satzes ein Großbuchstabe steht und der Satz mit einem Punkt aufhört.

3. Station: Hier werden zwei Reifen in einem Abstand von ca. 3 m auf den Boden gelegt. In einem Reifen befinden sich die Überraschungseierkapseln mit den in Buchstaben zerlegten Wörtern des Gedichts. Die Schüler sollen eine Kapsel aufnehmen, dann die Strecke zwischen den zwei Reifen auf Stelzen zurücklegen, und anschließend im zweiten Reifen das Wort zusammensetzen.

4. Station: Auch hier liegen wieder zwei Reifen im Abstand von ca. 3 m am Boden. Im ersten liegen im Kreis angeordnet verschiedene Wörter (nicht aus einem Gedicht!), im zweiten befinden sich passende Reimwörter (zur Unterscheidung von den "Kreiswörtern" sind diese an einer Ecke markiert). Das Kind sitzt auf einem Rollbrett und bringt die Reimwörter zu den passenden Wörtern im anderen Reifen.

5. Station: Auf einem Arbeitsblatt in Klarsichtfolie erhält der Schüler eine Liste mit verschiedenen Sätzen, von denen einige unsinnig sind. Der Schüler muß diese unsinnigen Sätze finden und mit Folienstift durchstreichen. Nach Kontrolle der Lehrkraft wird die Folie vom Schüler wieder gereinigt.

6. Station: Der Schüler geht ins Klassenzimmer und liest dort das Gedicht einer Erzieherin vor.

Schlußbemerkung der Verfasserin:

"Eigentlich ist es ziemlich schade, die Kinder nach einer Dreiviertelstunde aus den Übungen zu reißen, da es ihnen sehr viel Spaß macht, an den einzelnen Stationen zu üben. Ich habe jedoch auch den Eindruck, daß sich der Unterrichtsstoff inzwischen bei den Schülern so verfestigt hat, daß sie keiner weiteren Übung mehr bedürfen."

4.7.2.13 Offener Unterricht

Auf dem Kontinuum "Lehrerlenkung" ist auf seiten der Akzentuierung "geringe Lenkung" neben dem Spiel auch der sogenannte offene Unterricht zu finden. Das ist kein eigenes Unterrichts- oder Methodenkonzept, sondern ein "dynamischer und vernetzter Prozeß der Entfaltung einer neuen Unterrichtskultur im Schulalltag" (Jank/Meyer 1991, 323) und erfreut sich in den letzten Jahren zunehmender Beliebtheit.

Das hat mehrere Gründe: Zum einen ist darin eine enttäuschte Abkehr von weitgehend differenzierten Unterrichtstechnologien und von hochstilisierten Lernzieloperationalisierungen zu sehen; dann brachte die Integrationsdiskussion neues Nachdenken über innere Differenzierungsmaßnahmen, die z. T. in der Reformpädagogik gefunden wurden; schließlich wurde durch Öffnung des Unterrichts versucht, auf die "veränderte Kindheit" Rücksicht zu nehmen: eine seit Jahren zu beobachtende "Egozentrik …, die sich vorrangig dadurch äußert, daß die Kinder verstärkt ihren individuellen Neigungen nachgehen, ohne Rücksicht auf ihre Gruppe oder Klasse zu nehmen. … Sie unterziehen sich nur ungern den etwas mühsameren Lernprozessen, wollen aber alles möglichst ohne Anstrengung erreichen" (Jank/Meyer 1991, 324).

Ist offener Unterricht ein Ausweg? Wir wollen uns zuerst ansehen, wodurch er grob gekennzeichnet ist (nach Jürgens 1995, 50):

1. Schülerverhalten:

– Eigenständigkeit hinsichtlich Entscheidungen über Arbeitsformen und Arbeitsmöglichkeiten, soziale Beziehungen, Kooperationsformen oder ähnliches.
– Selbst- bzw. Mitbestimmung bei der Auswahl von Unterrichtsinhalten, der Unterrichtsdurchführung und des Unterrichtsverlaufs.
– Selbständigkeit der Planung, Auswahl und Durchführung von Aktivitäten sowie deren Kontrollmöglichkeiten.

2. Lehrerverhalten

– Zulassung von Handlungsspielräumen und Förderung von (spontanen) Schüleraktivitäten.
– Preisgabe bzw. Relativierung des Planungsmonopols.
– Orientierung an den Interessen, Ansprüchen, Wünschen und Fähigkeiten der Schüler/-innen.

3. Lernmethodisches Grundprinzip

– Entdeckendes, problemlösendes und handlungsorientiertes sowie selbstverantwortliches Lernen. Betonung der Selbständigkeit.

4. Lern-/Unterrichtsformen

– Freie Arbeit,
– Arbeit nach einem Wochenplan,
– Projektunterricht.

Vieles davon ist in den vorangegangenen Ausführungen schon diskutiert worden. Offener Unterricht erscheint als ein Prisma, das eine Reihe wichtiger bisher beleuchteter Aspekte bricht und bündelt, aber auch in der Fülle der Facetten unscharf wird.

Was kennzeichnet offenen Unterricht gegenüber herkömmlichem Unterricht? In einer Metaanalyse von Giaconia/Hedges (1982) werden aus 153 Untersuchungen die wichtigsten Dimensionen zusammengestellt (zit. nach Kasper 1989, 72):

– Selbstbestimmung des Kindes beim Lernen (selbständige Zielsetzung, selbständige Auswahl des Materials usw.).
– Förderdiagnostische im Gegensatz zu normorientierter Leistungsbeurteilung durch den Lehrer.
– Vielfalt der Lehr- und Lernmittel, aus denen die Kinder auswählen können.
– Individualisierung des Unterrichts.
– Altersgemischte Lerngruppen.
– Unterricht durch ein Lehrerteam.
– Räumliche Offenheit.

Ist offener Unterricht auch bedeutsam für den Unterricht in der Schule für Geistigbehinderte? Wie könnte er aussehen?

"Zu den unabdingbaren Rahmenbedingungen eines offenen Unterrichts gehört auch eine gute räumliche und materielle Ausstattung. Jeder Klassenraum sollte in einen gemeinsamen Lernort und verschiedene Funktionsecken unterteilt sein", schreiben Jank/Meyer (1991, 331). In einem Modellprojekt (LOGESCH) wurde versucht, das zu verwirklichen: es gelang nur zum Teil. Weitgehende räumliche Umstrukturierung brachte aber in einigen Schulen mehr Flexibilität in der unterrichtlichen Gestaltung und erforderte mehr Kooperationsbereitschaft der beteiligten Lehrkräfte. Ein höheres Maß an Umstellungsfähigkeit konnte man aber auch bei den Schülern feststellen, wenn am Beginn des Tages der strukturelle Rahmen (Zeitplan, Unterrichtsinhalte, beteiligte Lehrkräfte) gemeinsam besprochen wurde (siehe Straßmeier u. a. 1990). Flexible Lerngruppen, Team-Teaching und Wechsel von heterogenen und homogenen Gruppenzusammensetzungen erwiesen sich als praktikable Organisationsmuster, um bei Schülern mit geistiger Behinderung Lernfortschritte zu initiieren, aber auch zu mehr Zufriedenheit bei Lehrkräften zu führen.

Ähnliche Ergebnisse berichtet auch Grampp (1982 b, 14): Im Rahmen eines Unterrichtsversuchs "Partnerschaftlich-offener Unterricht" stellte er fest: "Die Schüler zeigten im Umgang miteinander, aber auch mit Erwachsenen … mehr Selbstsicherheit und Offenheit. Neue Schüler und im Unterricht anwesende Gäste wurden leichter und schneller als Partner akzeptiert und in die Gruppe integriert. Problemverhalten von Mitschülern wurde akzeptiert und toleriert. Im Unterricht war eine Zunahme symmetrischer Kommunikation festzustellen, d. h. es liefen immer weniger Gespräche über den Lehrer." Allerdings war nach drei Jahren festzustellen, daß der Unterricht wieder "schulähnlicher" wurde, und zwar auf Wunsch der Schüler, die durch Besuche in anderen Klassen ein bestimmtes Bild vom Unterricht entwickelt hatten. Das berichtet auch Köck/Ott (1994, 510), der feststellte, daß Schüler höherer Schuljahrgänge (Regelschulbereich) dem offenen Unterricht mißtrauten (größere Anstrengung; Angst, kein prüfungsrelevantes Wissen erwerben zu können).

Aspekte offener Unterrichtsgestaltung enthält auch das Konzept von Danzer (1995), das unter dem Kürzel PRIMA läuft ("Praxis der innovativen Unterrichtsgestaltung unter Motivierung aller"). In dem klassenübergreifenden Konzept wird das von Straßmeier u. a. (1990) vorgestellte Team-Großgruppenmodell weiterentwickelt.

Abb. 19:
Offener Unterricht
(Jank/Meyer 1991,
334/35)

Wichtige Aspekte ergänzen die offene Unterrichtsgestaltung: Klassenunterricht herkömmlicher Art sowie projektartiges Vorgehen (s. a. Stuffer 1989).

Es darf festgestellt werden, daß Schüler mit geistiger Behinderung sehr wohl lernen können, ihr Lernverhalten selbst besser zu steuern, wenn sich die Lehrkräfte zurücknehmen und als "Animateur" wirken und wenn sie eine entsprechend anregungsreiche Lernumgebung gestalten. Natürliche Lernrhythmen müssen berücksichtigt werden, die Unterrichtsphasen müssen strukturiert werden, Wechsel von Methoden und Material, heterogenen Großgruppen und relativ homogenen Lerngruppen, Arbeitsphasen und Erholungsphasen geben Orientierungshilfen für Schüler und Lehrer. Bei der Zusammensetzung der Gruppen müssen die Lehrkräfte meist etwas korrigierend einwirken, da schwächere Schüler sonst evtl. zu kurz kommen würden.

Viele der in dem Buch von Jank/Meyer (1991, 334/35) vorzufindenden Aspekte offenen Unterrichts sind aber in den meisten Schulen für Geistigbehinderte heute schon Realität.

5. KMK-Empfehlungen

Ständige Konferenz der Kultusminister der Länder (Hrsg.): Empfehlungen für den Unterricht in der Schule für Geistigbehinderte. Neuwied 1980

I. Allgemeiner Teil

1. Grundlagen

1.1 Der Geistigbehinderte im schulpflichtigen Alter

Geistige Behinderung wird in der Regel durch Schädigung des zentralen Nervensystems vor, während oder nach der Geburt verursacht. In Einzelfällen können auch soziale Faktoren wie extreme Hospitalisierung zu geistiger Behinderung führen.

Vom Erscheinungsbild her sind Geistigbehinderte auffällig durch Besonderheiten

- der kognitiven und emotionalen Aufnahme-, Verarbeitungs- und Speicherungsprozesse,
- des Ausdrucksverhaltens,
- der Motorik,
- der sprachlichen und nichtsprachlichen Kommunikation.

Das Zusammenwirken dieser Gegebenheiten führt zu Beeinträchtigungen der Entwicklung kognitiver und emotionaler Fähigkeiten, zu einer umfassenden Störung des kommunikativen Bereiches sowie zu starken Ausfällen im Bereich der Psychomotorik. Deshalb ist ein geistigbehindertes Kind stets in mehrfacher Hinsicht beeinträchtigt.

Grundsätzlich ist jeder Geistigbehinderte unabhängig von Art und Schwere seiner Behinderung in pädagogische Fördermaßnahmen einzubeziehen. Den jeweiligen Lerngegebenheiten ist bei der Planung und Gestaltung der Fördermaßnahmen Rechnung zu tragen.

Die Schule für Geistigbehinderte ist eingerichtet für Schüler, deren Lernverhalten und Entwicklungsstand erheblich unter der altersgemäßen Erwartungsnorm liegen, so daß sie in der Schule für Lernbehinderte nicht oder nicht hinreichend gefördert werden können.

Die Schule soll in ihrer Arbeit sowohl die individuellen Ansprüche des Behinderten als auch die Ansprüche der Gesellschaft berücksichtigen. Die Bedürfnisse des Geistigbehinderten bestimmen jedoch vorrangig Aufgaben und Ziele der Schule.

Entsprechend dem unterschiedlichen Ausmaß der geistigen Behinderung lassen sich verschiedene Grade der Lernfähigkeit und verschiedene Arten des Lernverhaltens feststellen. Sie sind aber nicht als unveränderbar anzusehen. Unter Einsatz geeigneter, das Lernverhalten anregender und verbessernder Maßnahmen sind im Laufe einer angemessenen schulischen Förderung verhältnismäßig große Fortschritte möglich.

Das Lernverhalten Geistigbehinderter ist vor allem durch folgende Merkmale gekennzeichnet:

– direkte Bezogenheit der Lerninteressen auf vitale Bedürfnisse;
– weitgehende Gebundenheit des Gelernten an die ursprüngliche Lernsituation;
– sach- und situationsverhaftete Ansprechbarkeit;
– begrenzte Fähigkeit zu selbständiger Aufgabengliederung;
– geringe Spontaneität im Hinblick auf bestimmte Lernaufgaben;
– überwiegend handlungsbezogenes Lernen;
– extrem geringes Lerntempo;
– stark begrenzte Durchhaltefähigkeit im Lernprozeß;
– eingeschränkte Gedächtnisleistungen;
– unzureichende sprachliche Aufnahme-, Verarbeitungs- und Darstellungsfähigkeit.

Vereinzelt finden sich sowohl isoliert auftretende herausragende Fähigkeiten als auch weitgehende Ausfälle in Teilbereichen (1980, 4 – 5).

III. Zusammenfassung der Unterrichts- und Erziehungsziele

1. Fähigkeit zum Erfahren der eigenen Person und zum Aufbau eines Lebenszutrauens

1.1 Fähigkeit, körperliche Beeinflussungen zu erleben

1.1.1 Empfinden der Raumlage des Körpers und Erhalten des Gleichgewichts in Ruhe und Bewegung
1.1.2 Erfahren der physischen Einheit des Körpers durch Kennen der Körperteile und ihrer Funktionen und Empfinden der Körperoberfläche
1.1.3 Wahrnehmen und Einordnen von Sinnesreizen

1.2 Fähigkeit, Eigenaktivitäten zu erleben, zu differenzieren und zu steuern

1.2.1 Aktivierungshilfen an sich geschehen lassen und sie unterstützen
1.2.2 Bewegungsstereotypien aufgeben und gezielte Bewegungen aufnehmen
1.2.3 Umweltreize und Anregungen beantworten
1.2.4 Gerichtete Aktivitäten aufnehmen und zur Befriedigung von Bedürfnissen und zur Lösung von Aufgaben über einen längeren Zeitraum einsetzen

1.3   Fähigkeit, psycho-physische Spannungen zu erfahren und zu bewältigen

1.3.1 Sich in verschiedenen Situationen wohl-/nicht wohlfühlen
1.3.2 Möglichkeiten, Wohlbefinden zu erreichen, kennen und nutzen
1.3.3 Angsterlebnisse bewältigen
1.3.4 Stimmungen und Gefühlsregungen erleben

1.4   Fähigkeit, Veränderungen der eigenen Person zu erkennen, sich in seinen Möglichkeiten zu erfahren und zu stabilisieren

1.4.1 Eigene körperliche Wachstums- und Reifungserscheinungen kennen und sich darauf einstellen
1.4.2 Eigene Wünsche erkennen, deren Realisierungsmöglichkeiten abwägen und über Erfüllung odor Verzicht entscheiden
1.4.3 Seine Behinderung und zur Behinderung führende Vorgänge erkennen, einschätzen und bewältigen

2.   Fähigkeit, sich selbst zu versorgen und zur Sicherung der eigenen Existenz beizutragen

2.1   Fähigkeit, auf Bedürfnisse und Notlagen aufmerksam zu machen

2.1.1 Hunger- und Durstempfindungen ausdrücken
2.1.2 Notdurft mitteilen
2.1.3 Bedürfnis nach Ruhe oder Bewegung ausdrücken
2.1.4 Unbehagen, Unwohlsein und Schmerzen mitteilen
2.1.5 Grundlegende Kontakte eingehen

2.2   Fähigkeit, Bedürfnisse selbst zu befriedigen und hygienische Erfordernisse selbständig zu erfüllen oder entsprechende Hilfen in Anspruch zu nehmen

2.2.1 Speisen und Getränke zu sich nehmen
2.2.2 Kleidung aus- und anziehen
2.2.3 Ausscheidungsvorgänge beherrschen und Toilette benutzen
2.2.4 Körperpflege und Kosmetik durchführen
2.2.5 Sich bei Beschwerden und Verletzungen angemessen verhalten
2.2.6 Für Sauberkeit im persönlichen Lebensbereich sorgen

2.3   Fähigkeit, Gefahren zu erkennen und ihnen angemessen zu begegnen

2.3.1 Gefährdungen, die aus Situationen und Handlungen entstehen können, abschätzen und sich entsprechend verhalten
2.3.2 Gefährdungen, die von Gegenständen ausgehen, erkennen und vermeiden
2.3.3 Gesundheitsgefährdungen durch Nahrungs- und Genußmittel vermeiden
2.3.4 Gefährdungen durch Medikamente vermeiden

2.4   Fähigkeit, eigene Kräfte im Hinblick auf Anforderungssituationen einzuschätzen und entsprechend zu handeln

2.4.1 Sich der Grenzen seiner Leistungsfähigkeit bewußt werden und danach handeln

2.4.2 Kritik im Hinblick auf eine richtige Selbsteinschätzung annehmen oder ungerechtfertigte Kritik zurückweisen

3.   Fähigkeit, sich in der Umwelt zurechtzufinden und sie angemessen zu erleben

3.1   Fähigkeit, sich im Alltagsbereich zurechtzufinden

3.1.1 Die Räume der Wohnung/Schule und deren Einrichtung kennen und benutzen

3.1.2 Geräte und technische Einrichtungen der Wohnung/Schule kennen, sich ihrer bedienen und sie pfleglich behandeln

3.1.3 Zeichen, Signale und Symbole erkennen, beachten und entsprechend ihrer Bedeutung handeln

3.1.4 Signalwörter und Ziffern erkennen, beachten und entsprechend ihrer Bedeutung handeln

3.1.5 Kleidung erkennen und situationsgerecht gebrauchen

3.1.6 Eßbare Dinge erkennen, unterscheiden, beschaffen und herrichten

3.1.7 Bezugspersonen in ihren Rollen und Tätigkeiten kennen und unterscheiden

3.2   Fähigkeit, sich im Verkehr zurechtzufinden

3.2.1 Verkehrswege des näheren Wohnbereichs und der Schulumgebung benutzen

3.2.2 Hinweis- und Verkehrsschilder erkennen und sich an ihnen orientieren

3.2.3 Ein- und Ausgänge, Treppen, Aufzüge und Rolltreppen finden und benutzen

3.2.4 Schulbusse und öffentliche Verkehrsmittel kennen, sie benutzen und sich dabei situationsgerecht verhalten

3.2.5 Sich in unbekannten Verkehrssituationen helfen können

3.3   Fähigkeit, öffentliche Institutionen und Einrichtungen in Anspruch zu nehmen und an Veranstaltungen teilzunehmen

3.3.1 Notrufeinrichtungen erkennen und situationsgerecht benutzen

3.3.2 Polizisten erkennen und im Bedarfsfall rufen oder aufsuchen

3.3.3 Fernsprecheinrichtungen in Anspruch nehmen

3.3.4 Automaten in ihrer Zweckbestimmung erkennen und benutzen

3.3.5 Einrichtungen der Gesundheitsfürsorge als nützlich und hilfreich erkennen, aufsuchen und sich dort situationsgerecht verhalten

3.3.6 Öffentliche Toiletten benutzen

3.3.7 Wichtige Dienstleistungsbetriebe und Versorgungseinrichtungen kennen und bei Bedarf in Anspruch nehmen

3.3.8 Kulturelle Einrichtungen und Veranstaltungen besuchen

3.4   *Fähigkeit, Zeitabläufe zu erfahren, sich in ihnen auszukennen und sich auf sie einzustellen*

3.4.1 Elementare Zeitabläufe und ihre sprachlichen Bezeichnungen erfassen und sich danach richten
3.4.2 Den Tagesablauf in seiner Bedeutung erfassen und beachten
3.4.3 Den Wochenablauf in seiner Bedeutung erfassen und beachten
3.4.4 Den Jahresablauf erfahren
3.4.5 Sich mit Hilfe von Uhren zeitlich orientieren
3.4.6 Sich mit Hilfe von Kalendern zeitlich orientieren

3.5   *Fähigkeit, Natur in verschiedenen Erscheinungsformen und Zusammenhängen zu erfahren und sich auf sie einzustellen*

3.5.1 Sich Tieren gegenüber richtig verhalten
3.5.2 Mit Pflanzen sachgerecht umgehen
3.5.3 Sich Landschaften in ihrer Vielfalt erschließen und sich dort angemessen verhalten
3.5.4 Die Bedeutung des Wetters und der Wettereinflüsse erkennen und sich darauf einstellen

4.   Fähigkeit, sich in der Gemeinschaft zu orientieren, sich einzuordnen, sich zu behaupten und sie mitzugestalten

4.1   *Fähigkeit, Kontakte anzunehmen, anzubahnen und aufrechtzuerhalten*

4.1.1 Anbahnen von Kontakten: Verstehen und Erwidern gestischer und mimischer Zeichen
4.1.2 Verstehen und Erwidern sprachlicher Äußerungen
4.1.3 Auswählen von Kontaktangeboten
4.1.4 Kontaktstörungen und Kontaktablösungen bewältigen

4.2   *Fähigkeit zum Zusammenleben und zu gemeinsamem Tun*

4.2.1 In Gegenwart anderer etwas tun
4.2.2 Auf Anregung oder unter Anleitung allein oder gemeinsam etwas tun
4.2.3 Selbständig etwas allein oder miteinander tun
4.2.4 Verschiedene Rollen im Zusammenleben erkennen, sich darauf einstellen und sie annehmen und übernehmen
4.2.5 Das Zusammenleben mitgestalten
4.2.6 Über das gemeinsame Tun mit anderen entscheiden

4.3   *Fähigkeit, mit Regeln umzugehen*

4.3.1 Annehmen gebräuchlicher Umgangsformen
4.3.2 Befolgen von notwendigen Regeln
4.3.3 Regeln veränderten Situationen entsprechend anwenden

4.4   Fähigkeit, die Berechtigung von Ansprüchen abzuschätzen und entsprechend zu handeln

4.4.1 Ansprüche äußern und berechtigte Ansprüche vertreten
4.4.2 Die Nichterfüllung eigener Ansprüche akzeptieren
4.4.3 Eigene Ansprüche zurückstellen
4.4.4 Ansprüche zurückweisen
4.4.5 Zur Erfüllung berechtigter Ansprüche anderer beitragen

5.   Fähigkeit, die Sachumwelt zu erkennen und mitgestalten zu können

5.1   Fähigkeit, Materialien, Geräte und Werkzeuge zu beschaffen, zu probieren und zu gebrauchen

5.1.1 Materialien unter Berücksichtigung ihrer Eigenschaften handhaben bzw. gestalten
5.1.2 Materialien ihren verschiedenartigen praktischen und gestalterischen Verwendungsmöglichkeiten entsprechend wählen und einsetzen
5.1.3 Materialien, Geräte und Werkzeuge entsprechend dem Vorhaben oder dem Auftrag beschaffen, erproben und verwenden
5.1.4 Materialien, Geräte und Werkzeuge ordnen, aufbewahren und pflegen
5.1.5 Gegenstände entwerfen und aus bestimmten Materialien herstellen
5.1.6 Beim Umgang mit Materialien, Geräten und Werkzeugen Sicherheitsmaßnahmen beachten

5.2   Fähigkeit, Räume herzurichten, einzurichten und umzuräumen

5.2.1 Spiel- oder Beschäftigungsplätze mit und ohne Hilfe für wiederkehrende Tätigkeiten herrichten
5.2.2 Räume oder Teile eines Raumes für Spiel oder Arbeit herrichten
5.2.3 Räume für Feste, Feiern und Besuche herrichten
5.2.4 Spielräume improvisierend aus verschiedenen Materialien erstellen
5.2.5 Einen Wohnbereich nach eigenen Wünschen und Möglichkeiten einrichten

5.3   Fähigkeit, Tätigkeiten und Spiele aufzunehmen, zu wechseln, zu variieren, zu differenzieren und zu Ende zu führen

5.3.1 Spielmaterial und Spielmöglichkeiten erkennen, wählen und nutzen
5.3.2 Anderen Spiele oder Tätigkeiten vorschlagen, sie durchführen, variieren und zu Ende führen
5.3.3 Mit verschiedenen Materialien Spielszenerien aufbauen und vollenden
5.3.4 Im Spiel Rollen übernehmen und variieren

5.4   Fähigkeit, Zusammenhänge in der Sachumwelt zu erkennen, zu berücksichtigen und zu nutzen

5.4.1 Wirkungen von Handlungen voraussehen und berücksichtigen

5.4.2 Vorsorgen können

5.4.3 Ordnungs- und Organisationszusammenhänge in der täglichen Umwelt erfassen, sich in ihnen zurechtfinden und entsprechend neuer Voraussetzungen abändern

5.4.4 Natur- und sachgegebene Wirkungszusammenhänge erfassen, berücksichtigen und nutzen

5.5 Fähigkeit, in Arbeit und Beruf tätig zu sein

5.5.1 Gestellte Aufgaben zuverlässig und sorgfältig ausführen

5.5.2 Grundlegende Techniken bei der Bearbeitung häufig vorkommender Materialien beherrschen

5.5.3 Grundlegende Techniken für die Bearbeitung verschiedener Materialien mit Maschinen beherrschen

5.5.4 Zeitsetzungen anerkennen und sich danach richten

5.5.5 Sich während des Arbeitsablaufs notwendige Hilfen verschaffen

5.5.6 Sich in Arbeitsgruppen und Arbeitsabläufe einordnen und seinerseits auf Gruppenmitglieder und Arbeitsabläufe einwirken

5.5.7 Vorbereitungen für die tägliche Arbeit selbständig treffen

5.5.8 Geltende Arbeitsregeln kennen, sie einhalten und gegebenenfalls auf Änderungen hinwirken

5.5.9 Beziehungen zwischen Arbeit und Lohn bzw. Sozialleistungen erkennen und sich daraus ergebende Ansprüche durchsetzen

5.6 Fähigkeit, Freizeit in ihren verschiedenen Möglichkeiten zu erfahren

5.6.1 Freizeit zur Entspannung und Erholung nutzen

5.6.2 Freizeit zu kreativem Tun nutzen

5.6.3 Freizeit zur Weiterbildung nutzen

(Ständige Konferenz der Kultusminister … 1980, 102 – 107)

6. Lösungsvorschläge

Aufgabe 1

Gemeinsamkeiten: Didaktik wird als Theorie oder als Wissenschaft von ... bezeichnet

Unterschiede: Das Gegenstandsfeld der Didaktik kann das "Lehren und Lernen" sein (weite Fassung), der Unterricht (enger gefaßt) oder die Bildungsinhalte, die Verhaltensänderung oder der Lehrplan (sehr weitgehende Einengung).

Aufgabe 2

Der vorgestellte Unterricht beschreibt Inhalte (Wasser, Gegenstände) und Methoden der Auseinandersetzung (Erfahrungen machen, handeln, versprachlichen, bildlich darstellen ...). Zu Beginn werden die Voraussetzungen bei den Schülern dargestellt (anthropogene Bedingungen) und die gesellschaftlichen Rahmenbedingungen (Lehrplan). Das Thema wird in einen größeren Sinn- und Sachzusammenhang gestellt, Lernziele werden formuliert, um dann die Verlaufsstruktur anzugeben. Medien werden benötigt, um Erfahrungen zu ermöglichen. Schließlich ist noch die Sozialstruktur ein wichtiges Bestimmungsmerkmal des Unterrichts.

Allgemein formuliert (nach Dichanz, H., Eubel, K. D.: Didaktik und Unterricht. Lehrbrief der Fernuniversität Hagen 1983):

*   In jedem Unterricht geht es darum, bestimmte mehr oder weniger genau formulierte Unterrichtsziele zu erreichen. Hierzu sind auch die Begriffe Lehrziele bzw. Lernziele (in wechselnder Bedeutung) gebräuchlich.
*   Unterricht hat ganz bestimmte Adressaten. Er richtet sich an eine begrenzte Gruppe von Lernenden mit bestimmten Lern- bzw. Unterrichtserwartungen.
*   Unterricht findet in der Regel in dafür besonders eingerichteten Institutionen statt.
*   Innerhalb unseres organisierten Schul- und Ausbildungssystems wird Unterricht in der Regel durchgeführt von Lehrenden, Lehrern, die dafür eine besondere Ausbildung erhalten haben. Sie beeinflussen Ausrichtung und Gestaltung des Unterrichts maßgeblich.
*   Unterricht erfolgt in typischen Sozialformen bzw. Interaktionsformen.
*   Die Aktivitäten innerhalb unterrichtlichen Geschehens verlaufen unter Anwendung ganz bestimmter Methoden des Lehrens und Lernens und unter Einsatz bestimmter, teilweise für diesen Zweck besonders hergestellter Mittel, d. h. von Medien.

Aufgabe 3

1 G   2 F   3 A   4 B   5 E   6 D   7 C

Aufgabe 4

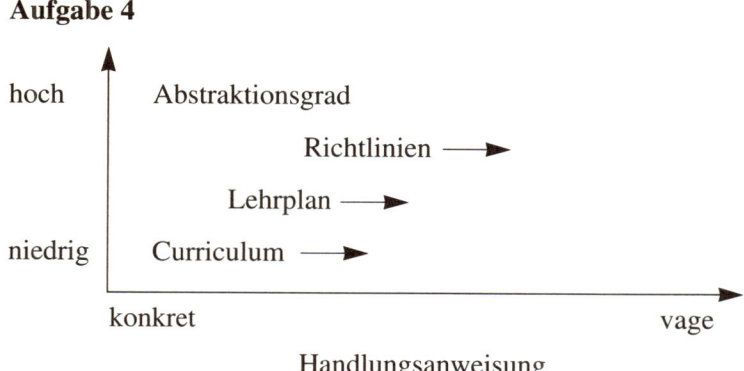

Aufgabe 5

"Eingeengtes Lernfeld auf Nahes, den vitalen Lebensbedürfnissen Dienendes": Die Schüler werden u. U. in ihren Lern- und Erfahrungsbedürfnissen zu sehr auf diese Lernfelder eingeengt.

"Lebenspraktische Bildbarkeit": Neben diesen – zugegeben wichtigen – Lernbereichen sind auch musische oder Freizeitangebote wichtig, der Erwerb von Lebenshaltungen oder Lebenssinn.

"Geringe Spontaneität": Bei ansprechenden Angeboten ist die Zuwendungsbereitschaft zu Lerngegenständen sehr wohl gegeben, die Spontaneität ist oft verblüffend.

"Gebundenheit des Gelernten an ursprüngliche Situation": Das hängt, wie viele andere Leistungen auch, von Vorförderung und Möglichkeiten des Sammelns von Erfahrungen ab.

Aufgabe 6

Ausgehend von der Zuwendung zur Welt über die Wahrnehmungskanäle (Sensomotorik) setzt sich das Kind handelnd-aktiv mit Gegenständen, Personen oder Situationen (Objekten) auseinander, um über bildliche oder symbolische Darstellungen zur Abstraktion (Begriffe, Sprache) zu kommen.

Aufgabe 7

Das Ziel "Mit Verschlüssen an der Kleidung umgehen" kann aufgeschlüsselt werden nach

a) der Inhaltskomponente, z. B.:

- Knöpfe öffnen und schließen
- Reißverschluß öffnen und schließen
- Druckknöpfe öffnen und schließen
- Gürtelschnalle öffnen und schließen

163

b) der Verhaltenskomponente, z. B.:

- Verschlüsse bei sich und bei anderen finden
- Hilfe zum Öffnen und Schließen holen
- selbst Verschlüsse öffnen und schließen
- offene Verschlüsse bemerken
- die Zweckmäßigkeit von Verschlüssen erkennen

Aufgabe 8

a) Keine Ziele:

- Theaterbesuch: FZ 9 (Schüler sollen Freude finden an ...)
- Kaffeekochen: FZ 5 (Reihenfolge einhalten)
- Zahl 4: FZ 2 (Immer wieder die Möglichkeit haben ...)

b) Zu vage formuliert:

- Mengen bis 4: (Menge 1 *erkennen* – Was heißt das?)
- Theaterbesuch: FZ 1 (Eine *Vorstellung* von einem Theater bekommen)
- Gesunderhaltung der Zähne: FZ 2 (*Erfahrung,* daß Süßigkeiten den Zähnen schaden)

c) Sachlich unangemessen:

- Ist es wichtig, daß geistigbehinderte Schüler wissen, was eine Ouvertüre ist?
- Warum Kaffee kochen lernen, wenn er Giftstoffe enthält und für Kinder schädlich ist?

d) Methodische Schritte:

- Gesunde Zähne: FZ 1 (Modelle betrachten, befühlen, miteinander vergleichen)
- Bildkarte auswählen
- Kaffeemaschine auseinanderbauen

Aufgabe 9

Bei dem Beispiel von Fischer handelt es sich um eine *vertikale didaktische Reduktion:* die Komplexität des Inhaltes nimmt immer mehr ab (Kuchen selbst backen – verzieren – Verpackung öffnen), wobei Ausschnitte aus vorhergehenden Handlungen gebildet werden: Packung öffnen – festhalten können – mit beiden Händen Gegendruck bilden.

Aufgabe 10

Stoffsammlung zur Aufgabenstellung Glas

1. Was können die Kinder mit dem Glas tun?

Sie können durch das Glas schauen, an das Glas klopfen, das Glas hochheben, es hinlegen, es schieben, anhauchen, ablecken, daran riechen, mit dem Glas einen Klang erzeugen, es hinunterfallen lassen, es kippen. Die Kanten und Spitzen der Scherben können ausgenützt werden, man kann den Schneidevorgang bei Papier, Pappe, Leder zeigen. Die Kinder können ein Papier dahinter halten, sie können das Glas mit einer Kerze undurchsichtig machen. Das Glas kann mit einem Lappen und mit einem Fensterleder geputzt werden. Die Kinder können das Glas tragen, schichten, zwischen beide Hände legen, damit bauen, ein Muster legen, eine Reihe legen, ein Gefäß damit abdecken, das Glas bei großer Hitze springen lassen oder es unterkühlen lassen, um eine Reif- und Eisblumenbildung feststellen zu können. Das Glas kann balanciert werden, es kann eine Reihe auf verschieden starken Gegenständen (Rasselbüchse, Baustein, Rhythmikstab) erstellt werden. Die Kinder können gegen ein dickes Glas sprechen oder schreien, das Glas kann mit einem Glasschneider gezielt geteilt werden. Die Kinder können das Glas mit anderen, ebenfalls glatten und kühlen Materialien vergleichen. Splitter und Scherben können vorsichtig aufgehoben oder zusammengekehrt werden.

2. Was können die Kinder lernen?

Glas schützt vor Temperaturschwankungen extremer Art, vor Wind, Regen, Schmutz, Feuchtigkeit, es hemmt den Schall, es trennt, es ist lichtdurchlässig, geruchlos.

Eine Scheibe Glas zerspringt in viele Teile, Glas ist schwer, es läßt sich nicht biegen, es ist glatt, deshalb kann man es schieben. Glas ist scharf – ich kann damit schneiden. Glas hat keine Farbe – ich kann die Scherben nicht gut sehen. Glas ist lichtdurchlässig, deswegen haben die Fenster Glas. Glas ist schwer zu schneiden, es zerbricht bei Stoß oder Fall. Glas läßt das Wasser ablaufen, auf der Rückseite bleibt es trocken.

Weitere Stoffsammlung zu folgenden Aufgabenstellungen:

1. Denken Sie sich Arbeitsaufgaben (Vorhaben) aus, die lebenspraktische Fertigkeiten im Umgang mit Glas ermöglichen (Umgangsqualitäten).

2. Begründen Sie, warum man dem Unterrichtsgegenstand "Glas" eine bestimmte Aufmerksamkeit schenken soll. Denken Sie dabei nicht nur an die Schule!

3. Finden Sie Motivationen (Beweggründe), damit ein Kind, das bisher noch keinen Kontakt, kein Interesse an Glas besitzt (zeigt), sich mit diesem neuen Material auseinandersetzt. Beschreiben Sie einige.

Zu 1.:

Tätigkeiten: Reinigen von Gläsern (mit kaltem und warmem Wasser; ohne und mit Reinigungsmittel). Abtrocknen von Gläsern (mit ungeeigneten und geeigneten Tüchern).

Themenvorschläge: "Mein Glas ist schmutzig", "Ich kann Gläser richtig abspülen". Als Erweiterung und als Transfervorschläge: Reinigen von Fensterscheiben und Brillengläsern.

Zu 2.:

Tätigkeiten: Auspacken, tragen, anfassen, hinstellen, stapeln (aufeinanderstellen), ineinanderstellen (Vorsicht!), abstellen.

Themenvorschlag: "Mutter hat Gläser gekauft".

Tätigkeiten: Bemalen, anstreichen, zerbrechen, gezielt teilen (Glasschneider), abbrechen, zusammensetzen, aufkleben.

Vorschlag zum kreativen Tätigwerden: "Bunte Fenster".

Tätigkeiten: Einfüllen, umfüllen (Trichter), vermuten, beobachten, kontrollieren.

Als weitere Kriterien: Größen und Mengenvergleiche, Farben und Formen.

Möglichkeiten der Begriffsübung: Groß, klein, rund, eckig, oval, bauchig, lang, kurz.

Weitere Themenbereiche ohne Themenformulierung:

Aquarium, Eingewecktes in Gläsern, Bilder hinter Glas, Saft in Gläsern. Bemerkung zu Bildern hinter Glas: Was ich gerne, bzw. immer sehen möchte, stelle ich hinter Glas oder auch in ein Glas (bei anderen Gegenständen).

Zu 3.:

"Glasharfe" (Bewegung und Klang – Bedürfnis zur Wiederholung).

"Gläserspiel" (mit gefärbtem Wasser verschieden hoch gefüllte Gläser, Anschlagen, zum Klingen bringen).

"Trinken aus Gläsern" (direkter Kontakt mit Glas).

"Bei uns fehlt eine Fensterscheibe" (eine Motivation, um einen bestehenden Mißstand zu beseitigen und dadurch zwingend auf das Material "Glas" zu kommen).

Aufgabe 11

Beispiel b) benennt Vorerfahrungen der Schüler und Motivationsmöglichkeiten, ohne sich mit der "Sache" auseinanderzusetzen:

Geht es bei dem Vorhaben um den motorischen Vorgang? Dann müßten diese Abläufe und ihre zu überwindenden Schwierigkeiten beschrieben werden (Halten des Messers, bestreichen, Vorsicht beim Umgang mit dem Messer). Geht es um die Wahl des Brotaufstrichs? Dann stecken in dem Lerngegenstand (der Sache) ganz andere Aspekte, die analysiert werden müßten.

Bei Beispiel c) sollten ähnliche Gedanken formuliert werden: Was an Lernmöglichkeiten "steckt in dem Lerngegenstand drin"? Hier ist es das taktile Erfassen und Explorieren von Gegenständen, die nicht sichtbar sind; es müssen Vorstellungen aktiviert werden (bei diesen Schülern überhaupt möglich?) und Ängste überwunden (in die "black box" hineinzugreifen).

Beispiele a), d) und e) sind als Sachanalyse zu bezeichnen, wobei bei a) die differenzierte Darstellung des Weges der Nahrung für den Lehrer als Planungshilfe wichtig ist, bei der weiteren Analyse aber eine starke Reduktion vorgenommen werden muß, da die Lerninhalte sonst zu komplex und unübersichtlich sind.

Bei d) und e) wird der Lerngegenstand so analysiert, daß dieses Verfahren eine gute Planungshilfe für eine angemessene Zielformulierung und die Gestaltung des Unterrichts ist.

Aufgabe 12

Einige Prinzipien geben Bildungsgrundsätze an (erziehender Unterricht, Lebensunmittelbarkeit), andere Grundsätze effektiven Lernens (etwa Erfolgsbestätigung, Übung, Selbsttätigkeit). Am häufigsten wurden in den Beispielen die Anschauung, Übung und Erfolgssicherung, Differenzierung/Individualisierung und Aktivierung/Selbsttätigkeit genannt. Schüler- und Entwicklungsgemäßheit und Motivierung werden ebenfalls mehrfach genannt. Für Schüler mit geistiger Behinderung sind eine Reihe von Prinzipien, die in der allgemeinen Didaktik genannt werden (etwa Anschauung, Selbsttätigkeit, Übung), relevant, besonders wichtig aber die Individualisierung (wegen der Heterogenität der Lernvoraussetzungen), die Ganzheitlichkeit und die Strukturierung des Lernweges, die notwendige Hilfen gibt.

Aufgabe 13

Es geht um Erfahrungen der Schüler. Dazu dürften sich Themen wie diese gut eignen:

Wir richten einen Spielplatz ein   Wir verpflegen uns selbst
Wir laden eine Nachbarklasse ein   Gegenstände können schwimmen

Da zur Gewinnung von Erfahrungen Erlebnisse bewußt gemacht und verarbeitet werden müssen, eignen sich folgende Themen kaum für Geistigbehinderte:

Der Kreislauf des Wassers (zu abstrakt)
Wie hat ein König gewohnt? (selbst bei einem Besuch eines Schlosses nicht "erfahrbar")

Wenn sie nicht nur verbal aufgearbeitet werden, können folgende Themen auch zu Erfahrungen führen:

Die Polizei hilft uns – Thomas hat Geburtstag – Wir leben in einer Familie

Aufgabe 14

Art der Vermittlung: d – f – i – k – l – m – n – r
Unterrichtsrezepte: j – o – v
Planungshilfen: e – u
Strukturierungshilfen: b – j – o
Bestimmte Verfahrensweisen: q
Zielorientierung: d

Aufgabe 15

Methodische Modelle, die für Geistigbehinderte (nach Fischer) geeignet sind:

Sehr gut bis gut geeignet:

Handlungseinheit, Spiel, Exkursion, Lehrgang,
Erlebniseinheit, Training, Objekterkundung

Anspruchsvoll:

Darstellungseinheit, Unterrichtsgespräch, Experiment, Meditation

Anspruchsvoll, nur für bestimmte Gruppen geeignet:

Vorhaben/Projekt.

Aufgabe 16

Sinnlich-wahrnehmende Stufe: Apparate anschauen, eigenen Apparat wiederfinden.
Handelnd-aktive Stufe: Hebel spannen, Auslöser betätigen.
Bildlich-darstellende Stufe: Arbeit am Arbeitsblatt.
Begrifflich-abstrakte Stufe: Teile beschriften, benennen.

Aufgabe 17

Handlungen sind intentional (zielorientiert) auf der Basis einer bestimmten Situation. Sie bezeichnen Prozesse, die sinnbezogen sind, regel- und steuerbar und deren Ergebnis reflektiert wird. Es ist notwendig, eine Vorstellung über ein beabsichtigtes Ziel und die zur Erreichung dieses erwünschten Zustandes erforderlichen Mittel haben zu können. Am Handeln sind kognitive und emotionale Prozesse beteiligt.

Aufgabe 18

Lehrgang

1. Voraussetzungen:
   Begrenzung einhalten können
   Motorische Fertigkeiten: dosiertes Drücken.
   Schraubübungen
2. Arbeitshaltung beim Kleben, Arbeitsplatz herrichten
3. Kleben erleben (z. B., verschieden eingefärbten Kleister auf Blatt verteilen;
   Kleisterbilder)
4. Auswahl aus verschiedenen Klebern
   Kleister:
   – Wir bekleben unseren Papierkorb
   Flüssigkleber (Tube, Flasche):
   – Bildgeschichten kleben
   – Arbeitsblätter kleben,

Tesafilm, Klebebänder:
- Pakete, Geschenke kleben
- Poster, eigene Bilder an die Wand kleben
- einfache Bücher herstellen
Fotoecken
5. Sicherung: Kleber-Material-Zuordnung
   Kleister – Tapete
   Flüssigkleber – Papier
   Tesafilm – Päckchen
   Fotoecken – Fotos

Handlungseinheit

Thema: Wir bekleben einen Abfalleimer

Einstieg: 2 Waschtrommeln werden mitgebracht, eine davon fertig beklebt
   Unterrichtsgespräch: Vergleich
   Gemeinsame Zielsetzung, selbst eine beklebte Waschtrommel herzustellen
Planung: Benötigtes Material besprechen: verschiedenes Papier (Seidenpapier,
   Kataloge, Tapeten, Stoff, Wellpappe)
   Kleber: Kleister, Uhu, Klebestift

Durchführung:
   Gemeinsam werden verschiedene Möglichkeiten der Realisierung ausprobiert
   (Versuch-Irrtum; Was ist einfacher: große Stücke oder Schnipsel?)
   2 verschiedene Techniken: Trommel grundieren mit Kleister
   Punktuelles Kleben mit Uhu oder Stift
   Folgendes soll beachtet werden:
   Nicht zu viel des Klebstoffes nehmen – gleichmäßiges Verteilen – beim punktu-
   ellen Kleben richtig treffen – eine Hand möglichst sauberhalten
   Jedes Kind entscheidet sich für Technik und zu verwendendes Material
   Jedes Kind beklebt seine Trommel
   Nach Fertigstellen gemeinsames Aufräumen und Säubern

Reflexion
   Gemeinsame Begutachtung der einzelnen Werke nach Ästhetik, Verwendung
   Was hat Spaß gemacht?

Projekt

Wir tapezieren unseren Klassenraum

I. Gemeinsame Planung
   - Zielsetzung erarbeiten
   - Voraussetzungen schaffen
   - Vorerfahrungen der Schüler abklären
   - Evtl. Besuch bei einem Tapezierer
   - Wie besorgen wir uns die Materialien (grundlegender Unterricht)?
   - Kostenvoranschlag erstellen (Rechenunterricht)

II. Durchführung
   Ziel: Vertraut-Werden mit dem Kleben
   Prinzipien: Fächerübergreifend, eventuell klassenübergreifend
   Differenzierung nach Fähigkeiten und Vorlieben
   Handlungsorientiert

III. Reflexion

7. Glossar

Affektive Ziele
beziehen sich auf die Veränderung von Interessenlagen, auf die Bereitschaft, etwas zu tun oder zu denken, auf die Einstellungen und Werte und die Entwicklung dauerhafter Werthaltungen.

Artikulation
ist die allgemeine Bezeichnung für die Gliederung der zeitlichen Abfolge von Lehr- und Lernaktivitäten. Sie äußert sich durch einzelne hervortretende Phasen des Unterrichtsablaufes innerhalb einer Unterrichtseinheit.

Basale Lernangebote
sind Reizangebote und Umweltbegegnungen allereinfachster Art, die auf keine Vorkenntnisse oder Erfahrungen angewiesen sind und die Lernprozesse motorischer, kognitiver und emotional-sozialer Art anregen bzw. aufrechterhalten sollen.

Bildung
ist die Ausstattung von Heranwachsenden mit Einsichten, Erfahrungen und Erlebnissen zum Zwecke der Bewältigung von Lebenssituationen. Es ist die wachsende Teilhabe an der Kultur beabsichtigt mit dem Ziel einer wertgeleiteten, harmonischen Persönlichkeit.

Curriculum
ist ein schriftlich fixiertes System für den Vollzug von Lernvorgängen im Unterricht in bezug auf definierte und operationalisierte Lernziele. Es enthält Lernziele, Lerninhalte, Methoden, Situationen, Strategien für die Planung und die Evaluation des Lehr- und Lernerfolges.

Didaktik
ist die Theorie und Praxis des unterrichtlichen Handelns

Differenzierung
Darunter versteht man die Gesamtheit aller organisatorischen Maßnahmen zur Bildung von Schülergruppen für die Durchführung von Lernprozessen, die jedem einzelnen Schüler seinem individuellen Lernvermögen gemäß gerecht zu werden versucht.

Erfahrungen
sind jene in einem komplexen Aneignungsprozeß verarbeiteten Wahrnehmungen und Erlebnisse, die sich aufgrund dieser Verarbeitung zu einem neuen Deutungs- und Handlungsmuster des Individuums verdichten und in Haltungen niederschlagen.

Erlebnis
wird ein beeindruckendes Geschehen im Bewußtsein oder als im Unterbewußtsein ablaufender Vorgang bezeichnet, das subjektive Innewerden von Vorgängen und Inhalten, die als bedeutsam empfunden werden. Jedes Erlebnis besitzt ein begrenztes "Erlebnisfeld", das breit oder eng, prägnant oder diffus sein kann. Das Erlebnis kann präsent (Wahrgenommenes) oder repräsentiert sein (Vergegenwärtigtes).

Experiment
untersucht den Zusammenhang zwischen vorgegebenen unabhängigen Variablen und den von ihnen abhängigen Variablen, wobei Willkürlichkeit, Variierbarkeit und Wiederholbarkeit kennzeichnend sind. Es geht um Gewinnung von Erkenntnissen über Naturgesetze; man unterscheidet Erkundungsexperimente (was ereignet sich überhaupt unter bestimmten gegebenen Bedingungen?) und Entscheidungsexperimente (bei mehreren gegebenen Hypothesen zu entscheiden, welche bestätigt werden kann). Lernprinzip ist das forschende Lernen.

Exploration
ist zielgerichtetes Untersuchungsverhalten. Ziel ist es, Eigenschaften und Eigentümlichkeiten von Objekten und Situationen kennenzulernen. Verhaltensweisen des Individuums werden durch die Beschaffenheit des Objektes oder der Konstellation bestimmt.

Freiarbeit
stellt eine im Wochenablauf einer Klasse feste, täglich (meist zu Beginn des Unterrichtstages) wiederkehrende Phase freier, selbstgewählter und selbstgesteuerter Aktivitäten dar, deren Dauer sich nach der Altersstufe und nach dem Entwicklungsstand des Arbeitsverhaltens richten.

Ganzheitlicher Unterricht
soll Schüler in Situationen stellen, in denen sie mit der Ganzheit ihrer Person agieren können und in denen möglichst viele Bereiche ihrer Persönlichkeit angesprochen und gefördert werden. Auf der anderen Seite sollen die Schüler mit natürlichen sinn- und sachganzen Situationen konfrontiert werden, wie sie der Alltag stellt. Ganzheitlicher Unterricht ermöglich ein Lernen, in dem Wissen, Erfahrung, Denken, Fühlen und Handeln in ihrer Wechselwirkung erlebt werden können.

Geschlossenes Curriculum
bezeichnet einen bis in alle Einzelheiten, auch der methodischen Durchführung, der zu verwendenden Arbeitsmittel und der Erfolgskontrolle, normierten Lehrgang, der der individuellen Gestaltung des Lehrenden und der Lernenden keinen oder nur wenig Spielraum läßt.

Handlung
ist eine oft komplexe Abfolge von koordinierten und umweltbezogenen Bewegungen, die ein Individuum ausführt. Von bloßem Verhalten hebt sich die Handlung dadurch ab, daß sie auf Erreichung eines Zieles gerichtet ist. Das Ziel kann in einer Veränderung der Umwelt oder in einer Veränderung der Situation des Individuums in seiner Umwelt bestehen.

Handlungseinheit
ist eine Unterrichtseinheit, die meist eine, seltener mehrere Unterrichtsstunden umfaßt. Es liegt ihr ein Handlungsablauf zugrunde, der von Lehrer und Schülern gemeinsam ausgeführt wird. Die Handlungen vollziehen sich an Gegenständen aus der Umwelt des Kindes, die für es bedeutsam sind. Diese Gegenstände werden hergestellt, untersucht, verändert oder verwendet.

Handlungsziel
beschreibt die Absichten, Motive und Gründe, deretwegen sich die Schüler am Unterricht beteiligen oder die Beteiligung verweigern. Handlungsziele bringen situationsabhängige Bedürfnisse und Interessen der Schüler zum Ausdruck und sind in der Regel auf ein Handlungsprodukt bezogen.

Kognitive Ziele
beziehen sich auf Denken, Wissen, Problemlösen, auf Kenntnisse und intellektuelle Fähigkeiten.

Lehren
ist ein Verhalten, das Erfahrung vermittelt mit der Absicht, Lernen zu bewirken.

Lehrgang
ist ein Unterrichtsverfahren, bei dem eine Fertigkeit motorischer oder kognitiver Art systematisch erworben, aufgebaut, geübt und automatisiert wird. Die Lernschritte sind vorgeplant und gegliedert, für den Schüler aber nur in Teilen überschaubar; die Entscheidungsfreiheit des Schülers ist damit eingeschränkt. Lehrgänge ziehen sich über einen längeren Zeitabschnitt hin.

Lehrplan
Der Lehrplan bringt eine Auswahl, Gewichtung und Anordnung von Lehrinhalten, die Aussagen enthält über alles Wissen und Können und über alle Einstellungen und Haltungen, die das zugeordnete Bildungssystem an die Heranwachsenden zu vermitteln hat.

Lehrziel
beschreibt die Bildungsabsichten des Lehrers im Unterricht. Es gibt an, welche Sach-, Sozial- und Handlungskompetenzen die Schüler erwerben sollen.

Lernen
ist der Erwerb von relativ andauernden Verhaltens- und Erlebensänderungen sowie die Änderung von Verhaltensmöglichkeiten aufgrund von Erfahrungen, die das Individuum in seiner Umgebung gemacht hat.

Lernziel
ist die sprachlich artikulierte Vorstellung über die durch Unterricht (oder andere Lehrveranstaltungen) zu bewirkende gewünschte Verhaltensdisposition eines Lernenden.

Materialgeleitetes Lernen
ist ein Unterrichtskonzept, bei dem der Lehrer Lernprozesse zwischen Kind(ern) und geeignetem Material initiiert und sich dabei gleichzeitig schrittweise zurücknimmt, um die Konzentration des Kindes auf den Gegenstand in einer lernwirksamen Umgebung und die ablaufenden Lernprozesse möglichst wenig zu stören.

Methoden
Unterrichtsmethoden sind planmäßige, zielorientierte Verfahren, Schritte und Formen des Lehrens und Lernens bei der Vermittlung bzw. Aneignung vorgegebener oder selbstbestimmter Lerninhalte.

Methodisches Modell
ist die einer Gruppe ähnlicher Unterrichtsabläufe zugrundeliegende methodische Struktur, die herausgearbeitet wird, um Unterricht in höherem Grade lehr- und lernbar zu machen.

Objekterkundung
ist ein Verfahren, bei dem sich Schüler einem Gegenstand wahrnehmend, analysierend, erforschend oder erprobend zuwenden und sich mit ihm auseinandersetzen, um Einsichten in Funktionsweisen zu erhalten und Begriffe zu erwerben.

Offener Unterricht
bezeichnet Unterrichtskonzepte, die ganz oder teilweise wesentliche Elemente des Lernprozesses (z. B. Zielbestimmung, Methodenwahl, Ergebnisformulierung) der Eigensteuerung und Eigenverantwortung der Schüler überlassen. Neben enger Kooperation der Lehrkräfte (Team-Teaching) wird auch eine räumliche Veränderung (Lernzonen) als Voraussetzung für offene Unterrichtsformen gefordert.

Offene Curricula
treffen nur allgemeine strukturelle Festlegungen im Hinblick auf Auswahl und Anordnung der Lehrstoffe.

Projekt
Ein Projekt stellt den gemeinsam von Lehrern und Schülern (evtl. auch Eltern) unternommenen Versuch dar, Leben, Lernen und Arbeiten derart zu verbinden, daß ein Thema, das der Interessen- und Befürfnislage der Lehrer und Schüler entspricht, innerhalb und außerhalb des Klassenzimmers und der Schule aufgearbeitet werden kann. Projekte erstrecken sich über einen längeren Zeitraum und sind häufig klassen- und fachübergreifend. Der Arbeits- und Lernprozeß ist dabei ebenso wichtig wie ein eventuelles Handlungsergebnis oder Produkt.

Psychomotorische Ziele
beziehen sich auf die manipulativen und motorischen Fertigkeiten eines Schülers.

Reduktion
Darunter versteht man alle Maßnahmen, die komplexe, umfangreiche oder schwierige Sachverhalte so vereinfachen und auf ihre wesentlichen Elemente zurückführen, daß sie von Schülern eines bestimmten Lern- oder Entwicklungsalters aufgenommen und verstanden werden können.

Richtlinien
stellen einheitliche Grund- und Leitsätze für die Schularbeit auf. Sie gestehen den Lehrern hinsichtlich der Auswahl und Anordnung von Zielen und Inhalten einen großen Freiraum zu.

Spiel
ist eine freiwillige Beschäftigung, die innerhalb gewisser Grenzen von Zeit und Raum angenommen wird, ihr Ziel in sich selbst hat (Zweckfreiheit) und von einem Wechsel von Spannung und Entspannung begleitet wird. Es kann nach bestimmten festgesetzten oder vereinbarten Regeln ablaufen und beinhaltet häufig eine Haltung des "als ob".

Strukturierung
Struktur bezeichnet die innere Gliederung eines ganzheitlichen Gefüges, wobei die Teilsequenzen zueinander und in ihrer Gesamtheit eine Regelmäßigkeit aufweisen sowie einer impliziten Abhängigkeit unterliegen. Strukturierung ist demnach eine methodische Maßnahme zur Analyse (sach-)immanenter Strukturen, im Sinne einer Integration in größere Bezugsgefüge und eines Elementarisierens aufeinander bezogener Teilbereiche, die Unterricht transparenter und für Schüler nachvollziehbar erscheinen lassen.

Unterricht
ist ein Interaktionsgeschehen, bei dem Schülerinnen und Schüler unter Anleitung Professioneller in einem planmäßig initiierten und unterstützten Lernprozeß in institutionellem Rahmen (Schule) ausgewählte Inhalte der Kultur aufnehmen und weiterentwickeln. Ziele des Unterrichts sind Sozialisation, Qualifikation und Personalisation.

Vorhaben
ist eine gemeinschaftliche Aufgabe, deren Planung, Durchführung und Vollendung aus dem Bedürfnis des kindlichen und jugendlichen Lebens erwächst und der Förderung der Selbsttätigkeit und des Gemeinschaftgeistes dient. Die Dominanz des Lehrers bleibt aber – im Gegensatz zum Projekt – an wichtigen Stellen des Vorhabens erhalten.

Literatur

Adam, H.: Curriculumkonstruktion für Geistigbehinderte. Marburg 1977

Adam, H.: Arbeitsplan für den Unterricht mit Geistigbehinderten. Limburg 1978

Adam, H.: Hilfen bei spezifischen Entwicklungsbedürfnissen – Kommunikationsförderung. In Fröhlich, A.: (Hrsg.): Handbuch der Sonderpädagogik, Bd. 12: Pädagogik bei schwerster Behinderung. Berlin 1991, 169–179

Adam, H.: Mit Gebärden und Bildsymbolen kommunizieren: Voraussetzungen und Möglichkeiten der Kommunikation mit Menschen mit geistiger Behinderung. Würzburg 1993

Adl-Amini, B.: Ebenen didaktischer Theoriebildung. In Haller, H.-D., Meyer, H. (Hrsg.): Enzyklopädie Erziehungswissenschaft, Band 3: Ziele und Inhalte der Erziehung und des Unterrichts. Stuttgart 1986, 27–48

Aebli, H.: Zwölf Grundformen des Lehrens. Stuttgart 1990

Affolter, F., Bischofberger, W.: Lernen im Alltagsgeschehen. In Fröhlich, A. (Hrsg.): Handbuch der Sonderpädagogik, Bd. 12: Pädagogik bei schwerster Behinderung. Berlin 1991, 241–247

Akademie für Lehrerfortbildung Dillingen (Hrsg.): Materialgeleitetes Lernen. München 1991

Anderson, D. R., Hodson, G. D., Jones, W. G.: Instructional Programming for the Handicapped Student. Springfield 1974

Aucouturier, B., Lapierre, A.: Bruno. Bericht über eine psychomotorische Therapie bei einem zerebral-geschädigten Kind. München 1982

Bach, H. (Hrsg.): Handbuch der Sonderpädagogik, Bd. 5: Pädagogik der Geistigbehinderten. Berlin 1979

Bäuml-Roßnagl, M.-A.: Wie die Kinder leben lernen. Donauwörth 1990

Begemann, E., Fröhlich, A.: Die Förderung schwerstkörperbehinderter Kinder. Mainz 1979

Begemann, E., Kuntz, H., Schön, M.: Innere Differenzierung in der Schule für Lernbehinderte. Mainz 1983

Begemann, E. (Hrsg.): Individuelles und gemeinsames Lernen in der Schule für Lernbehinderte. Mainz 1984

Bender, M., Valletutti, P. J.: Teaching the Moderately and Severely Handicapped. Baltimore 1976

Bergk, M.: Wer differenziert wen oder was? In Begemann, E. (Hrsg.): Individuelles und gemeinsames Lernen in der Schule für Lernbehinderte. Mainz 1984, 32–38

Besems, T., van Vugt, G.: Gestalttherapie mit geistig behinderten Menschen. Geistige Behinderung 4/1988 (Teil I) und 1/1989 (Teil II)

Biewer, G.: Montessori-Pädagogik mit geistig behinderten Schülern. Bad Heilbrunn 1992

Blankertz, H.: Analyse von Lebenssituationen unter besonderer Berücksichtigung erziehungswissenschaftlich begründeter Modelle: Didaktische Strukturgitter. In Frey, K. (Hrsg.): Curriculum Handbuch, Bd. II. München 1975, 202–214

Bloom, B. S. u. a. (Hrsg.): Taxonomie von Lernzielen im kognitiven Bereich. Weinheim-Basel 1972

Böhm, W.: Wörterbuch der Pädagogik. 13. Aufl., Stuttgart 1988

Bosch, D. u. a.: Beziehungstheoretische Didaktik. Dimensionen der sozialen Beziehung im Unterricht. Frankfurt/M.-Bern 1981

Breitinger, M., Fischer, D.: Intensivbehinderte lernen leben. Würzburg 1981

Buchka, M.: Projekte 1. Lernen konkret 1985

Constantine, B., Sidman, M.: Role of Naming in Delayed Matching-to-Sample. American Journal of Mental Deficiency 1975, 680–689

Cube, F. v.: Kybernetische Grundlagen des Lernens und Lehrens. Stuttgart 1965

Cube, F. v.: Der informationstheoretische Ansatz in der Didaktik. In Ruprecht/Beckmann/Cube/Schulz: Modelle grundlegender didaktischer Theorien. Hannover 1972

175

Literatur

Dank, S.: Individuelle Förderung Schwerstbehinderter. Dortmund 1988

Dank, S.: Didaktische Aspekte der schulischen Förderung schwerstbehinderter Kinder und Jugendlicher. Lehrbrief der Fernuniversität Hagen 1992

Danto, A. C.: Basis-Handlungen. In Meggle, G. (Hrsg.): Analytische Handlungstheorie. Frankfurt /M.1977

Danzer, B.: Das Projekt PRIMA: Das Märchen vom Wolf und den sieben Geißlein. Geistige Behinderung 3/1995, 235 – 254

Demmer-Dieckmann, I.: Innere Differenzierung als wesentlicher Aspekt einer integrativen Didaktik. Bremen 1991

Deppe-Wolfinger, H. u. a.: Integrative Pädagogik in der Grundschule. Bilanz und Perspektiven der Integration behinderter Kinder in der BRD 1976 – 1988. München 1990

Deutscher Bildungsrat (Hrsg.): Empfehlungen der Bildungskommission: Struktur für das Bildungswesen. Stuttgart 1970

Deutscher Bildungsrat (Hrsg.): Zur pädagogischen Förderung behinderter und von Behinderung bedrohter Kinder und Jugendlicher. Stuttgart 1973

Deutscher Bildungsrat (Hrsg.): Empfehlungen der Bildungskommission: Zur Förderung praxisnaher Curriculum-Entwicklung. Bonn 1974

Dolch, J.: Grundbegriffe der pädagogischen Fachsprache. 5. Aufl. München 1965

Dorsch, F.: Psychologisches Wörterbuch. Bern 1982

Dzikowski, S., Arens, C. (Hrsg.): Autismus heute, Bd. 2. Dortmund 1990

Ellis, N. R.: Memory Processes in Retardates and Normals. In Ellis, N. R. (ed.): International Review of Research in Mental Retardation, Vol. 4, 1970, 1 – 32

Feser, W.: Materialgeleitetes Lernen an der Schule zur individuellen Lebensbewältigung. In Schneider, K.-H., Stern, K. H. (Hrsg.): Seitenblicke. Würzburg 1995, 43 – 59

Feuser, G.: Schwerstbehinderte in der Schule für Geistigbehinderte. In Dittmann, W., Klöpfer, S., Ruoff, E. (Hrsg.): Zum Problem der pädagogischen Förderung schwerstbehinderter Kinder und Jugendlicher. Heidelberg 1984

Feuser, G.: Schulunterricht mit schwerstbehinderten Kindern und Jugendlichen – Ein "bißchen" Förderung reicht nicht. Sonderdruck aus "Das Band". Düsseldorf 1986, 2 – 16

Feuser, G.: Allgemeine integrative Pädagogik und entwicklungslogische Didaktik. Behindertenpädagogik 28 (1989), 4 – 48

Fikar, S., Fikar, H., Thumm, K. E. (Hrsg.): Körperarbeit mit Behinderten. Stuttgart 1991

Fischer, D., Mehl, M., Schebler, R., Vollmuth, I.: Wir lernen in der Küche. Würzburg 1979

Fischer, D.: Neues Lernen mit Geistigbehinderten: Eine methodische Grundlegung. Würzburg 1981

Fischer, E., Mertes, J. P. (Hrsg.): Unterrichtsplanung in der Schule für Geistigbehinderte. Dortmund 1990

Fischer, E.: Vorhaben und Unterrichtseinheiten in der Schule für Geistigbehinderte. Dortmund 1995

Fornefeld, B.: "Elementare Beziehung" und Selbstverwirklichung geistig Schwerstbehinderter in sozialer Integration – Reflexionen im Vorfeld einer leiborientierten Pädagogik. Aachen 1989

Fragner, J.: Sonderpädagogische Intentionen der Förderung von Menschen mit schwerster Behinderung. In Fröhlich, A. (Hrsg.): Handbuch der Sonderpädagogik, Bd. 12: Pädagogik bei schwerster Behinderung. Berlin 1991, 39 – 58

Fröhlich, A.: Ansätze zur ganzheitlichen Frühförderung schwer geistig Behinderter unter sensomotorischem Aspekt. In Lebenshilfe Bundesverband (Hrsg.): Hilfen für schwer geistig Behinderte. Eingliederung statt Isolation. Marburg 1978, 42 – 57

Fröhlich, A.: Der somatische Dialog. Behinderte 1982, 15 – 20

Fröhlich, A. (Hrsg.): Handbuch der Sonderpädagogik, Bd. 12: Pädagogik bei schwerster Behinderung. Berlin 1991 a

Fröhlich, A.: Basale Stimulation. Düsseldorf 1991 b

Gäumann, Herger, Brütsch (Hrsg.): Grundlagen der Erlebnis- und Abenteuerpädagogik. Rothenburg 1988

Gagne, R. M.: Die Bedingungen des menschlichen Lernens. Hannover 1975

Galperin, P. J.: Die Psychologie des Denkens und die Lehre von der etappenweisen Ausbildung geistiger Handlungen. In Budilowa, E. A. (Hrsg.): Untersuchungen des Denkens in der sowjetischen Psychologie. Berlin 1967, 81 – 119

Galperin, P. J.: Die Entwicklung der Untersuchungen über die Bildung geistiger Operationen. In Hiebsch, H. (Hrsg.): Ergebnisse der sowjetischen Psychologie. Stuttgart 1969, 367 – 405

Glöckel, H.: Vom Unterricht. Bad Heilbrunn 1990

Grampp, G.: Die Bedeutung gestalteter Umgebungen für das Lernen Geistigbehinderter. Zeitschrift f. Heilpädagogik 33 (1982 a) 706 – 715

Grampp, G.: Alternatives Lernen mit geistig behinderten Schülern. Stuttgart 1982 b

Grell, J., Grell, M.: Unterrichtsrezepte. München 1979

Habermas, J.: Theorie des kommunikativen Handelns. 2 Bde. Frankfurt/M. 1985, 1988

Hahn, M.: Zum Ausbrennen (Burn-out-Syndrom) in Zusammenhang mit schwerbehinderten Menschen. VHN 1985, 142 – 159

Haller, H.-D., Meyer, H. (Hrsg.): Enzyklopädie Erziehungswissenschaft, Bd. 3: Ziele und Inhalte der Erziehung und des Unterrichts. Stuttgart 1986

Haupt, U., Fröhlich, A.: Entwicklungsförderung schwerstbehinderter Kinder. Mainz 1982

Heimann, P.: Didaktik als Theorie und Lehre. Die Deutsche Schule 1962, 407 – 427

Hentig, H. v.: Was ist Didaktik? Spielraum und Ernstfall. Gesammelte Aufsätze zu einer Pädagogik der Selbstbestimmung. Stuttgart 1969, 251 – 255

Heursen, G.: Allgemeine Didaktik. In Haller, H.-D., Meyer, H.: Enzyklopädie Erziehungswissenschaft, Band 3: Ziele und Inhalte der Erziehung und des Unterrichts. Stuttgart 1986, 407 – 415

Hoenisch, N., Niggemeyer, E., Zimmer, J.: Vorschulkinder. Stuttgart 1973

Hoof, D. (Hrsg.): Didaktisches Denken und Handeln. Braunschweig 1986

Horney, Ruppert, Schulze: Pädagogisches Lexikon. Gütersloh 1970

Horvath, J.: Der schuleigene Lehrplan. Lernen konkret, August 1990, 1 – 29

Jakobs, H.-J.: Förderungskonzepte und psychische Problematik bei schwerstmehrfachbehinderten Kindern und Jugendlichen. Heidelberg 1991

Jank, W., Meyer, H.: Didaktische Modelle. Frankfurt/M. 1991

Jantzen, W.: Allgemeine Behindertenpädagogik. Weinheim/Basel 1990

Jürgens, E.: Die "neue" Reformpädagogik und die Bewegung Offener Unterricht: Theorie, Praxis und Forschungslage. St. Augustin 1994

Jürgens, E.: Öffnung von Unterricht und Schule – nur ein Schlagwort? Pädagogik und Schulalltag 50 (1995), 42 – 56

Kaiser, F.-J.: Projekt. In Otto, G., Schulz, W. (Hrsg.): Enzyklopädie Erziehungswissenschaft, Bd. 4: Methoden und Medien der Erziehung und des Unterrichts. Stuttgart 1983, 547 – 554

Kane, J. F., Kane, G.: Geistig schwer Behinderte lernen lebenspraktische Fertigkeiten. Bern 1976

Kanter, G.: Innere Differenzierung in der Schule für Lernbehinderte in der Bundesrepublik Deutschland: Anspruch und Wirklichkeit. In Begemann, E. (Hrsg.): Individuelles und gemeinsames Lernen in der Schule für Lernbehinderte. Mainz 1984, 56 – 74

Kasper, H. u. a.: Laßt die Kinder lernen. Offene Lernsituationen. Braunschweig 1989

Keck, R. W., Sandfuchs, U. (Hrsg.): Wörterbuch Schulpädagogik. Bad Heilbrunn 1994

Klafki, W.: Studien zur Bildungstheorie und Didaktik. Weinheim 1971 (1963)

Klafki, W.: Das pädagogische Problem des Elementaren und die Theorie der kategorialen Bildung. Weinheim 1964

Klafki, W., Stöcker, H.: Innere Differenzierung des Unterrichts. Zeitschrift für Pädagogik 1976, 498 – 523

Klingberg, L.: Einführung in die allgemeine Didaktik. Berlin 1972

Köck, P., Ott, H.: Wörterbuch für Erziehung und Unterricht. Donauwörth 1994

Kösel, E.: Soziale Lernziele in der Schule. Ravensburg (Workshop Schulpädagogik) 1975

Kohls, E.: Öffnung der Grundschule. In Kasper, H. u. a.: Laßt die Kinder lernen. Offene Lernsituationen. Braunschweig 1989

Kopp, F.: Didaktik in Leitgedanken. Donauwörth 1965

Kopp, F. (Hrsg.): Effektives Lehren und Lernen. Donauwörth 1973

Kretschmann, J., Haase, O.: Natürlicher Unterricht. Wolfenbüttel 1948

Literatur

Kron, F. W.: Grundwissen Didaktik. München 1993

Kron, F. W.: Grundwissen Pädagogik. München 1994

Lehrplan und Materialien für den Unterricht in der Schule für Geistigbehinderte in Bayern, herausgegeben vom Staatsinstitut für Schulpädagogik. München 1982

Leontjew, A. N.: Tätigkeit, Bewußtsein, Persönlichkeit. Stuttgart 1977

Leontjew, A. N.: Probleme der Entwicklung des Psychischen. Königstein/Taunus 1980

Lompscher, J.: Wesen und Struktur allgemeiner geistiger Fähigkeiten. In Lompscher, J. (Hrsg.): Theoretische und experimentelle Untersuchungen zur Entwicklung geistiger Fähigkeiten. Berlin 1975

Lompscher, J.: Wie eignen sich Kinder solide Grundbegriffe an? Deutsche Lehrerzeitung 5/1978, 1–7

Luria, A.: The Role of Speech in the Regulation of Normal and Abnormal Behavior. New York 1961

Luria, A. R.: Psychological Studies of Mental Deficiency in the Soviet Union. In Ellis, N. R. (ed.): Handbook of Mental Deficiency. New York 1963, 353–387

Mall, W.: Basale Kommunikation – ein Weg zum anderen. Geistige Behinderung 1984, Praxisteil

Maslow, A. H.: Motivation und Persönlichkeit. Olten 1977

Mayer, W. G.: Projektunterricht in der Primarstufe. Limburg 1978

McDade, H. L., Adler, S.: Down Syndrome and Short-Term Memory Impairment. American Journal of Mental Deficiency 84 (1980), 561–567

Merleau-Ponty, M.: Phänomene der Wahrnehmung. Berlin 1966

Meyer, Hermann: Zur Psychologie der Geistigbehinderten. Berlin 1977

Meyer, Hermann: Zum Aufmerksamkeitsverhalten geistigbehinderter Kinder – Eine experimentelle Untersuchung zum Phänomen der Aufmerksamkeitsschwankungen. Heilpäd. Forschung IX 1981, 167–179

Meyer, Hermann: Lernhilfen für Geistigbehinderte. Heidelberg 1985

Meyer, Hilbert: Leitfaden zur Unterrichtsvorbereitung. Oldenburg 1979

Meyer, Hilbert: Unterrichtsmethoden Bd. I: Theorieband, Frankfurt/M. 1988, Bd. II: Praxisband, Frankfurt/M. 1987

Meyer, Hilbert: Trainingsprogramm zur Lernzielanalyse. 12. Aufl. Frankfurt/M. 1991

Meyer-Willner, G.: Differenzieren und Individualisieren. Bad Heilbrunn 1979

Meyers, C. E. (ed.): Quality of Life in Severely and Profoundly Mentally Retarded People: Research Foundations for Improvement. Washington 1978

Mießler, M., Bauer, I.: Wir lernen denken. Würzburg 1978

Möller, C.: Techniken der Klassifizierung und Hierarchisierung von Lernzielen. In Frey, K. (Hrsg.): Curriculum Handbuch Bd. II, München 1975, 411–420

Mühl, H.: Unterrichtsaufgabe, -felder und -organisation nach den KMK-Empfehlungen. Lehrbrief der Fernuniversität Hagen, 1981

Mühl, H.: Handlungsbezogener Unterricht mit Geistigbehinderten. Bonn-Bad Godesberg 1983

Müller, W.: Freie Arbeit – Ein Weg zum Selbst-Werden und zum Lernerfolg. In Stuffer, G. (Hrsg.): (K)eine besondere Schule. München 1989, 96–134

Muth, J.: Differenzierung des Unterrichts. In Baier, H., Bleidick, U. (Hrsg.): Handbuch der Lernbehinderten-Didaktik. Stuttgart 1983, 94–104

Muth, J.: Integration von Behinderten. Über die Gemeinsamkeit im Bildungswesen. Essen 1986

Muth, J., Hüwe, B.: Wege zur Gemeinsamkeit: Modelle integrativer Schulen in Nordrhein-Westfalen. Essen 1988

Neise, K.: Empirische Untersuchungen über Effekte Montessori-orientierten Unterrichts bei geistigbehinderten Schülern. Zeitschrift für Heilpädagogik 35 (1984), 389–397

Oberacker, P. (Hrsg.): Arbeitsplan der Schule für Geistigbehinderte. Stuttgart 1988

Paradies, L., Meyer, H.: Einstieg in den Unterrichtseinstieg. Pädagogik 10/1992, 6–10

Peters, G.: Lebensfreude im Schulalltag geistig behinderter Kinder. München 1982

Peterßen, W. H.: Gegenwärtige Didaktik: Positionen, Entwürfe, Modelle. Workshop Schulpädagogik, Materialien 20. Ravensburg 1978

Peterßen, W. H.: Lehrbuch Allgemeine Didaktik. München 1983

Pfeffer, W.: Methodik der Schule für Geistigbehinderte, Teil I. Unveröffentl. Vorlesungsskript. Würzburg 1985

Pfeffer, W.: Förderung schwer geistig Behinderter. Würzburg 1988

Rabenstein, R., Haas, F.: Die Handlungseinheit im Sachunterricht. Bad Heilbrunn 1971

Rausch, A.: Galperin und Piaget – Eine Analyse und ein Vergleich. 1984

Richter, I.: Schwer mehrfach Behinderte lernen Selbständigkeit. Bern 1980

Robinson, S. B.: Bildungsreform als Revision des Curriculum und ein Strukturkonzept für Curriculumentwicklung. Neuwied 1972

Rohmann, U. H., Elbing, U.: Festhaltetherapie und Körpertherapie. Dortmund 1990

Sander, K.-H.: Didaktik und Unterricht. In Hoof, D. (Hrsg.): Didaktisches Denken und Handeln. Braunschweig 1986, 1 – 22

Schneider, K.-H., Herrmann, C.: Handreichungen UV. Unveröffentlichtes Skript. Würzburg o.J.

Schön, M.: Innere Differenzierung als Anforderung an Lehrer. In Begemann, E. (Hrsg.): Individuelles und gemeinsames Lernen in der Schule für Lernbehinderte. Mainz 1984, 38 – 44

Scholz, G., Bielefeldt, H.: Kompendium Didaktik – Schuldidaktik. München 1982

Schröder, H.: Lernen und Lehren im Unterricht. Grundlagen und Aspekte der Allgemeinen Didaktik. München 1990

Schulz, W.: Die Wissenschaft vom Unterricht. In Dohmen, G., Maurer, F. (Hrsg.): Unterricht – Aufbau und Kritik. München 1968

Schumacher, J.: Schwerstbehinderte Menschen verstehen lernen. Geistige Behinderung 1/1985 (Praxisteil)

Seibert, N., Serve, H. J.: Prinzipien guten Unterrichts. München 1992

Six, B., Höcke-Pörzgen, B.: Motivationstheorie und Handlungstheorie. In Thomae, H. (Hrsg.): Theorien und Formen der Motivation. Göttingen 1983, 227 – 290

Speck, O.: Geistige Behinderung und Erziehung. München 1980

Speck, O.: Menschen mit geistiger Behinderung und ihre Erziehung. München 1993

Staatsinstitut für Schulpädagogik (Hrsg.): Lehrplanung. Handreichungen für den Unterricht in der Schule für Geistigbehinderte. München 1983 a

Staatsinstitut für Schulpädagogik (Hrsg.): Handreichungen für den Werkunterricht Metall. München 1983 b

Staatsinstitut für Schulpädagogik (Hrsg.): Handreichungen für den Werkunterricht in der Schule für geistig Behinderte. Arbeit mit Papier und Pappe. München 1986

Staatsinstitut für Schulpädagogik (Hrsg.): Die Werkstufe – Konzept und Materialien. München 1990

Staatsinstitut für Schulpädagogik (Hrsg.): Liegen – Sitzen – Stehen – Gehen. Handreichung für Unterricht, Förderung und Therapie schwerstbehinderter Schüler. München 1991

Staatsinstitut für Schulpädagogik (Hrsg.): Erziehung und Unterricht, Diagnostik und Förderung schwer geistigbehinderter Schüler. Entwicklungsorientierte Lernbereiche. München 1992

Staatsinstitut für Schulpädagogik (Hrsg.): Schritte ins Leben. Handreichung für Erziehung, Unterricht und Förderung schwer geistigbehinderter Schüler in handlungsorientierten und fachorientierten Lernbereichen. München 1993

Staatsinstitut für Schulpädagogik (Hrsg.): Computer in der Schule zur individuellen Lebensbewältigung. Donauwörth 1995

Ständige Konferenz der Kultusminister der Länder der Bundesrepublik (Hrsg.): Empfehlungen für den Unterricht in der Schule für Geistigbehinderte. Bonn 1979, Neuwied 1980

Steindorf, G.: Grundbegriffe des Lehrens und Lernens. Bad Heilbrunn 1985

Straßmeier, W.: Frühförderprogramme für behinderte und entwicklungsverzögerte Kinder. Landsberg 1979

Straßmeier, W.: Spielerziehung und Kreativitätsförderung Geistigbehinderter. Lehrbrief der Fernuniversität Hagen 1982

Straßmeier, W.: Modelle schulischer Förderung mit Schwerstbehinderten. Geistige Behinderung 1988, 270 – 281

Straßmeier, W., Speck, O., Homann, G.: Förderung von Kindern mit schweren geistigen Behinderungen. München 1990

Straßmeier, W.: Frühförderung konkret. München 1996

179

Literatur

Stratemeyer, F. B. et al.: Guides to a Curriculum for Modern Living. New York 1952
Struck, P.: Projektunterricht. Stuttgart 1980
Stuffer, G. u. a. (Hrsg.): Leben lernen in der Schule. Unterricht mit Geistigbehinderten. München 1980
Stuffer, G. (Hrsg.): (K)eine besondere Schule. München 1989
Tawney, J. W., Knapp, D. S., O'Reilly, C. D., Pratt, S. S.: Programmed Environments Curriculum – A Curricular Handbook for Teaching Basic Skills to Severely Handicapped Persons. Columbus, Ohio, 1979
Theilen, U.: mach doch mit! Lebendiges Lernen mit schwerbehinderten Kindern. München 1994
Thiele, H.: Unterrichtsmethoden. In Hoof, D. (Hrsg.): Didaktisches Denken und Handeln. Braunschweig 1986, 89 – 128
Topsch, W.: Lehrgang. In Haller, H.-D., Meyer, H. (Hrsg.): Enzyklopädie Erziehungswissenschaft, Bd. 3: Ziele und Inhalte der Erziehung und des Unterrichts. Stuttgart 1986, 517 – 520
Verband evangelischer Einrichtungen für geistig und seelisch Behinderte (Hrsg.): Schau doch meine Hände an. Stuttgart 1991
Vogel, P.; Didaktische Reduktion. In Haller, H.-D., Meyer, H. (Hrsg.): Enzyklopädie Erziehungswissenschaft, Bd. 3: Ziele und Inhalte der Erziehung und des Unterrichts. Stuttgart 1986, 567 – 571
Weber, M.: Wirtschaft und Gesellschaft. Köln/Berlin 1964
Wendeler, J.: Psychologische Analysen geistiger Behinderung. Weinheim 1976
Wendeler, J.: Geistige Behinderung. Pädagogische und psychologische Aufgaben. Weinheim 1993
Weniger, E.: Didaktik als Bildungslehre, Teil I (Theorie der Bildungsinhalte und des Lehrplans). Weinheim 1965
Westphalen, K.: Praxisnahe Curriculumentwicklung. Donauwörth 1974
Wiater, W.: Unterrichten und lernen in der Schule. Donauwörth 1993
Winkel, R.: Die kritisch-kommunikative Didaktik. In Gudjons, H., Teske, R., Winkel, W. (Hrsg.): Didaktische Theorien. Braunschweig 1987, 79 – 93
Wright, G. H. v.: Handlung, Norm und Intention. Berlin/New York 1977
Zeaman, D., House, B. J.: The Role of Attention in Retardated Discrimination Learning. In Ellis, N. R. (ed.): Handbook of Mental Deficiency. New York 1963, 159 – 223
Ziegenspeck, J.: Erlebnispädagogik. Deutsches Zentrum für Erlebnispädagogik. Hinweise und Informationen zur Erlebnispädagogik. Lüneburg 1994
Zinsmeister, N.: Computereinsatz an der Schule zur individuellen Lebensbewältigung. In Schneider, K.-H., Stern, K. H. (Hrsg.): Seitenblicke. Würzburg 1995, 61 – 74

Stichwortverzeichnis

UTB
FÜR WISSEN SCHAFT

Auswahl Fachbereich
Pädagogik

Gernert, Jugendhilfe
UTB-GROSSE REIHE 8068
(E. Reinhardt). 4. Aufl. 1993.
DM 46,00, öS 336,—, sfr 42,50

Größing, Einführung in die
Sportdidaktik
UTB-GROSSE REIHE 8130
(Limpert). 7. Aufl. 1997.
DM 49,80, öS 364,—, sfr 46,—

Kron, Grundwissen Pädagogik
UTB-GROSSE REIHE 8038
(E. Reinhardt). 5. Aufl. 1996.
DM 56,—, öS 409,—, sfr 51,—

Kron, Grundwissen Didaktik
UTB-GROSSE REIHE 8073
(E. Reinhardt). 2. Aufl. 1994.
DM 59,80, öS 437,—, sfr 54,—

Krüger/Helsper (Hrsg.), Einführung
in Grundbegriffe und Grundfragen
der Erziehungswissenschaft Bd. 1
UTB-GROSSE REIHE 8092
(Leske + Budrich). 2. Aufl. 1996.
DM 32,80, öS 239,—, sfr 30,50

Krüger/Rauschenbach (Hrsg.),
Einführung in die Arbeitsfelder der
Erziehungswissenschaft Bd. 4
UTB-GROSSE REIHE 8093
(Leske + Budrich). 2. Aufl. 1997.
DM 32,80, öS 239,—, sfr 30,50

Mönks, Lehrbuch der
Entwicklungspsychologie
UTB-GROSSE REIHE 8080
(E. Reinhardt). 1996.
DM 49,80, öS 364,—, sfr 46,00

115 Rousseau,
Emil oder Über die Erziehung
(F. Schöningh). 12. Aufl. 1995.
DM 25,80, öS 188,—, sfr 24,00

178 Lassahn,
Einführung in die Pädagogik
(Quelle & Meyer). 8. Aufl. 1995.
DM 23,80, öS 174,—, sfr 22,00

656 Schwendtke (Hrsg.),
Wörterbuch der Sozialarbeit und
Sozialpädagogik
(Quelle & Meyer). 4. Aufl. 1995.
DM 44,00, öS 321,—, sfr 41,00

657 Kupffer/Martin (Hrsg.),
Einführung in Theorie und Praxis
der Heimerziehung
(Quelle & Meyer). 5. Aufl. 1994.
DM 26,80, öS 196,—, sfr 25,00

710 Lassahn,
Grundriß der allgemeinen Pädagogik
(Quelle & Meyer). 3. Aufl. 1993.
DM 24,80, öS 181,—, sfr 23,00

724 Rückriem/Stary/Franck,
Die Technik wissenschaftlichen
Arbeitens
(F. Schöningh). 9. Aufl. 1995.
DM 29,80, öS 218,—, sfr 27,50

818 Kupffer/Ziethen (Hrsg.),
Erziehung verhaltensgestörter
Kinder und Jugendlicher
(Quelle & Meyer). 2. Aufl. 1992.
DM 24,80, öS 181,—, sfr 23,00

935 Hetzer/Todt/Seiffge-Krenke/
Arbinger (Hrsg.),
Angewandte Entwicklungspsycho-
logie des Kindes- und Jugendalters
(Quelle & Meyer). 3. Aufl. 1995.
DM 39,80, öS 291,—, sfr 37,00

936 Hensle, Einführung in die
Arbeit mit Behinderten
(Quelle & Meyer). 5. Aufl. 1994.
DM 36,80, öS 269,—, sfr 34,00

947 Danner, Methoden geistes-
wissenschaftlicher Pädagogik
(E. Reinhardt). 3. Aufl. 1994.
DM 32,80, öS 239,—, sfr 30,50